D1920643

Fach-
buch
Klett-Cotta

LOTHAR SCHON

Sehnsucht nach dem Vater

Die Psychodynamik der Vater-Sohn-Beziehung

Klett-Cotta

Dieses Buch ist eine aktualisierte Neubearbeitung des
im Jahre 2000 erschienenen gleichnamigen Werkes des Autors.

Klett-Cotta
www.klett-cotta.de

Printed in Germany
Schutzumschlag: Roland Sazinger, Stuttgart
Fotos: © fotolia/travis manley und fotolia/stephi
Gesetzt aus der Scala von Kösel, Krugzell
Auf säure- und holzfreiem Werkdruckpapier gedruckt
und gebunden von fgb • freiburger graphische betriebe, Freiburg im Breisgau
ISBN 978-3-608-94658-1

Bibliografische Information der Deutschen Nationalbibliothek
Die Deutsche Nationalbibliothek verzeichnet diese Publikation in der
Deutschen Nationalbibliografie; detaillierte bibliografische
Daten sind im Internet über <http://dnb.d-nb.de> abrufbar.

Meiner Tochter Tamara Viviane Pietsch,
meinem Lebensgefährten Alexander Wilkoszewski
und meinem Lehranalytiker Michael Ermann
in Liebe, Verbundenheit und Dankbarkeit.

Inhalt

Einleitung

Ein weiteres Buch zum Vaterthema – gibt es davon nicht längst genug? Ist der Markt nicht schon überschwemmt mit Veröffentlichungen, die alle Facetten dieses Themas abhandeln? Die öffentliche Diskussion um die vaterlose Gesellschaft, das in den Medien allgegenwärtige Phänomen der »neuen Väter«, die Krise der klassisch bürgerlichen Familie mit ihren Auswirkungen auf die kindliche Sozialisation und dergleichen mehr sind jedenfalls nicht neu. Was also hat dieses Buch zu bieten, das es nicht schon gäbe?

In meiner langjährigen wissenschaftlichen Beschäftigung mit der Vaterproblematik habe ich Hunderte von wissenschaftlichen, populärwissenschaftlichen und literarischen Publikationen gesichtet, die sich um Väter drehen. Dabei hat sich etwas vom Phänomen der Vatersehnsucht auf die Literatursuche übertragen: Ich fand nur selten das, was ich suchte, es blieb ein Gefühl des Mangels zurück! Am ehesten noch trafen einige Schriftsteller den Kern des Phänomens, das ich untersuchen wollte. Aus diesem Grund habe ich einige besonders treffende literarische Zitate an geeigneter Stelle in dieses Buch übernommen.

Die akademisch-psychologische Fachliteratur besteht zu einem großen Teil aus entwicklungspsychologischen Studien zu eng umgrenzten Problemen, die mit Vatermangel, Vaterabwesenheit oder völliger Vaterlosigkeit einhergehen: Kognitive Entwicklung, aggressives und delinquentes Verhalten, Geschlechtsrollenentwicklung oder andere »Variablen« werden im Zusammenhang mit der vorgefundenen oder nicht existenten Vaterbeziehung untersucht, und die Ergebnisse werden häufig ohne Berücksichtigung komplexerer Zusammenhänge referiert. Der Familienforscher Wassilios Fthenakis hat die bereits in den 80er Jahren nahezu unüberschaubare Fülle dieser Art von Fachliteratur in zwei großen Vater-Bänden zusammengestellt und diskutiert (Fthenakis 1985 und 1988). In der Vielzahl interessanter Forschungsergebnisse vermisste ich immer wieder ein tiefgreifenderes Verständnis der komplexen emotionalen Zusammenhänge von Vaterbeziehung, Vatermangel oder Vaterlosigkeit. Die detaillierte Beschreibung der Gefühlswelt rund um das Vaterthema findet sich in der Psychoanalyse. In zahllosen Fallgeschichten gehen Psychoanalytikerinnen und -analytiker den Spuren nach, die an- oder abwesende Väter in der Seele ihrer Kinder hinterlassen haben, und die Psychoanalyse bietet auch einige sehr brauchbare Theorien zur Bedeutung des Vaters in Kindheit, Adoleszenz und Erwachsenenalter. In den vergangenen zehn Jahren erschienen zudem einige interessante Monographien und Sammelbände zum Vaterthema aus psychoanalytischer Perspektive (z. B. Grieser 1998, Metzger 2008, Walter 2008) Schließlich gibt es noch die populärwissenschaftliche »Ratgeberliteratur«, in der zuweilen durchaus Brauchbares zu finden ist. Aber eben nur zuweilen; vieles ist allzu vereinfachend beschrieben, pragmatisch auf drängende Alltagsprobleme zugeschnitten, eben Rat gebend, und das manchmal ohne solides theoretisches Fundament.

Mit diesem Buch versuche ich einen »Trilog«, der meines Wissens im Hinblick auf das Vaterthema bisher nur selten unternommen wurde: Ich möchte phänomenologische Beschreibung, wissenschaftliche Theorien und Befunde sowie eigene psychoanalytische Interviews auf eine Weise zusammenstellen, die eine Ahnung von der Komplexität der Vaterproblematik auf gut lesbare und verständliche Weise vermittelt.

Die Sehnsucht nach dem Vater zu erforschen, die mein eigenes Leben in starkem Ausmaß geprägt hat, schien mir besonders vielversprechend bei solchen Menschen, die weitestgehend ohne Vater aufwachsen oder aufgewachsen sind. Dabei erschien es mir keineswegs unbedeutend, aber doch zunächst zweitrangig, auf welchen Umstand diese Tatsache jeweils zurückzuführen war. Natürlich macht es einen Unterschied, ob ein Mensch seinen Vater niemals kennengelernt hat, ob er ihn früh durch Tod verlor oder ob sich der Vater einst von der Mutter trennte und damit gleichzeitig auch eine umfassende Trennung von seinem Kind vollzog. Allen diesen Menschen ist aber eines gemeinsam: Sie hatten (oder haben) zu wenig Vater. Damit erleben sie lediglich in verschärfter Form, was viele Kinder in unserer Gesellschaft erleiden, die zwar *mit* Vätern aufwachsen, jedoch mit solchen Vätern, die physisch wie psychisch überwiegend *abwesende Väter* sind. Was mich interessierte, war die jeweils ganz persönliche Art und Weise, diesen Vatermangel zu erleben, damit umzugehen und zurechtzukommen.

Einschränkungsfreudiger war ich, als ich mich dazu entschloss, die Auswirkungen von Vaterlosigkeit nur an einem Geschlecht zu untersuchen, nämlich am männlichen. Die psychoanalytische Entwicklungspsychologie hat differenzierte Befunde und Theorien dafür vorgelegt, dass die Bedeutung des Vaters für das Mädchen zwar in mancher Hinsicht ähnlich, doch in vielen Aspekten grundsätzlich verschieden ist von seiner Bedeutung für den Jungen (vgl. dazu Mertens 1992 und 1994, Seiffge-Krenke 2001, King 2002). Neben ausgesprochen persönlichen Gründen, mich auf die Vater-Sohn-Beziehung zu konzentrieren, erschien mir diese Beschränkung auch fachlich sinnvoll, und ich verweise auf interessante Publikationen zur Bedeutung des Vaters für die *Tochter* (z. B. Britton 2005, Happel 2003) .

Meine fachliche Annäherung an das Vater-Sohn-Thema erfolgte in mehreren Etappen: Zunächst beschäftigte ich mich mit Problemen von Paaren, die im Zusammenhang mit der Geburt ihres ersten Kindes entstehen können (Schon 1992). Damit war ich bei den psychoanalytischen Theorien zur Triangulierung gelandet (Schon 1995). Dabei hat mich die Entwicklung des Beziehungsdreiecks stets im Hinblick auf alle Beteiligten interessiert – also nicht nur bezogen auf das Kind, sondern auch auf Vater und Mutter und ihre Beziehung zueinander. Die Auswirkungen jeweiliger Dreieckserfahrungen betrachte ich also nicht nur im Hinblick auf die kindliche Entwicklung, sondern auch in ihrem Einfluss auf das Leben der Erwachsenen.

In der diesem Buch zugrundeliegenden Untersuchung befasse ich mich mit einem unvollständigen Beziehungsdreieck: dem zwischen Mutter, Sohn und einem (aus welchen Gründen auch immer) abwesenden Vater. Die Auswirkungen einer solchen Dreieckserfahrung können vielfältig sein und variieren sehr stark zwischen den einzelnen Betroffenen. So ist die Zusammenstellung einer Anzahl von Porträts vaterloser Jungen und Männer im zweiten Teil dieses Buchs zwar auch geleitet vom Versuch, Gemeinsames zu entdecken. Doch in erster Linie geht es um individuelle Lebensgeschichten und Entwicklungsverläufe. Aber bevor wir uns dem Schicksal der vaterlosen Söhne zuwenden, möchte ich mich im ersten Teil des Buchs zunächst mit der Bedeutung des *anwesenden* Vaters für die Entwicklung von Söhnen beschäftigen. Zu diesem Zweck habe ich entwicklungspsychologische und psychoanalytische Theorien und Befunde zur Bedeutung des Vaters zusammengetragen und versucht, einen Entwicklungsüberblick der Vater-Sohn-Beziehung von der vorgeburtlichen Zeit bis ins hohe Erwachsenenalter zu bieten. Im zweiten Teil stelle ich acht vaterlose Jungen und Männer vor. Ihre ganz unterschiedlichen Lebensgeschichten, denen lediglich die Vaterlosigkeit gemeinsam ist, werden ergänzt um Theorien und Beobachtungen zur Vaterlosigkeit aus Psychologie und Psychoanalyse. Im dritten Teil schließlich geht es um einen *sozialpsychologischen* Blick auf das Problem der Vaterlosigkeit. Das Phänomen der »vaterlosen Gesellschaft«, das schon nach dem Ersten Weltkrieg von Paul Federn beschrieben und Anfang der 60er Jahre von Alexander Mitscherlich gründlich untersucht wurde, soll in seinen unterschiedlichen Facetten noch einmal aus der veränderten sozialen Perspektive zum Anfang des 21. Jahrhunderts betrachtet werden.

Nach diesen einleitenden Bemerkungen möchte ich nun die Bühne freigeben für die beiden Hauptdarsteller dieses Buches: Vater und Sohn.

Erster Teil:
Vater und Sohn – eine Beziehung fürs Leben?

Paul pflegte zu sagen »und das ist mein Sohn, Hall«, so als wäre es gar nichts. Aber in den Augen seiner Kumpels konnte ich sehen, dass sie meinten, er dächte keineswegs, das wäre gar nichts. Sie schauten ihn an mit einem Aufblitzen von Liebe und einem bisschen Eifersucht. Dann schauten sie mich an, und in ihren Augen konnte ich sehen, dass mein Vater stolz auf mich war. Ich wusste nicht, warum er stolz auf mich war, ich wusste nicht, was ich getan hatte, ihn stolz zu machen. Aber er war es, ich konnte das sehen in den Augen seiner Freunde, und es erfüllte mich mit einem Glück, das ich bis heute empfinde.

»Sohn. Lass mich Dir eines sagen. Renn nie vor irgendwas davon. Ich schwör Dir, wovor Du auch immer davonläufst, es wird zurückkommen eines Tages, bewaffnet bis an die Zähne, Mann! Es wird zurückkommen, und Du wirst nicht mehr wissen, wie Du davonlaufen sollst. Es wird zurückkommen in einer Form, gegen die Du Dich nicht mehr wehren kannst.«

James Baldwin, »Just Above my Head«[1]

1 Übersetzung von Lothar Schon.

Man kann nur etwas herausfinden darüber, was einem Sohn fehlt, wenn er ohne Vater aufwächst, indem man sich zunächst klarmacht, was die Bedeutung eines *anwesenden* Vaters ist oder sein kann. Aus diesem Grund stelle ich meiner Untersuchung zur Vaterlosigkeit einen ausführlichen ersten Teil voran, in dem ich Beobachtungen, Theorien und Befunde zu den möglichen Aufgaben und Funktionen des anwesenden Vaters zusammentrage.

Die Beziehung zwischen Vater und Sohn hat zu allen Zeiten die Menschen bewegt, vor allem natürlich die Männer: Als Söhne ihrer Väter und als Väter ihrer Söhne; als junge Schutzbefohlene älterer Männer und als Meister, Leitfiguren oder Vorgesetzte jüngerer Männer. Die tiefe Bindung zwischen dem Vater und seinem leiblichen Sohn, aber auch die Verbundenheit zwischen Vaterfiguren und »Söhnen« im übertragenen Sinn prägen das Leben eines jeden Mannes im Guten wie im Schlechten.

Vor gut hundert Jahren, als Sigmund Freud begann, die Eltern-Kind-Beziehungen im Hinblick auf ihre psychischen Folgen für das Kind zu untersuchen, galten Väter (zumindest in der Theorie) vor allem als strenge, unangenehme Zeitgenossen. In den allerersten Lebensjahren schienen sie unbedeutend für das Kind – diese Zeit gehörte ganz allein der Mutter-Kind-Beziehung. Doch spätestens ab dem dritten oder vierten Lebensjahr des Kindes besannen sie sich auf ihre Erziehungsaufgaben. Besonders für den Sohn wurde es ab diesem Zeitpunkt ungemütlich, wenn der Herr Papa auftauchte: Das harmonische Idyll der Mutter-Sohn-Beziehung wurde gestört; Väter bemühten sich, ihren Söhnen »Zucht und Ordnung« beizubringen und sie auf die Härten des Lebens in der Welt draußen vorzubereiten. Und nicht zuletzt beanspruchten sie die Aufmerksamkeit und Liebe der Frau Mama und machten ihren Sprösslingen auf diese Weise klar, dass sie keineswegs die Nummer Eins im Leben der Mutter zu sein hatten (siehe viertes Kapitel).

In den 50er und 60er Jahren finden sich vereinzelte Beiträge psychoanalytischer Autoren zur Bedeutung des Vaters in den ersten Lebensjahren. Doch erst seit den 70er Jahren kann man von einer kontinuierlichen und allmählich differenzierteren *Vater-Forschung* sprechen. Natürlich spiegelt das veränderte Forschungsinteresse auch einen ganz realen gesellschaftlichen Wandel. Zu Freuds Zeiten waren die gängigen Vorstellungen darüber, was und wie ein Vater zu sein hatte, anders als heute. Doch wir sollten nicht glauben, vor hundert Jahren seien Väter niemals zärtlich und liebevoll zu ihren Kindern gewesen oder hätten in den ersten Lebensjahren keinerlei Interesse an ihnen gezeigt. Ebenso ist Skepsis angebracht, wenn es darum geht, die vielbeschworene »neue Väterlichkeit« von heute einzuschätzen. Wir müssen wohl ganz genau hinschauen, was und wie viel sich tatsächlich verändert hat an den modernen Vätern und ihrer Beziehung zu den Kindern.[2]

In der Fachliteratur wird zunehmend nicht nur die frühe Bedeutung des Vaters für die *gesunde* Entwicklung des Kindes untersucht; in der klinischen und entwicklungspsychologischen Forschung finden sich auch immer mehr Hinweise auf die Rolle des »frühen« Vaters im Zusammenhang mit der Entstehung psychischer Störungen. Damit scheint der jahrzehntelang vorherrschende Trend, Mütter für jede Fehlentwicklung verantwortlich zu machen (»mother-blaming«), zumindest in seiner Einseitigkeit überwunden. Dennoch sind wir meines Erachtens von einer befriedigenden Situation in der Vater-Forschung noch weit entfernt. Die besondere Beziehung zwischen Vater und Säugling wird erst allmählich als Untersuchungsgegenstand entdeckt (z. B. Wegeler-Schardt und Köhler-Weisker 2008). Es fehlt eine den Vater konsequent einbeziehende Entwicklungstheorie für die ersten anderthalb Lebensjahre. Ein weiterer Mangel besteht in meinen Augen darin, dass zu wenig untersucht wird, ob der leibliche Vater in den ersten Lebensjahren nur ein ersetzbarer Träger bestimmter Funktionen ist (ersetzbar z. B. durch Stiefvater, Großvater, Onkel usw.) oder was das Spezifische, möglicherweise Unersetzbare an einem anwesenden leiblichen Vater sein könnte. Die Liste der Forschungslücken ließe sich fortsetzen.

Es ist also immer noch ein Mangel an Untersuchungen zur frühen Vaterschaft zu verzeichnen. Ich werde im Folgenden wichtige Beiträge verschiedener Autorinnen und Autoren zu den unterschiedlichen Phasen der Vater-Sohn-Beziehung zusammenstellen. Der erste Teil des Buchs ist aber aus den genannten Gründen weit davon entfernt, eine umfassende, schlüssige oder gar abgerundete Entwicklungstheorie zur Bedeutung der Vater-Sohn-Beziehung präsentieren zu können. Aus moderner psychoanalytischer Perspektive möchte ich folgende Fragen stellen: Was ist für den Sohn ein hinreichend guter Vater? Wie kann eine erfreuliche, lebensbejahende und entwicklungsfördernde Vater-Sohn-Beziehung aussehen? Wie könnte die Sehnsucht nach dem Vater gestillt werden, an der so viele Männer in unserer Kultur noch im Erwachsenenalter leiden? Ist das überhaupt möglich?[3]

---

2 Am Frankfurter Institut für Sozialforschung läuft seit einigen Jahren eine differenzierte Studie zu diesem Thema, deren Ergebnisse inzwischen vorliegen (vgl. z. B. Bambey und Gumbinger 2009).

3 Bei einer wissenschaftlichen Aussprache stellte mir Wolfgang Mertens sinngemäß die Frage, ob nicht die unerfüllte Sehnsucht nach dem Vater quasi »in der Natur der Sache« (in der Natur von Männlichkeit und Väterlichkeit) liege und somit gar nicht gestillt werden könne. Nach dieser These wäre Vatersehnsucht ein ubiquitäres Phänomen, das gar nicht beseitigt oder vermieden werden kann. – Natürlich gibt es gegenüber Mutter und Vater und überhaupt dem Leben gegen-

Der amerikanische Psychotherapeut Robert Bly formuliert eine erste Antwort auf diese Frage: »Wenn Vater und Sohn wirklich viele Stunden gemeinsam verbringen, könnte man sagen, dass eine Substanz, die fast wie Nahrung ist, von dem älteren Körper auf den jüngeren übergeht« (Bly 1991, S. 136). Das klingt natürlich allzu esoterisch, und im Folgenden möchte ich etwas präziser beschreiben, welche »Substanz« es denn ist, die vom Vater auf den Sohn übergeht, sofern der Vater anwesend ist und sich mit seinem Sohn auch beschäftigt.[4]

An anderer Stelle (Schon 1995) habe ich die entwicklungspsychologische Tradition der Mutter-Kind-Forschung aus zweierlei Gründen kritisiert: Erstens wegen ihrer *Einseitigkeit*, der die Annahme zugrunde liegt, die Mutter sei zumindest in den ersten Lebensjahren die ausschließliche, in jedem Fall aber die wichtigste Bezugsperson des Kindes. Zweitens wegen ihrer Betrachtungsweise: Fast immer wurde die Mutter-Kind-Beziehung unter dem Aspekt der *Zweisamkeit* untersucht, und man vergaß, dass diese Beziehung in der Realität häufig und innerpsychisch *immer* in ein Beziehungsdreieck eingebunden ist, in dem (auch bei alleinerziehenden Müttern) der Vater und seine Beziehungen zu Frau und Kind(ern) eine wichtige Rolle spielen. »Väter sind immer psychisch anwesend, auch in vaterlosen Kindern«, sagt der amerikanische Psychoanalytiker Michael Diamond (1991, S. 2). Wenn ich mich im Folgenden mit der Vater-Sohn-Beziehung beschäftige, möchte ich nicht wie die Mutter-Kind-Forscher den Fehler begehen, sie als eine isolierte Zweierbeziehung zu betrachten. Auch diese Beziehung ist eingebettet in ein reales und innerpsychisches Beziehungsdreieck, aus dem die Mutter im wahrsten Sinne des Wortes nicht wegzudenken ist. Und so werde ich in diesem Buch – auch wenn es darin um den Vater geht – immer wieder auch nach der Mutter fragen.

Da die Theorien und Forschungsergebnisse zur Bedeutung des Vaters noch viele Lücken aufweisen und teilweise nicht geschlechtsspezifisch differenzieren, findet sich in diesem ersten Teil auch eine Anzahl an Aussagen, die vom Geschlecht des Kindes unabhängig sind. Ich habe mich aber bemüht, für jede Entwicklungsphase auch das Typische und Besondere der Bedeutung des Vaters für den Sohn herauszuarbeiten.

über unermessliche Wünsche, Sehnsüchte und Bedürfnisse (»Lustprinzip«), die unbefriedigt bleiben müssen (»Realitätsprinzip«). Dennoch meine ich (und habe auch in diesem Sinne geantwortet), dass es den »hinreichend guten Vater« tatsächlich gibt, der die Bedürfnisse seines Kindes nach Väterlichkeit in einem genügenden Ausmaß mit seiner Fürsorge und Liebe beantworten kann, so dass er nicht ein lebenslanges Defizit hinterlassen muss, das wir hier Vatersehnsucht nennen.

4 Auch Heinz Walter (2008) und seine Mitautorinnen und -autoren stellen sich in einem aktuellen Sammelband die Frage nach dem »hinreichend guten Vater«.

1 Sehnsucht nach dem Sohn: Phantasien über den ungeborenen Sprössling

Neben der Sehnsucht des Sohnes nach dem Vater, die dieses Buch zum Gegenstand hat, gibt es natürlich auch die Sehnsucht des erwachsenen Mannes nach einem Sohn, und beide haben, wie ich meine, viel miteinander zu tun. Aus diesem Grund beginnt die Exkursion durch die verschiedenen Entwicklungsphasen der Vater-Sohn-Beziehung lange vor der Geburt des Sohnes: mit den väterlichen Vorstellungen, Phantasien und Wünschen gegenüber dem künftigen Sprössling.

Der Wunsch nach einem Kind speist sich aus vielen Quellen. So fanden beispielsweise Frick-Bruder und Schütt (1992, S. 227) narzisstische, depressive und kreative Anteile beim Kinderwunsch von Männern und Frauen. Welche Anteile jeweils überwiegen, hängt unter anderem vom eigenen kindlichen Erleben der werdenden Eltern ab. Bei einem Vorherrschen schöpferischer Anteile des Kinderwunsches wird das Kind als eigenständiges drittes Wesen, das aus einer lebendigen Zweierbeziehung hervorgeht, um seiner selbst willen gewünscht. Neben anderen, auch negativen Gefühlen, die ganz natürlich sind, überwiegt bei den Eltern die Freude über diesen »Dritten im Bunde«, und sie sind bestrebt, ihm seine Individuation zu ermöglichen.

Ein zukünftiges Kind um seiner selbst willen zu wünschen, hieße konsequenterweise auch, keine Vorlieben zu hegen gegenüber seinem Geschlecht. Es ist jedoch eine Tatsache, dass ein überwiegender Teil aller Männer (und übrigens auch der Frauen!) sich eher einen Sohn wünscht als eine Tochter. Dies gilt in nahezu allen Kulturen; bei manchen Völkern führte und führt es sogar zur Tötung von erstgeborenen Mädchen. Scheinbar rationale Beweggründe wie die Notwendigkeit eines »Stammhalters« oder der Wunsch eines Bauern oder Handwerkers nach einem kräftigen Sohn, der ihm bei der Arbeit zur Hand geht, können nur eine oberflächliche Erklärung für das Phänomen der männlichen Bevorzugung von Söhnen bieten. Auch feministische Ansätze, die den Erhalt der patriarchalen Vormachtstellung des Mannes und die Sicherung der Unterdrückung des Weiblichen hervorheben, bilden wohl nur einen Teilausschnitt tieferliegender Hintergründe ab. In unserer Gesellschaft, in der die Gleichberechtigung der Frau zumindest vordergründig weit fortgeschritten ist, erfährt die männliche Bevorzugung eines Sohnes eine nicht zu unterschätzende soziale Zensur: Viele Männer würden sie nicht mehr offen äußern, bei anderen ist die tiefe Sehnsucht nach einem Sohn längst der Verdrängung anheimgefallen. Welche unbewussten Gründe kann der starke Wunsch des Mannes nach einem Sohn haben? Michael Diamond (1991) hat einige Aspekte gefunden, von denen ich drei herausgreifen und näher beleuchten möchte.

Die Umkehrung der Vater-Sohn-Beziehung

Sehr bedeutsam scheint die Beziehung eines Mannes zu den fürsorglichen Qualitäten seines eigenen Vaters zu sein. Aus der in der Kindheit überwiegend positiv erlebten Zuwendung des Vaters kann im erwachsenen Mann der Wunsch entstehen, nun selbst väterliche Liebe an einen Sohn weiterzugeben. In diesem guten Fall kann der betreffende Mann sozusagen aus dem Vollen schöpfen. Wie oft ertappt sich ein solcher Vater dabei, dass er dem Sohn auf genau dieselbe Weise etwas erklärt oder beibringt, wie es einst sein Vater mit ihm tat!

> In dem Disney-Kinofilm »König der Löwen« rettet Mufasa, der König, seinen Sohn Simba aus einer tödlichen Gefahr, in die dieser aus Leichtsinn und Übermut geraten war. Danach entwickelt sich ein Gespräch zwischen Vater und Sohn über Mut, Angst und Stärke. Mufasa bringt seinem Sohn bei, dass es nicht mutig ist, sich in Gefahr zu begeben, sondern dumm. Und die idealisierte Vorstellung des Sohnes, sein Vater habe niemals Angst, rückt er zurecht mit den Worten: »Doch, auch ich habe Angst. Ich hatte Angst um dich!« Danach erzählt er Simba etwas, das schon sein eigener Vater ihm einst sagte: Er weist auf den Sternenhimmel mit der Bemerkung, dort oben seien alle Könige der Vorzeit versammelt und schauten auf sie herab. Wenn Simba einmal allein und hilflos sei, solle er sich dessen bewusst sein und sich an ihre Stärke und Weisheit erinnern. Auch er selbst, Mufasa, werde nach seinem Tod dort oben sein.

Es ist die verinnerlichte Erfahrung eines schützenden, liebevollen und klugen Vaters, die es dem später vaterlos heranwachsenden Simba ermöglicht, seinen Platz im Leben zu finden. Wir sprechen von der inneren Repräsentanz des Vaters (auch Vaterbild oder Vaterimago), die im Lauf der Entwicklung aus der realen Erfahrung mit dem Vater gespeist wird, aber auch aus kindlichen Phantasien über den Vater. Bei Simba ist sie zudem geprägt von dem Erleben, dass sein Vater selbst eingebettet ist in eine Art »Ahnengalerie« überwiegend positiv besetzter Väterlichkeit. Während sich bei Walt Disney die väterlichen Repräsentanzen »da oben« (im Himmel) befinden, geht die Psychoanalyse davon aus, dass jeder Mensch solche Vaterbilder in seiner Seele trägt. Sie müssen keineswegs immer hilfreich und tröstlich sein, sondern können, je nach der erlebten Vatererfahrung, auch sehr destruktive Züge annehmen.

Eine negativ erlebte Vater-Sohn-Beziehung kann den Wunsch des Mannes nach einem Sohn besonders heftig werden lassen. Die stärker von unbewusstem Hass und Rachewünschen geprägte Variante einer solchen Konstellation bestünde darin, mithilfe eines Sohnes nun einmal »den Spieß herumzudrehen« und all die Gefühle von Ohnmacht und Hilflosigkeit loszuwerden (und sie auf diese Weise im Sohn zu erzeugen!), die der Vater einem einst beschert hat. Wir kennen aber auch eine stärker von Sehnsucht und den ursprünglich dem Vater geltenden Liebeswünschen geprägte Variante der Vater-Sohn-Beziehung: In einer intensiven, engen, dyadischen Beziehung zu seinem Sohn befriedigt der Vater verspätet seinen eigenen lebenslangen »Vaterhunger«.[5] Peter Blos (1990) hat davor gewarnt, dass die emotionale Entwicklung des Sohnes durch eine solche Bindung an den Vater nicht gefördert, sondern behindert werde. Auch die Wiederbelebung eines bereits verstorbenen Vaters kann heimliches Motiv des männlichen Wunsches nach einem Sohn sein. Brazelton und Cramer (1991) beschreiben unter dem Motto »Der Säugling als Geist der Vergangenheit« eindrucksvolle Fälle von Eltern, die in ihrem Kind unbewusst einen Elternteil und die Interaktion mit diesem wiederbeleben. Ein weiterer Aspekt betrifft die Wiedergutmachung als Ausdruck von Schuldgefühlen über die eigene Abnabelung: Indem man(n) den Eltern einen Enkel schenkt, gibt man ihnen den kleinen Sohn wieder, der man selbst nicht mehr ist.

Die Erweiterung und das Überleben des eigenen Selbst

Unter diese Kategorie fallen Tendenzen in der Vaterschaft, die wir im Fachjargon als »narzisstisch« zu bezeichnen gewöhnt sind. Dieser wissenschaftlich wie umgangssprachlich überfrachtete Begriff umfasst hier wie im Folgenden stets zwei einander ergänzende Aspekte: einen konstruktiven, den man mit der humanistischen Vorstellung der »Selbstaktualisierung« umschreiben kann, sowie einen eher destruktiven, mit dem egozentrische Prozesse gemeint sind, die eine echte Bezogenheit auf andere Menschen verhindern.

Das Streben nach Selbstaktualisierung in der Beziehung zu einem erwünschten Sohn kann für einen Vater bedeuten, die eigene kindliche Entwick-

---

5 Der Begriff »father hunger« wurde von dem amerikanischen Psychoanalytiker James Herzog (1982) eingeführt.

lung mit seinem Jungen noch einmal nachzuerleben, sich den damals erfahrenen Problemen und Konflikten erneut zu stellen und daran zu wachsen. Weniger entwicklungsförderlich ist es, wenn der zukünftige Sohn in der Phantasie und den Wunschvorstellungen des Vaters all das verwirklichen soll, was ihm selbst verwehrt blieb. Der Vater benutzt in diesem Falle den Sohn als ein sogenanntes »Selbstobjekt«[6]: Anstatt sich eigenen Enttäuschungen und Konflikten zu stellen, gibt ein solcher Vater dem Sohn unbewusst den Auftrag, sie stellvertretend für ihn zu überwinden bzw. zu lösen. In diesem Bereich liegt schon vor der Geburt eines realen Sohnes durchaus destruktives Konfliktpotential: Je mächtiger die reparativen und selbstaufwertenden Phantasien eines Mannes über seinen künftigen Sohn sind, desto größer wird seine narzisstische Wut sein, wenn der Sohn sich ganz anders entwickelt, als der Vater es für ihn geplant hat.

> In dem autobiographischen Roman »Padre Padrone« schildert Gavino Ledda (1989) die quälende und brutale Geschichte der Beziehung zu seinem Vater: Der Vater nimmt den kleinen Gavino aus der Schule und entfernt ihn von Mutter und Geschwistern, um ihn zu seinem Ebenbild (!) zu machen – einem Schafhirten in den kargen Hügeln Sardiniens. Es beginnt ein zähes Ringen um Autonomie und Unterwerfung, und als der herangewachsene Sohn beschließt zu lernen, um den Schulabschluss nachholen und studieren zu können, will der Vater ihn töten. Die ebenfalls unterdrückte Mutter und die Geschwister werden zu ängstlichen Randfiguren in dem mörderischen Kampf zwischen Vater und Sohn, der nur durch einen totalen Abbruch der Beziehung und das Fortgehen Gavinos aus seiner Heimat beendet werden kann.

Normalerweise kommen natürlich auch die Vorstellungen der Mutter ins Spiel. Auch sie hat ja Phantasien darüber, wie ihr »Sohnemann« einmal werden soll. Ähneln sie dem Bild, das ihr Mann von seinem künftigen Sprössling hat, oder sind sie vielleicht ganz anders? Wie viele Jungen wurden schon von ihren Vätern verächtlich als »Muttersöhnchen« bezeichnet! Und wie viele Mütter wenden sich mit der Bemerkung »Genau wie dein Vater« enttäuscht von ihren Söhnen ab! Hier wird deutlich, wie groß auch der Einfluss der *elterlichen Beziehung* auf die künftige Entwicklung des Sohnes ist.

---

6 Die Selbstpsychologen Bacal und Newman (1994) definieren den von Kohut stammenden Begriff »Selbstobjekt« folgendermaßen: »Ein Objekt ist ein Selbstobjekt, wenn es intrapsychisch so erlebt wird, als erfülle es in einer Beziehung Funktionen, die das Selbstgefühl wecken, aufrechterhalten und positiv beeinflussen« (S. 279).

Der unbewusste Wunsch nach Unsterblichkeit fällt ebenfalls unter die narzisstische Kategorie: Der schwer zu ertragende Gedanke an das Älterwerden und den Tod kann durch einen Wunschsohn kompensiert werden, der in Vaters Fußstapfen treten und sein Leben und Werk fortsetzen soll. So manchem Vater, der aus dem Nichts ein florierendes Unternehmen geschaffen hat, fällt es schwer zu begreifen, dass der Sohn anders ist als er, dass er andere Berufswünsche hat und gar nicht daran denkt, den narzisstischen Auftrag des Vaters zu erfüllen. Psychologische Organisationsberater beschreiben heftige Konflikte um die Führungsnachfolge in Familienunternehmen, die auf einer solchen Konstellation beruhen (z. B. Haubl 2008).

Der Wunsch nach einem Sohn als Ausdruck homosexueller Strebungen

Ausgehend von seiner These der ursprünglichen psychischen Bisexualität des Kindes[7] nahm Sigmund Freud an, dass jeder Junge in einer bestimmten Entwicklungsphase nicht nur heterosexuelle Liebeswünsche auf seine Mutter richtet, sondern auch homosexuelle auf den Vater (siehe Kap. 4): Durch Identifikation mit der Mutter nehme der Junge in psychosexueller Hinsicht eine passive Position ein und wünsche sich ein Kind von seinem Vater. Diese Wünsche würden jedoch im Laufe der Entwicklung meistens zugunsten einer Identifikation mit dem Vater und einer aktiven psychosexuellen Position – den heterosexuellen Strebungen – rasch und umfassend verdrängt. Dennoch ist der Kinderwunsch des Mannes laut Freud zu einem nicht unerheblichen Teil auf diese frühe weibliche Identifikation zurückzuführen; er ist sozusagen ein »Überbleibsel« der unterdrückten Homosexualität.[8]

Manche der triebtheoretisch begründeten Auffassungen Freuds über die psychosexuelle Entwicklung sind inzwischen durch modernere Vorstellungen ersetzt worden, andere wurden ohne nähere Untersuchung über Bord geworfen, weil sie nicht dem Zeitgeist entsprachen. Doch ungeachtet der Frage, ob man sich Freuds These der psychischen Bisexualität anschließt oder nicht, können wir es heute als gesichertes Wissen betrachten, dass jeder Mensch männliche und weibliche Identifizierungen in jeweils unterschiedlicher Ausprägung

7 In ihrer radikalsten Variante besagt diese These, dass psychosoziale bzw. psychobiologische Geschlechtsmerkmale wie das Geschlechtsrollenverhalten und die Geschlechtspartnerorientierung überhaupt nicht genetisch bedingt sind, sondern im Verlauf der Sozialisation durch gesellschaftliche Einflüsse erst erworben werden. Demnach müsste Heterosexualität ebenso »erlernt« werden wie Homosexualität (vgl. dazu Freud 1905).

8 Zu anderen Motiven des männlichen Kinderwunsches vgl. Mertens 1994, S. 189 f., Pohl 1992 und Ross 1982 c.

und Gewichtung in sich trägt. Und so existieren auch in jedem Menschen »männliche« und »weibliche« Beziehungswünsche gegenüber dem eigenen und dem anderen Geschlecht. Darum stellt sich auch heute noch die Frage nach dem Entwicklungsschicksal homosexueller Strebungen im heterosexuell lebenden Mann. Ein Weg besteht nach psychoanalytischer Auffassung in der Sublimierung homoerotischer Wünsche in innigen, nicht-sexuellen Beziehungen zu anderen erwachsenen Männern. Einen anderen Ausdruck finden homosexuelle Strebungen im männlichen Wunsch nach einem Sohn und in der gelebten Beziehung zu diesem. Häufig ist die Beziehung zu seinem Sohn die einzige gleichgeschlechtliche Beziehung, in der ein Mann sich gestattet, zärtliche Liebesregungen auch gegenüber einem anderen männlichen Wesen auszudrücken und zu leben. Problematisch sind in diesem Zusammenhang Vater-Sohn-Beziehungen, die durch eine überstarke *Homophobie* des Vaters geprägt werden: Solche Väter verbieten sich und ihren Söhnen jeglichen Ausdruck von Weichheit und Zärtlichkeit in der gleichgeschlechtlichen Beziehung.

Angst vor dem Sohn

Das Gegenstück des Wunsches und der Sehnsucht nach einem Sohn ist die Angst vor ihm. Diese Angst kann viele Gesichter haben. Neben der Befürchtung, vom eigenen Sohn einst überflügelt und in seinen Schwächen bloßgestellt zu werden, ist die Furcht des Mannes zu erwähnen, durch den Sohn bei seiner Frau an die zweite Stelle verwiesen zu werden. Hier kann sich sowohl eine alte Geschwisterrivalität des werdenden Vaters spiegeln als auch die einstige kindliche Stellung im Beziehungsdreieck mit den eigenen Eltern: Wenn der Mann in seiner Herkunftsfamilie Partnerersatz der Mutter war, fürchtet er unbewusst, es könne ihm das gleiche Schicksal drohen wie einst dem eigenen Vater. Auch die unbewusste Angst vor den oben erwähnten homosexuellen Liebeswünschen kann einen Mann fürchten lassen, Vater eines Sohnes zu werden.

Zusammenfassend können wir davon ausgehen, dass die Gefühle der meisten Väter gegenüber ihren künftigen Söhnen eine Mischung aus Wünschen, Hoffnungen und Ängsten, aus liebevollen und feindseligen Impulsen darstellen. Die künftige reale Beziehung zwischen Vater und Sohn wird immer positive und negative Seiten enthalten, wenn auch von Fall zu Fall in durchaus unterschiedlicher Gewichtung. So ist davon auszugehen, dass Väter ihren Söhnen nicht nur Wachstum ermöglichen, sondern gleichzeitig diesen Prozess stören können.

2 Väter am Wickeltisch: Konkurrenz mit den Müttern oder primäre Väterlichkeit?

Die früheste Vater-Kind-Beziehung

Werden Väter an der Wiege und am Wickeltisch gebraucht? Und wenn ja, wozu? Fungieren sie als eine Art zweiter Mutter, so wie das auch Omas, Tanten oder Babysitterinnen tun? Oder gibt es eine spezifisch väterliche Funktion gegenüber dem Säugling und Kleinstkind? Gibt es ein »good enough fathering«, das sich bereits in dieser ersten Zeit vom »good enough mothering« unterscheidet? – Mit der Diskussion dieser Fragen kann man hitzige Debatten unter Entwicklungspsychologen, Psychoanalytikern, Säuglingsforschern und anderen Fachleuten auslösen. Erst allmählich wächst unsere empirische Ausgangsbasis im Sinne differenzierter Befunde über diesen Gegenstand dadurch, dass insbesondere Säuglings- und Kleinkindforscher den Vater, die elterliche Beziehung und die Beziehung des Vaters zum Baby von Anfang an in ihre Untersuchungen einbeziehen.[9] Unsere Kenntnis der Natur der Beziehung zwischen Vater und Säugling ist aber immer noch vergleichsweise begrenzt.

Abgesehen von unserem relativen Mangel an Fachwissen stellt sich das Problem der gesellschaftlichen und individuellen Bewertung: Wie *sollte* ein »hinreichend guter Vater« denn sein, was ist wünschenswert und was nicht? Bei der diesbezüglichen Einschätzung gibt es in der Wissenschaft ebenso wie gesellschaftlich natürlich sehr unterschiedliche implizite Annahmen; es ist also vor allem eine *Verunsicherung* über die Beurteilung der Vaterrolle festzu-

9 Bahnbrechend erscheint in diesem Zusammenhang der Forschungsansatz des »Lausanner Trilogspiels« der Arbeitsgruppe um Fivaz-Depeursinge (2001), das aus beobachteten Interaktionssequenzen zwischen Mutter, Vater und Säugling bzw. Kleinkind inspiriert wurde: Zuerst werden Interaktionen angeregt, beobachtet und von zwei Videokameras aus entgegengesetzten Perspektiven aufgenommen. Dabei spielt zunächst der Vater, dann die Mutter mit dem Kind (oder umgekehrt), und der jeweils andere Elternteil bleibt an der Peripherie (Konfiguration »Zwei-plus-eins«). Dann werden Vater, Mutter und Kind beobachtet, wie sie zusammen spielen (Konfiguration »Drei-Gemeinsam«). Schließlich werden Vater und Mutter beobachtet, wie sie sich unterhalten, und das Kind schaut nun zu (wieder »Zwei-plus-eins«). Mikroanalytisch erfasst werden speziell die Übergänge zwischen den einzelnen Szenen. – Dieses Forschungssetting erlaubt sehr differenzierte Befunde über von Anfang an stattfindende triadische Interaktionen bzw. über den Wechsel zwischen Dyaden und Triaden im familiären Dreieck.

stellen.[10] Immerhin gibt es einige relativ gesicherte psychologische Erkenntnisse:

Das Baby ist von Geburt an dafür ausgestattet, mehrere verlässliche Bezugspersonen zu haben. Es ist in der Lage, nicht nur selektiv mit der Mutter, sondern zu verschiedenen Personen unterschiedliche Beziehungen aufzunehmen. Das beweist die Säuglingsforschung, aber einfühlsame Väter und Mütter haben das natürlich längst gewusst, wie Wengler (1996, S. 210) zurecht anmerkt. Während in späteren Entwicklungsphasen verschiedene Beziehungserfahrungen bereits *verinnerlicht* sein werden, setzt die Fähigkeit zur Unterscheidung verschiedener äußerer Personen für den Säugling noch die reale *Anwesenheit* dieser Personen voraus. Wenn der Vater also nicht regelmäßig anwesend ist, dann kann das Baby auch keine spezifische Beziehung zu ihm entwickeln – so einfach ist das! Für das Baby sind mehrere verschiedene Beziehungen, sofern sie verlässlich und überwiegend positiv getönt sind, von Anfang an förderlich. Die Vorteile liegen auf der Hand: Für den Säugling bestehen sie in einem breiteren, differenzierteren Angebot an Außenreizen und Interaktionsmöglichkeiten, für die sogenannten »primären Bezugspersonen« in einer Entlastung von der ständigen Fürsorge und alleinigen Verantwortung.

Im Sinne der Entwicklung von Psychosexualität und Geschlechtsidentität ist es für Kinder beiderlei Geschlechts wichtig und wünschenswert, möglichst von Anfang an positive und verlässliche Beziehungserfahrungen mit weiblichen und männlichen Bezugspersonen sammeln zu können. Alleinige Beziehungen zu versorgenden Frauen führen unter anderem dazu, dass Väter, Männer und Männlichkeit als fremd und angstmachend erlebt werden. Väter eignen sich im Normalfall aufgrund ihrer spezifischen Beziehungen zu Frau und Kind(ern) besonders gut als »Dritte im Bunde«: Wenn die elterliche Beziehung überwiegend positiv getönt ist und der Vater sich das Kind gewünscht hat und es mag, dann kann sich von Geburt des Kindes an ein *Beziehungsdreieck* entwickeln, das allen drei (oder mehr) Beteiligten Wachstum ermöglicht (vgl. dazu Schon 1995).

Donald Winnicott prägte den Begriff der »primären Mütterlichkeit« und meinte damit, dass die Mutter während einiger Wochen nach der Geburt eines Kindes vor allem eingestimmt sei auf (oder besser »hingegeben an«) die Versorgung ihres Babys, das ihr zunächst wie ein Teil ihrer selbst vorkomme; außerdem sei sie sehr stark mit dem Baby identifiziert und wisse sehr gut, wie

---

10 Ich verweise hier nochmals auf die Frankfurter Studie »Neue Väter« von Bambey und Gumbinger (2009).

das Baby sich fühle. Dafür benütze sie ihre eigenen Erfahrungen als Baby. Auf diese Weise sei die Mutter selbst in einem abhängigen Zustand und sehr verletzlich (Winnicott 1990, S. 109). Dem Vater kommt nach Winnicott die Aufgabe zu, diese Mutter-Kind-Symbiose von *außen* zu sichern und der ihrerseits abhängigen Mutter durch liebevolle und verlässliche Zuwendung und emotionale Unterstützung die Regression zu ermöglichen, die dieses Hingegebensein an das Baby erfordert.

Aber ist dies wirklich das einzig denkbare und natürlichste Modell der Rollenverteilung zwischen Mutter, Vater und Kind? Ist jede Mutter wirklich in der Lage (und sollen wir es ihr abverlangen), über Wochen und Monate regressiv hingegeben an ihren Säugling stets einfühlsam zwischen Wiege und Wickeltisch hin- und herzuschweben? Ist es wünschenswert, dass der Vater – ganz Vertreter der Außenwelt – diese Mutter-Kind-Einheit lediglich mittelbar stützt und sichert? Oder gibt es auch so etwas wie »primäre Väterlichkeit«, eine unmittelbare und vielleicht ebenfalls regressiv getönte Beziehung des Vaters zu seinem neugeborenen Kind? Frick-Bruder und Schütt meinen dazu, dass die Anwesenheit einer dritten Person, die nicht irgendwann dazukommt, sondern von Anfang an gleichberechtigte Bedeutung hat, die natürlichste Lösung aus dem Abhängigkeits- und Überforderungsdilemma der frühen Mutter-Kind-Beziehung darstelle (Frick-Bruder und Schütt 1992, S. 224). Hier ist also eine erste und wichtige Aufgabe des Vaters als Drittem zu sehen: Selbst eine Beziehung zu seinem Baby zu entwickeln und damit das »Abhängigkeits- und Überforderungsdilemma« der allzu engen und ausschließlichen Mutter-Kind-Beziehung auflösen zu helfen oder besser gar nicht erst entstehen zu lassen. Die Chance dieser Konstellation liege auch darin, dass Mutter und Vater sich hinsichtlich ihrer Weiblichkeit und Männlichkeit klar voneinander unterscheiden und damit das jeweils Andere und Anderssein verkörpern (ebd.).

Merkmal Nummer zwei des frischgebackenen Vaters: Er ist *anders* als die Mutter! Das betrifft zum einen sein Geschlecht, zum anderen aber seine Andersartigkeit als Individuum überhaupt. Väter können durchaus zuweilen »mütterlich« mit ihren Babys umgehen und Mütter eher »väterlich«. Für das Baby geht es in erster Linie um *Differenzerfahrungen* innerhalb des Beziehungsdreiecks Vater-Mutter-Kind (vgl. dazu Buchholz 1990). Es ist also nicht Aufgabe des Vaters, »zweite Mutter« für das Baby zu sein und möglichst alles ganz genauso zu machen wie Mama. Frick-Bruder und Schütt warnen sogar vor dieser falsch verstandenen »neuen Väterlichkeit« und halten sie für eine weibliche Identifizierung, die auf Gleichheit statt Unterschied abziele und sich damit auch dem eigentlichen Vatersein entziehe (Frick-Bruder und Schütt 1992, S. 226). Auch andere Fachleute sehen es eher kritisch, wenn Väter in

Konkurrenz zu den Müttern treten, anstatt ihrer Andersartigkeit im Kontakt mit dem Kind Ausdruck zu verleihen: Schon Jessner et al. (1971) warnten, wenn die Väterlichkeit identisch mit Mütterlichkeit anstatt komplementär zu ihr gesehen werde, komme es zu einer Verzerrung der authentischen elterlichen Rolle. Natürlich stellt sich hier die grundsätzliche Frage, was denn das »eigentliche Vatersein« und die »authentische elterliche Rolle« sind. Da Authentizität ein ganz und gar subjektives Kriterium ist, können diese Frage letztlich nur jeder Vater und jede Mutter für sich beantworten. Doch ein wichtiger Aspekt ist hier angesprochen: die Rivalität zwischen den Eltern, die in modernen Familien dadurch verschärft zum Ausdruck kommen kann, dass sich beide Eltern um den Säugling kümmern. Diese Rivalität kann dann in der unausgesprochenen Frage münden, wer die bessere Mutter ist.[11]

Ingrid Peisker spricht von einer *Überbewertung des Mutterns* und der *Verachtung des Väterlichen* in unserer Gesellschaft. Sie betont die Wichtigkeit einer frühen Beziehung zum Vater sowohl für Jungen als auch für Mädchen. Nicht nur der Abwesenheit des Vaters, sondern auch der Passivität, Distanziertheit, mangelnden Männlichkeit und dem Versagen der Autorität des *anwesenden* Vaters schreibt sie einen äußerst negativen Einfluss bereits auf die frühkindliche Entwicklung zu.[12] Durch all diese Faktoren sei das Kind ausgeliefert an die übermächtige, überbehütende, dominante, verschlingende Mutter (Peisker 1991, S. 17). Dies ist jedoch von Peisker keinesfalls als Schuldzuschreibung an die Adresse der Mütter gerichtet. Schließlich lässt sich fragen, wie es kommt, dass Mütter überbehütend *werden* (bzw. *erlebt* werden) und welche Rolle die Männer dabei spielen.

Schnack und Neutzling, die sich in zwei humorvoll geschriebenen Büchern mit der Jungensozialisation beschäftigen, meinen dazu: »Die Beziehung zwischen Mutter und Kind ist leiblich begründet. Auch wenn sich ein Vater sehr um sein Kind kümmert, nachts aufsteht, es wickelt, füttert und mit Küssen überhäuft – der Besonderheit, der ›Exklusivität‹ der frühen Mutter-Kind-Beziehung können all diese sinnvollen Aktivitäten nichts anhaben.« (Schnack

---

11 Wegeler-Schardt und Köhler-Weisker (2008) beschreiben ein eindrucksvolles Fallbeispiel aus der Frankfurter Baby-Ambulanz. In der geschilderten Kleinfamilie geht es um die Frage: »Warum kann der Vater nicht die Mutter sein?«

12 Auch »Männlichkeit« kann und soll hier nicht definiert werden anhand eines bestimmten Katalogs von Eigenschaften. Denn »Männlichkeit« und »Weiblichkeit« sind soziale Konstrukte, die sich nicht nur von Kultur zu Kultur unterscheiden, sondern auch starken Veränderungen in der Zeit unterworfen sind. Dennoch soll hier unter »Männlichkeit« etwas Konkretes verstanden werden: Ein Zustand des Sich-Wohlfühlens mit der eigenen Identität als Mann und eine gewisse Sicherheit in diesem Bereich. Damit ist die sogenannte »soziale Geschlechtsidentität« angesprochen, die auch unter dem Begriff »gender« untersucht und diskutiert wird.

und Neutzling 1990, S. 215). Das Gefühl, trotz gegenteiliger Bemühungen in diese exklusive Gemeinschaft nicht hereinzukommen, kann heftigen Neid oder starke Eifersucht hervorrufen. In rationalisierender Abwehr dieser Gefühle ziehen viele Männer den Schluss, dass Mütter eben »von Natur aus« die besseren Versorger ihrer kleinen Kinder seien. Auf diese Weise haben sie ein gutes Argument gefunden, um sich von der anstrengenden Versorgung des Neugeborenen zurückzuziehen und übersehen dabei eine folgenschwere Entwicklung: Wenn sie sich in dieser frühen Zeit neidisch, eifersüchtig oder narzisstisch gekränkt aus dem Beziehungsdreieck mit Frau und Kind zurückziehen oder sich erst gar nicht auf dieses Dreieck einlassen können, überlassen sie nicht nur das Baby, sondern auch ihre Partnerin der engen, »verschlingenden« dyadischen Beziehung, in der Mutter und Kind all ihre Bedürfnisse befriedigen müssen.

Es ist deutlich geworden, dass das *Beziehungsdreieck Vater-Mutter-Kind* von Anfang an auf vielfältige Weise eine Rolle spielt und dass der Vater vom ersten Tag an einen erheblichen Einfluss auf die Entwicklung seines Kindes nimmt – auch dann, wenn er sich der aktiven Einflussnahme durch Abwesenheit, Distanz oder Passivität entzieht. Doch was sind die für den Säugling so notwendigen Differenzerfahrungen? Was ist »mütterlich«, was »väterlich« und welche Rolle spielt das Geschlecht des jeweiligen Kindes und Elternteils? Wir können hier zusammenfassend einige Aspekte benennen:

Anstatt von mütterlichen und väterlichen Eigenschaften zu sprechen und diese geschlechtsstereotyp der Mutter und dem Vater zuzuordnen, wäre es sinnvoller, ein *mütterliches Prinzip* von einem *väterlichen Prinzip* zu unterscheiden. Die Erfahrung beider Modi scheint unabdingbar für die psychische Entwicklung zu sein. Das mütterliche Prinzip kann mit Begriffen wie Verschmelzung, Dyade, Harmonie, Empathie und Hingegebensein umschrieben werden, das väterliche Prinzip lässt sich charakterisieren durch Unterscheidung zwischen Selbst und Anderem, Dreieckssituation, Störung der Harmonie und Abgrenzung. Es wird nun klar, dass kein Elternteil jemals reiner Vertreter eines dieser beiden Prinzipien sein kann und sollte, wie Peisker betont: Indem die »böse«, ausstoßende Mutter zur Störung der allzu engen und ausschließlichen Beziehung beiträgt, übt auch sie väterliche Funktion aus; und indem der Vater die Symbiose aktiv oder begleitend unterstützt, übt auch er mütterliche Funktion aus (Peisker 1991, S. 54). Erst die ausgewogene Mischung beider Erfahrungen, »mütterlicher« und »väterlicher« im übertragenen Sinne, ermöglicht den für jeden Menschen wichtigen Entwicklungsprozess von Loslösung und Individuation, der mit der Geburt – dem ersten Erlebnis von Trennung – einsetzt.

Im Sinne der Vermeidung von wenig hilfreichen Geschlechtsstereotypen wäre es vielleicht sinnvoll, auch nicht vom mütterlichen und väterlichen, sondern von einem »dyadischen« (auf ungestörte Zweisamkeit ausgerichteten) und einem »triadischen« (den Dritten einbeziehenden) Prinzip zu sprechen. Mit beiden Eltern kann und sollte das Kind im Wechsel den dyadischen und triadischen Beziehungsmodus erleben, damit es nicht zu einer Spaltung der Elternbilder in eine »nur gute Mutter« und einen »nur bösen Vater« kommt (oder umgekehrt). Das Erleben beider Beziehungsmodi setzt voraus, dass die Eltern selbst die Fähigkeit zur Triangulierung besitzen (vgl. dazu Schon 1995). In einer Längsschnittuntersuchung wiesen von Klitzing und seine Mitarbeiter nach, wie nachhaltig die Beziehungswelt der Eltern und insbesondere ihre »Kompetenz, triadische Beziehungen intrapsychisch und interpersonal zu gestalten«, die Entwicklung des Kindes beeinflussen (von Klitzing 2002, S. 863).

Jeder Säugling macht vom ersten Tag an »gute« und »böse« Beziehungserfahrungen. Eine der schwierigsten Entwicklungsaufgaben besteht darin, diese gegensätzlichen Erfahrungen zunehmend zu integrieren, anstatt die negativen Erlebnisse und die damit verbundene Aggression abzuspalten und zu verdrängen. Diese allmähliche Entwicklung des Aushaltens und Akzeptierens von *Ambivalenz* wird laut Winnicott durch die Erfahrung einer »hinreichend guten Mutter« gewährleistet. Heute wissen wir, dass dieses Konzept einer Idealisierung und Überforderung der Mutter entspricht und dass zur Integration des »Bösen« in jedem Fall ein Dritter vonnöten ist. Das *muss* nicht zwangsläufig der Vater sein, aber er bietet sich im Normalfall dazu an.

Wenn die Mutter hingegen bemüht bzw. gezwungen ist, sich als »nur gute« Mutter zu profilieren, dann »führen Ängste und Schuldgefühle in eine Sackgasse; denn ohne den Einfluss des Väterlichen verwandelt sich die ›gute‹ Mutter in die ›böse‹, verschlingende, entwicklungshemmende Mutter« (Peisker 1991, S. 126). Wenn der Vater hingegen anwesend und bereit ist, sich auf eine Beziehung zu seinem Kind einzulassen, ermöglicht er der Mutter, sich ohne schlechtes Gewissen auch zuweilen von den kindlichen Bedürfnissen abzugrenzen (also »väterlich« zu sein) und entlastet sie von dem Zwang, stets »nur gute« Mutter zu sein. Umgekehrt wird der ausschließlich im Sinne des triadischen Prinzips störende, trennende Vater als »nur böser« Vater erlebt, der Integration nicht fördert, sondern behindert: Ob das Kind auch zum Vater eine Beziehung entwickeln kann, die weder einseitig idealisiert noch einseitig als bedrohlich erlebt werden muss, hängt davon ab, ob es dem Vater gelingt, auch ein »guter, symbiotischer« Vater zu sein. Dies wiederum ist entscheidend von den jeweiligen gesellschaftlichen Gegebenheiten abhängig.

Zusammenfassend können wir also sagen, dass die Erfahrung einer »hinreichend guten *und* bösen Mutter« sowie eines »hinreichend guten *und* bösen Vaters« für das Kind eine gute Voraussetzung ist, um im Zuge der folgenden Entwicklungsphasen allmählich Aggressionen bewältigen und Ambivalenz aushalten zu lernen. Ermann meint, eine weitgehende Parallelität in der Entwicklung der Beziehungen zu Vater und Mutter sei förderlich: »Erst die wechselseitige Annäherung und Abwendung in der Beziehung zu beiden Eltern scheint die schrittweise Verinnerlichung von zwei genügend tragfähigen, ambivalenten Beziehungen zu ermöglichen, die für die weitere Entwicklung so entscheidend ist«. (Ermann 1985, S. 103).

Diese Entwicklung setzt mit der Geburt ein, sofern beide Eltern präsent sind und eine vollständige Beziehung zu ihrem Baby eingehen können, in der sowohl verbindende als auch trennende Beziehungserfahrungen ihren Platz haben und sein dürfen. Die frühe Dreieckserfahrung geht von den Eltern aus, sofern sie aufgrund eigener frühkindlicher Erfahrungen und einer tragfähigen Beziehung zueinander die Voraussetzungen dafür mitbringen. Beim Kind trifft sie auf eine vermutlich angeborene Fähigkeit, das Beziehungsdreieck zu erleben und zu verinnerlichen.[13]

Die Bedeutung der frühesten Beziehung zwischen Vater und Sohn

Wir können nach dem oben Gesagten davon ausgehen, dass der Vater-Kind-Beziehung bereits von Geburt an große Bedeutung zukommt und dass dies für Kinder beiderlei Geschlechts gilt. Ist es aber möglich, konkrete Aussagen über die Besonderheiten der Beziehung zwischen einem Vater und seinem männlichen Säugling zu machen?

Winnicott hat die Fähigkeit der Mutter thematisiert, sich mit dem Baby zu identifizieren und intuitiv zu wissen, wie das Baby sich fühlt (s. o.). Dafür benütze sie ihre eigenen Erfahrungen als Baby. Wenn man davon ausgeht, dass es ein solches präverbales und unbewusstes Wissen aus der eigenen Säuglingszeit gibt[14] und dass sich dieses Wissen positiv auf den Umgang mit dem Baby auswirken kann, dann muss man sich die Frage stellen, ob ein Vater sich nicht genauso gut oder in mancher Hinsicht gar besser in den männlichen Säugling einfühlen kann als eine Mutter. Winnicotts These würde ja sonst be-

---

13 Vgl. dazu Ermann 1989, Rotmann 1985 und von Klitzing 2002.

14 Natürlich gibt es nicht nur erlernte, sondern auch *ererbte* Grundlagen der Einfühlung in den Säugling. Was diese genetische Ausstattung angeht, so haben die Papoušeks herausgefunden, dass Väter über die gleichen artspezifischen, genetisch determinierten und angeborenen Verhaltensprogramme im Umgang mit Säuglingen verfügen wie die Mütter (Papousek und Papousek 1987, zit. n. Wengler 1996, S. 210).

deuten, dass geschlechtsspezifische Unterschiede des Erlebens im Säuglingsalter nicht existieren und dass Mütter sich sozusagen geschlechtsneutral in männliche wie weibliche Babys gleichermaßen identifikatorisch einfühlen können, während diese Fähigkeit bei Männern nicht vorhanden oder von Bedeutung sei. Demgegenüber können wir heute davon ausgehen, dass der »gute, symbiotische Vater« selbstverständlich dieses Einfühlungsvermögen besitzt und diese Fähigkeit seinem Sohn auch angedeihen lassen sollte.[15]

Umgang mit dem männlichen Säugling

Wir haben gesicherte Befunde, dass Mütter mit männlichen Säuglingen anders umgehen als mit weiblichen. Ein Beispiel für geschlechtsspezifisches Pflegeverhalten ist das »Begehren im Blick der Mütter« gegenüber ihren kleinen Söhnen, das die Töchter entbehren müssen, wenn sie es nicht mit dem Vater erleben (vgl. dazu Olivier 1988, aber auch Amendt 1993). Entsprechend kann man beobachten, dass auch Väter ihre Söhne von Anfang an anders (an)sehen und behandeln als ihre Töchter. Beide Erfahrungen (der »weibliche« und der »männliche« Blick und Umgang) sind für den Säugling wichtig und bedeutsam. So kann beispielsweise die Belastung einer vonseiten der Mutter allzu erotisch aufgeladenen Interaktion mit dem männlichen Kind, wie Amendt (1993) sie in einer Studie beschreibt, durch anders geartete Interaktionen mit dem Vater ausgeglichen werden. Brazelton und Cramer (1991) haben auf die Bedeutung früher elterlicher Phantasmen und Bedeutungszuschreibungen für den realen Umgang mit den Kindern und damit für die kindliche Entwicklung hingewiesen.

> So mag Frau O., wenn sie ihren Sohn badet und wickelt, etwa folgende, teils unbewusste Gedanken und Empfindungen haben: »Seine Haut fühlt sich so weich an. Er schaut so lieb, sein Blick ist ganz warm. Man kann jetzt schon sehen, dass er einmal einen kräftigen, männlichen Körper haben wird – so wie sein Vater. Bestimmt wird er einmal ein einfühlsamer und guter Liebhaber«. Herr O. hat bei denselben Verrichtungen ganz andere Phantasien: »Du bist jetzt schon ganz schön kräftig, kleiner Kerl! Ich freu' mich darauf, wenn wir zusammen im Wald herumtollen und Baumhäuser bauen. Du bist auch gar nicht empfindlich, kannst einen kleinen Knuff ganz gut wegstecken. Bestimmt kannst Du Dich mal gut durchsetzen bei den anderen Jungs, darüber mach' ich mir keine Sorgen.«

---

15 Seiner Tochter natürlich auch!

Wenn wir uns vorstellen, dass der kleine Junge auf dem Wickeltisch eine Erektion hat, werden auch damit Mutter und Vater auf ganz unterschiedliche Weise umgehen: Frau O. bekommt vielleicht einen kleinen Schreck – die erotische Komponente, die ihr Umgang mit dem Sohn vorbewusst hatte, droht nun bewusst zu werden und erzeugt in ihr Scham- oder Schuldgefühle. Schnell packt sie den »kleinen Mann« in die Windel, nimmt ihn hoch und beginnt eine ganz andere Interaktionssequenz, indem sie mit ihm spielt. Herr O. empfindet in der gleichen Situation eine Mischung aus Stolz und aufkeimender männlicher Rivalität: »Sieh mal an, auch hier stehst Du also schon Deinen Mann, Du kleiner Casanova.« Doch die empathische Identifikation mit den Lust- und Wonneempfindungen des Sohnes überwiegt die Angst vor seiner zukünftigen Potenz, und so lässt Herr O. den Sohn noch eine Weile ohne Windel und beobachtet verhalten schmunzelnd, wie der Kleine beginnt, an seinem Penis herumzuspielen. Erst als der Junge seine Aufmerksamkeit auf etwas anderes richtet, beginnt der Vater, ihn anzuziehen.[16]

Vorläufer einer männlichen Geschlechtsidentität

Im Hinblick auf das Geschlecht verkörpert die Mutter für den Sohn »Anderssein«, der Vater »Gleichsein«. Dies gilt jedoch (zumindest in *kognitiver* Hinsicht) nicht für das erste Lebensjahr, da in dieser Zeit dem Kind Geschlechtsunterschiede noch nicht bewusst sind. Der kleine Sohn weiß also noch nichts von seinem Geschlecht.[17] Vater und Mutter sind sich aber durchaus bewusst, dass sie einen »kleinen Mann« vor sich haben und gehen darum auch von Anfang an geschlechtsspezifisch mit ihm um, wie wir oben gesehen haben.

Wir wissen inzwischen, dass sich die sogenannte *Kerngeschlechtsidentität* – das sichere Empfinden, einem biologischen Geschlecht anzugehören – in den ersten zwei Lebensjahren stabil herausbildet, und zwar ab der Geburt des Kindes. Dieses Erleben hat vermutlich genetische Komponenten, wurzelt aber darüber hinaus u.a. in sensomotorischen Erfahrungsmustern und »stellt eine in

---

16 Natürlich könnte sich diese fiktive kleine Szene auch umgekehrt abspielen: So könnte ein extrem homophobischer Vater den Sohn rasch in die Windel packen, während eine Mutter, die sich der milden erotischen Komponente in der Beziehung zum Sohn bewusst ist und sich ihrer nicht schämt, vielleicht freier und unbefangener auf die Erektion reagieren würde.

17 Oder doch? Wir wissen nicht, was er weiß und auf welche Weise er es weiß. Ein Kollege vermutet aufgrund eigener Beobachtungen, dass bereits der 6 bis 8 Monate alte männliche Säugling auf irgendeine Weise »ahnt« oder »spürt«, dass er ein männliches Wesen ist wie Bruder oder Vater (mündliche Mitteilung von Dr. Franz Rohrmeier). Zur wissenschaftlichen Erörterung dieser Frage verweise ich auf Bischof-Köhler (2002) und Maccoby (2000).

den Körper und in die Sinne ›hineingeschriebene‹ Auffassung des Geschlechts dar« (Mertens 1992, S. 24). Wie dieser Prozess des *Hineinschreibens* der Auffassung von Weiblichkeit bzw. Männlichkeit vonstattengeht, darüber sind wir bisher weitgehend auf Vermutungen und psychoanalytische Rekonstruktionen angewiesen. Die Säuglingsforschung hat zu diesem Thema bisher noch nicht viel beitragen können. Doch es ist klar, dass eine Mutter *ihre* Auffassung von Männlichkeit – ihre Wünsche, ihr Begehren, ihre Ablehnung usw. – in den Sohn »hineinschreibt« und der Vater *seine*. Phylis Tyson meint, dass »diese frühesten Verständigungen zwischen Mutter und Kind sowie zwischen Vater und Kind die Anlage formen, um die herum die Geschlechtsidentität allmählich Gestalt annimmt« (Tyson 1982, S. 177, Übersetzung L. S).

Pedersen und Rabson, zwei amerikanische Bindungsforscher, gehören zu den ersten Autoren, die sich empirisch mit der Vater-Sohn-Beziehung im ersten Lebensjahr befasst haben. Sie fanden, dass das Ausmaß, in welchem der Vater sich an der Pflege des Kindes beteiligte, am anregenden Spiel teilnahm und ganz allgemein emotional mit seinem kleinen Kind verbunden war, die Bindung des Kindes an ihn maßgeblich beeinflusst, und nahmen an, »dass diese Vater-Kind-Bindung ein entscheidender Faktor im Prozess der Geschlechtsrollen- und Persönlichkeitsentwicklung des Kindes ist« (Pederson und Rabson 1966, zit. n. Biller 1971, S. 5, Übersetzung L. S). In seinem Buch über väterliche Deprivation trägt Henry Biller (1971) Daten zusammen, die diese Vermutung bekräftigen.[18]

Während sich der Sohn später durchaus mit den mütterlichen *Vorstellungen* von Männlichkeit identifizieren kann, muss er sich doch vom realen *Geschlecht* der Mutter zumindest partiell ent-identifizieren. Sie ist sozusagen kein leibhaftiges Modell für Männlichkeit. Das ist der Vater hingegen sehr wohl. Der

18 Zum weitgehenden Mangel an aktuellen psychoanalytischen Befunden über dieses Thema schreibt Schwind in einer Seminarankündigung: »Die psychoanalytische Auseinandersetzung mit der männlichen Entwicklung scheint irgendwie stehen geblieben zu sein. Mann – Männlichkeit (...) sind in den gegenwärtigen Diskussionen, in der Theoriebildung und in der Praxis der Psychoanalyse beinahe fremde / befremdliche Konstrukte, die eine allenfalls randständige Bedeutung haben. Problematisiert wird der Mann / Vater als ›fehlend‹, ›versagend‹, ›destruktiv‹ oder ›schwach‹, also eher in Attributen, die den ›Mythos Mann‹ in Frage stellen. Gegen die Entidealisierung von Männlichkeit ist nichts einzuwenden, ist doch deren Idealisierung ein immer noch abzutragendes Relikt früher psychoanalytischer Theorien, denen ›der Mann‹ das Maß der Dinge war und in denen deshalb Weiblichkeit nur als kastrierte Männlichkeit konstruiert werden konnte. Dekonstruktion und Entidealisierung gehören zu den Voraussetzungen, die Psychoanalyse des Mannes zwar nicht neu zu formulieren, aber sie (vielleicht etwas mehr) *auf die Höhe der Zeit zu bringen*« (Schwind 2007, Hervorhebung Lothar Schon). Angesichts des relativen Mangels an neuer Literatur zum Thema männliche Geschlechtsidentität und Vaterbeziehung sei hier noch auf den (längst vergriffenen!) Sammelband von Friedman und Lerner (1986) verwiesen.

später unter Umständen schmerzliche Prozess des Erkennens, nicht so zu sein wie Mama, wird mit großer Wahrscheinlichkeit entlastet, wenn der kleine Junge von Anfang an sensorische, motorische und affektive Erlebnisse mit seinem Vater hat, wenn ihm also im Moment der kognitiven Erkenntnis des Geschlechtsunterschieds (etwa ab der Mitte des zweiten Lebensjahres) bereits eine stabile Beziehungserfahrung mit »einem, der so ist wie ich«, zur Verfügung steht.

Zusammenfassung

Vom ersten Lebenstag an sind für den Säugling in seinen primären Beziehungen Differenzerfahrungen von Bedeutung, d.h., das Erleben unterschiedlicher Beziehungsstile. Dabei sollte das Baby sowohl einen mütterlichen als auch einen väterlichen Beziehungsmodus kennenlernen bzw. dyadische und triadische Beziehungserfahrungen machen können. Für den kleinen Jungen hat der anwesende Vater insofern eine besondere Bedeutung, als sich der Vater besonders gut in den männlichen Säugling einfühlen kann, mit ihm anders umgeht als die Mutter und ihm bei der Entwicklung der Geschlechtsidentität von Anfang an als leibhaftiges männliches Modell zur Verfügung steht.

3 Zweites und drittes Lebensjahr: Befreier oder Störenfried?

Die Ausführlichkeit der Betrachtung der ersten ein bis anderthalb Jahre der Vater-Sohn-Beziehung ist wichtig, weil einige der grundlegenden Entwicklungsaufgaben der nun folgenden Jahre bereits in dieser frühen Zeit angelegt sind. Unter anderem geht es dabei um die *Entwicklung eines zunehmend abgegrenzten und eigenständigen Erlebens des Selbst und anderer Menschen*. Diese frühe Entwicklung ist von entscheidender Bedeutung für das ganze weitere Leben. Eng verbunden mit der zunehmenden Entwicklung und Festigung des Selbst sind die zwischenmenschliche *Regulation von Nähe und Distanz* und die *Fähigkeit zur Ambivalenz*, das heißt, die Integration von »guten« und »bösen« Beziehungserfahrungen und die Handhabung der Aggression innerhalb von Beziehungen. Hinzu kommen das Entstehen einer zunehmend gefestigten Geschlechtsidentität sowie die Entwicklung der Sprache.

Alle diese Entwicklungsaufgaben sind nicht innerhalb der geschlossenen Zweierbeziehung (z. B. zwischen Mutter und Kind) zu bewältigen, sondern bedürfen eines Drei- oder Mehr-Personen-Beziehungsgefüges, wobei dem Kind mindestens zwei stabile Bezugspersonen (möglichst unterschiedlichen Geschlechts) zur Verfügung stehen sollten, die auch miteinander eine Beziehung haben. In diesem Sinne kann dieses Kapitel durchaus als Plädoyer für die *Anwesenheit des Vaters* aufgefasst werden. Allerdings bietet die klassische Kernfamilie Vater-Mutter-Kind(er) keine Garantie für eine gelungene Entwicklung; ebenso wenig bedeuten Abwesenheit des Vaters oder die Wahl alternativer Lebensformen zwangsläufig das Scheitern an den genannten Entwicklungsaufgaben. Unter guten Voraussetzungen können sie auch mit anderen Personen als Mutter und Vater durchlebt und bewältigt werden.

Ich habe zu verdeutlichen versucht, dass diese Prozesse bereits mit der Geburt einsetzen. Im zweiten und dritten Lebensjahr gewinnen sie nun verstärkt an Bedeutung. Im Bereich der Motorik ermöglicht der aufrechte Gang dem Kind, sich zielstrebig von einem Objekt weg- und zu einem anderen hinzubewegen. In diesem Zusammenhang führen *Trennungswünsche* ebenso wie *Trennungsängste* zur Verschärfung des Nähe-Distanz-Themas in der sogenannten *Wiederannäherungskrise* (Mahler et al. 1982). Mahler hat uns ein hilfreiches Verständnis dieser ganz normalen Vorgänge ermöglicht, indem sie zeigte, dass das Kind innerpsychisch mit der Aufrichtung von Grenzen zwischen sich und den wichtigsten Bezugspersonen beschäftigt ist – einem Entwicklungsschritt, der ihm mehr Autonomie ermöglicht, aber auch das Bewusstsein erst entstehen lässt, dass auch andere Menschen (z. B. die Eltern) autonom sind, einen eigenen Willen haben und sich jederzeit entfernen bzw. trennen können. Das Kind braucht einige Zeit, um diese Erkenntnis zu verarbeiten.

Im Bereich der geistigen Fähigkeiten vollzieht sich auch sonst eine enorme Entwicklung: Das Kind beginnt, sprechen zu lernen. Und die Sprache ist ja etwas *Drittes* in der Beziehung zu einem Gegenüber. In diesem Sinne hat sie nicht nur verbindende, sondern eben auch ent-zweiende Funktion: Das Kleinkind macht zunehmend die Erfahrung, nicht mehr wortlos verstanden zu werden, seine Bedürfnisse und Nöte nicht mehr »von den Augen abgelesen« zu bekommen. Es muss sich artikulieren lernen, und dabei kommt es natürlich häufig zu Missverständnissen. Es lernt allmählich, Objekte und sich selbst zu benennen, und es erfasst irgendwann im zweiten Lebensjahr seine Zugehörigkeit zu einem Geschlecht (und damit die Nicht-Zugehörigkeit zum anderen).

Abelin (1971, 1975, 1986) hat den Vater als ersten und bedeutsamsten Anderen bezeichnet, der das Kleinkind gegen Ende des ersten und vor allem im zweiten Lebensjahr aus der Enge der Zweisamkeit zwischen Mutter und Kind herausführe und ihm damit zur Entwicklung eines abgegrenzten und eigenständigen Selbst verhelfe. Wir haben im vorausgegangenen Kapitel gesehen, dass die verlässliche Anwesenheit des Vaters *von Geburt an* die Ausschließlichkeit und »Enge« der Mutter-Kind-Beziehung relativieren kann.

Erst im Drei-Personen-Beziehungsgefüge zwischen Mutter, Kind und Vater und durch den damit notwendigen, ständigen *Perspektivenwechsel* wird es dem Kind ermöglicht, sich in Beziehungen als autonomes Wesen zu erleben. Es findet langsam ein Übergang statt von einem häufiger dyadisch geprägten Beziehungsmodus (mit Mutter, mit Vater und auch mit Anderen) im ersten Lebensjahr zu einem zunehmend triadisch-getrennten Beziehungserleben im zweiten und dritten Lebensjahr. An dieser Stelle muss angemerkt werden, dass auch nach geglückter Entwicklung der Mensch lebenslang zwischen dyadischen und triadischen Beziehungsmodi wechselt. Entscheidend ist nur, ob ihm die Möglichkeit des Wechselns überhaupt zur Verfügung steht, das heißt, ob Dreieckserfahrungen in einer sicheren Beziehungsumgebung genügend gefestigt werden konnten. Dazu ist es notwendig, dass das Kind die psychische Leistung des Erkennens und *Anerkennens* der elterlichen Beziehung vollbringt. Das rein dyadische Beziehungserleben (die ungetrübte Zweisamkeit) des Kindes mit der Mutter oder dem Vater birgt die Gefahr des Verbleibens im »narzisstischen Universum« gegenseitiger Spiegelung, die keine klaren Grenzen zwischen Selbst und Anderem zulässt – ein Phänomen, das Erwachsene im Zustand der heftigen Verliebtheit wiedererleben. Erst die »Spiegelung des Spiegels« mithilfe der Beziehung zweier bedeutsamer Anderer (in der Regel der Eltern) führt das Kind aus sich selbst heraus und durch die Identifikation mit dem »Anderen« wieder zu sich selbst zurück: nämlich zu einem abgegrenzten Selbsterleben.

Diese komplizierte Entwicklung beschreibt Abelin etwa folgendermaßen: Im zunehmend bewussteren Erleben der elterlichen Beziehung entstehen beim Kleinkind im zweiten Lebensjahr Gefühle der Eifersucht und Rivalität. Diese für das noch unentwickelte Selbst des Kindes allzu bedrohlichen Gefühle können durch Identifikation mit dem Dritten, dem jeweiligen Rivalen, bewältigt werden. Das Kind versteht etwa ab dem zweiten Lebensjahr, dass dieser Dritte ebensolche Beziehungswünsche an den Zweiten hat wie es selbst. Indem es sich nun in diesen Dritten hineinversetzt, kann es indirekt und innerlich an der Beziehung teilhaben, von der es in Wirklichkeit zeitweise ausgeschlossen ist. Für das Kind entsteht so nach und nach ein symbolischer, innerer Beziehungsraum, den es jederzeit betreten kann, unabhängig von der äußeren Anwesenheit und Zugewandtheit realer Bezugspersonen. Wir sprechen auch von der Entwicklung der Fähigkeit zum Alleinsein (vgl. Winnicott 1990).

Abelin beschreibt diesen Prozess anhand der sorgfältigen Beobachtung von Michael, der nach einem heftigen Anfall von Eifersucht auf die sich umarmenden Eltern im Alter von 11 Monaten immer wieder aktiv den Wunsch zum Ausdruck brachte, Papa möge Mama küssen und zärtlich zu ihr sein. Es wäre verfehlt, diese Interaktion ausschließlich als eine Abwehr von Eifersucht zu verstehen. Michael hat offenbar auch Vergnügen daran, wenn »der, der so ist wie ich«, die umarmt, bei der er selbst so gern im Arm liegt.[19] Dieses zunächst aus Eifersucht und Rivalität entstehende Hineinversetzen in die Perspektive eines anderen Menschen ist das erste Aus-sich-Herausgehen, das nie mehr vollkommen rückgängig zu machende Verlassen des narzisstischen Universums. Erst nachdem dieser Schritt geglückt und stabilisiert ist, wird das Kind zu einem sozialen Wesen im eigentlichen Sinne: zu einer Person, die immer besser auch von sich selbst Abstand nehmen und die Unterschiede zwischen seinen Bedürfnissen und denen anderer Menschen überhaupt wahrnehmen kann.

Während Abelin aus konservativ-mutterzentrierter Perspektive davon ausging, dass der Dritte immer ein anderer als die Mutter ist – in erster Linie der

---

19 Die ausführliche und interessante Beschreibung der Interaktion zwischen dem kleinen Michael und seinen Eltern findet sich bei Abelin (1975).

Vater, darüber hinaus aber auch Geschwister und andere wichtige Bezugspersonen, wissen wir heute, dass die Rollen im Dreieck ständig wechseln und somit auch die Mutter die Dritte sein kann: nämlich dann, wenn das Kind auf deren Beziehung zum Vater eifersüchtig ist und sich dyadische Nähe zu ihm und nicht zur Mutter wünscht. Natürlich kann auch jeder Elternteil der vorübergehend ausgeschlossene Dritte sein, der eifersüchtig ist auf die Beziehung der beiden anderen.[20]

Wie bedeutsam Art und Qualität der elterlichen Beziehung für die Entwicklung der inneren Repräsentanzen vom Selbst und von den Anderen sind, wurde seit Anfang der 70er Jahre vielfach untersucht. Herzog (1985 und 1993) fand heraus, dass die Beobachtung der Interaktion zwischen den Erwachsenen eine Vorhersage der Interaktion zwischen Erwachsenen und Kind erlaubt: Der elterliche »Spielstil« (d. h., der emotionale Umgang der Eltern miteinander) beeinflusst unmittelbar den Spielstil des Kindes. Die Kinder spielten nicht nur die verschiedenen Spielstile der Eltern nach, sondern auch deren Veränderungen, zum Beispiel nach Streit. Im Spiel der Zwei- und Dreijährigen konnte man klar erkennen, wie es ist, wenn Papa und Mama sich gut verstehen oder Papa und Mama im Streit sind (Herzog 1993, S. 8). Was in der elterlichen Beziehung nicht bewältigt und integriert werden kann, greift über auf die Eltern-Kind-Beziehung und kann sich dort schädlich auswirken. In diesem Zusammenhang stellt sich unter anderem die Frage, ob ein dauerhaft schlechtes Klima der Elternbeziehung negativere Folgen hat als das Fehlen eines Elternteils nach einer Trennung der Eltern. Diese Frage wird von verschiedenen Fachleuten unterschiedlich beantwortet.

Es gibt hinsichtlich der beschriebenen Entwicklungsaufgaben im familiären Beziehungsdreieck große interindividuelle Unterschiede, die mit der konkreten Familienkonstellation zusammenhängen, beispielsweise mit dem Ausmaß der Anwesenheit des Vaters, der Rollenverteilung der Eltern, der An- oder Abwesenheit von Geschwistern usw. Auch kann man davon ausgehen, dass dieser Entwicklungsschritt bei Jungen und Mädchen unterschiedlich verläuft. Wie nun kann die Beziehung zwischen Vater und Sohn während des zweiten und dritten Lebensjahres des Sohnes aussehen?

20 Sehr einleuchtend beschreibt Buchholz (1990) diesen Prozess der »Rotation der Triade«.

Der Vater als »Befreier«

Im klassischen Familiensetting mit traditioneller Rollenverteilung gestaltet sich diese Entwicklungsphase etwa folgendermaßen: Durch das heftige Hin- und Hergerissensein des Sohnes zwischen Nähe- und Distanzwünschen, liebevollen und feindseligen Gefühlen gegenüber der Mutter wird die Mutter-Sohn-Beziehung zunehmend instabil, aufreibend und bedrohlich. Der von diesen Konflikten aufgrund seiner häufigen Abwesenheit wenig oder überhaupt nicht betroffene Vater wird zum Retter, zum »Ritter in strahlender Rüstung«, der den Sohn von Zeit zu Zeit aus dieser aufgeladenen Atmosphäre herausholt und ihm eine alternative, anregende Beziehung anbietet. Die Zweisamkeit zwischen Vater und Sohn ist dadurch gekennzeichnet, dass der Vater dem Sohn »die Welt« zeigt, also mit ihm gemeinsam das mütterliche Universum verlässt. Zudem bietet der Vater dem Sohn ein Modell dafür, dass Entfernung von der Mutter keineswegs den Abbruch der Beziehung zu ihr bedeutet. Der Vater geht ja täglich fort von der Mutter, ohne sie zu verlieren. Er kehrt stets zu ihr zurück und wird (im guten Fall) immer wieder liebevoll empfangen, so dass auch der Sohn es wagen kann, sich zu entfernen. Hierher gehört natürlich das volkstümliche »Hänschen-klein-Thema«, das verdeutlicht, wie entscheidend die mütterliche Reaktion auf das Fortgehen des Sohnes ist: Muss sie so sehr weinen, dass Hänschen voller Schuldgefühle zurückkehrt, noch bevor er die Welt entdeckt hat? Oder kann sie mit einem gewissen Stolz die zunehmende Eigenständigkeit des Sohnes fördern? Leider gibt es im Lied vom Hänschen keinen Vater, der an dieser Stelle für beide hilfreich sein könnte. Dass allerdings auch in einem traditionellen Familiensetting die einseitig verklärte Vater-Sohn-Beziehung nicht der Wirklichkeit entspricht, dass auch zwischen Vater und Sohn wechselhafte Gefühle eine Rolle spielen, davon zeugen die Arbeiten von James Herzog (z. B. 1980), der die Bedeutung der Vater-Sohn-Beziehung nicht nur für die Bewältigung, sondern auch für die *Entstehung* von Aggression hervorhebt. Hierzu folgende Hypothese:

Die Tatsache der häufigen Abwesenheit des Vaters und der Unzuverlässigkeit der Bindung an ihn mobilisiert im Kleinkind heftige Aggressionen gegenüber dem Vater. Diese Aggressionen müssen jedoch abgewehrt werden, eben weil die Bindung so instabil ist, dass solch heftige Gefühle in der Vater-Sohn-Beziehung nicht gewagt und integriert werden können. Aus diesem Grund tragen die Mütter im klassischen Familiensetting oft eine viel größere Last an feindseligen Auseinandersetzungen mit den Kindern als die Väter. Die Abwehr der Enttäuschungsaggression in der Vater-Kind-Beziehung erfolgt durch *Idealisierung* des abwesenden Vaters und äußert sich in einer heftigen Sehnsucht nach dem Vater. Ich meine, dass diese Idealisierung sich auch in einige entwicklungspsychologische und psychoanalytische Theorien zur frühen Bedeutung des Vaters eingeschlichen hat, wenn einseitig vom »Ritter in strahlender Rüstung« und vom Vater als Retter und Befreier die Rede ist. Der Jungianer Bernd Wengler macht an dieser Stelle zu Recht eine Spaltung der Elternbilder aus, die in der Theorie der Psychoanalyse in patriarchalischer Interpretation als Verklärung der Väterlichkeit und als Männlichkeitswahn in Erscheinung tritt (Wengler 1996, S. 212). Auch feministisch orientierte Psychoanalytikerinnen haben die Gefahren thematisiert, die die einseitige Idealisierung des Vaters als »Befreier« mit sich bringt (vgl. z. B. Benjamin 1990).

Gewagte und gelebte Auseinandersetzungen in der frühen Vater-Sohn-Beziehung müssen aus dieser Perspektive als Fortschritt gewertet werden. In einem »modernen« Familiensetting, das durch die frühe Anwesenheit des Vaters geprägt ist, erfasst die zunehmende Konflikthaftigkeit auch die Vater-Sohn-Beziehung. Nicht nur die Mutter wird mal als »gut« und mal als »böse« erlebt, sondern auch der Vater (s. o.). Peter Blos schreibt dazu: »Das Gefühl der Bindung wird gleichermaßen gegenüber jedem der beiden Elternteile empfunden. Ihre Verschiedenheit, abgesehen vom Geschlecht, wird durch die Empfindungen von Lust und Schmerz bestimmt, die jeder Elternteil im Kind wecken wird. Jeder Elternteil kann zu verschiedenen Zeitpunkten zum Repräsentanten des einen oder anderen werden; eine Hinwendung zum anderen ist die *Zuflucht*, die dem Kind bei seiner Vermeidung von Frustration, Enttäuschung oder Furcht jederzeit zur Verfügung steht.« (Blos 1990, S. 14, Hervorhebung L. S.). In diesem Fall fungieren beide Eltern abwechselnd als Retter oder »gute Objekte«: Wird der eine Elternteil situativ als böse erlebt, existiert immer noch die Sicherheit der Beziehung zum anderen Elternteil, der dann kurzfristig zum »guten« Befreier und Erlöser werden kann. Die mit dem frühen Abwehrmechanismus der Spaltung auseinandergehaltenen guten und bösen Aspekte werden bei diesem Vorgang (zum Zwecke der Rettung der guten Anteile) wechselweise auf zwei verschiedene Personen verteilt; eine reife Ambivalenz im Sinne der Integration beider Seiten in einer Person ist dem Kleinkind noch nicht möglich.

Im Falle des Sohnes kommt dem Vater als zeitweiligem Retter eine Bedeutung zu, die er für die Tochter nicht hat: Es geht nicht nur um die Rettung aus einer allzu engen, »verschlingenden« Beziehung zur Mutter – also um die Entwicklungsaufgabe der Autonomie (wie beim Mädchen auch) –, sondern zunehmend auch um die Sicherung der aufkeimenden Geschlechtsidentität: Die »böse« Mutter »verschlingt« (*im Erleben des Sohnes*) nicht nur dessen Autonomiestrebungen und droht, ihm die Freiheit zu nehmen, sondern sie gefährdet auch das aufkeimende und noch brüchige Gefühl des Andersseins im Sohn, das sich durch die Erkenntnis des Geschlechtsunterschieds zunehmend entwickelt. Die damit verbundene Angst des Jungen bewirkt in dieser Entwicklungsphase zuweilen ein besonders aggressives Verhalten gegenüber der Mutter und eine verstärkte Idealisierung des Vaters, denn dieses »Anderssein als Mama« wird vom Vater im Erleben des Sohnes in der Regel nicht bedroht, sondern unterstützt und gestärkt (s. u.).

Der Vater als Störenfried und Rivale

Wenn wir davon ausgehen, dass auch die Beziehung zum (anwesenden!) Vater durch wechselhafte Gefühle gekennzeichnet ist, dann besteht der Gegenpol zum Vater als Befreier aus der zu eng gewordenen Mutter-Sohn-Beziehung im Vater als Störenfried, der die harmonischen und glückspendenden Nähe-Erlebnisse mit der Mutter immer wieder dadurch beeinträchtigt, dass er auf den Plan tritt und die Mutter seinerseits beansprucht. In Hänschen dämmert die Erkenntnis, dass Mama keineswegs mit ihm alleine glücklich ist, sondern dass sie sich nach Papa sehnt, sich freut, wenn er kommt, und dann vielleicht zeitweise Hänschen durchaus vernachlässigt. Hier deuten sich schon Vorläufer des ödipalen Konflikts an (siehe Kapitel 4). Allerdings fehlt im zweiten und dritten Lebensjahr des Sohnes diesem *Triangulierungskonflikt* noch die sexuelle Komponente, die zwischen viertem und sechstem Lebensjahr an Bedeutung gewinnt. Im zweiten und dritten Lebensjahr geht es zunächst um das Gewahrwerden, dass die eigenen Beziehungswünsche mit denen der Anderen kollidieren können, und um den Umgang mit daraus entstehenden Aggressionen. Der Vater hat eben nicht nur eine wichtige Bedeutung als Befreier (»guter Vater«) – auch seine Funktion als Störenfried (»böser Vater«) ist wichtig und notwendig für die Entwicklung des Sohnes. Ein Vater, der sich (aus welchen Gründen auch immer) der Aufgabe entzieht, die Mutter-Sohn-Beziehung zu stören und als Dritter präsent zu sein, versagt im Sinne des triadischen Prinzips (s. o.). Insofern möchte ich unbedingt all jenen widersprechen, die meinen, in der frühen Beziehung zwischen Vater und Sohn spiele Rivalität keine wichtige Rolle (vgl. z. B. Rotmann 1978 und Ehebald 1991).

Störenfried ist der Vater aber noch in einem ganz anderen Sinne. In einer psychoanalytischen Langzeituntersuchung an acht intakten Familien über die Bedeutung des kindlichen Spiels für die Abwendung potentiell traumatischer Erlebnisse fand Herzog heraus, wie der spezifisch väterliche Spielmodus dazu beiträgt, dass Kinder mit heftigen Affekten umzugehen lernen. Dieser Spielmodus, der insgesamt wilder und rauer ist als das mütterliche Spiel, besteht unter anderem auch darin, das Kind zu stören. Natürlich gibt es zwischen Vater und Kind auch liebevolle und beruhigende Interaktionen, aber das Verhalten, das Väter von den Müttern unterscheidet, liegt eher im Bereich des Aggressiven. Bemerkenswert in dieser Hinsicht ist laut Herzog die Beobachtung, dass Väter häufig diese Art von Interaktionen anzetteln: Das Kind spielt in aller Ruhe, der Vater platzt herein, einen Kamikaze-Piloten imitierend und die Stimmung anheizend. »In keinem der beobachteten Fälle widerstand das Kind diesen derben und scheinbar überwältigenden Annäherungen« (Herzog 1985, S. 480 f., Übersetzung Lothar Schon). Dieses Kamikaze-Spiel wird von Vätern weit häufiger und heftiger mit Söhnen als mit Töchtern gespielt. Die Väter erzeugen aber nicht nur heftige Affekte, sondern sie bringen ihren Kindern auch bei, damit umzugehen, indem sie sie an entscheidender Stelle wieder abschwächen oder unterbrechen. Der Vater kann laut Herzog erfahren werden als *zustandsverändernde Bezugsperson,* die, »anstatt das Kind direkt auf eine Ebene reduzierter Spannung zurückzuführen, Ebenen erhöhter Affektivität und Spannung einführt und, wenn alles gut geht, auf diese Weise dem Kind Möglichkeiten der Modulation, Kontrolle und des Gebrauchs dieser intensiven Affekte vermittelt« (a. a. O., S. 490).

Der Vater als »einer, der so ist wie ich«

Mit der Erkenntnis des anatomischen Geschlechtsunterschieds wird der Vater für den Sohn in diesem Bereich zu »einem, der so ist wie ich« (s. o.). Diese psychosexuelle Identifikation spielt auf vielfältige Weise in die anderen Entwicklungsthemen (Autonomie, Aggression usw.) hinein. An dieser Stelle ist es nun entscheidend, ob der reale Vater eine vertraute Bezugsperson ist oder ob er als fremd und bedrohlich wahrgenommen wird. Die für den kleinen Jungen ohnehin belastende teilweise Ent-Identifizierung von der Mutter wird zusätzlich erschwert, wenn der Vater als vertrautes, positives Identifikationsobjekt nicht zur Verfügung steht. In diesem Fall kann der Sohn die so notwendige Differenzierung von der Mutter nicht bzw. nur unvollständig oder verzögert wagen, da ihm kein positives väterliches Alternativ-Angebot zur Verfügung steht. Demgegenüber kann die Vater-Sohn-Beziehung im guten Fall auf der Basis gegenseitiger Identifikation im zweiten und dritten Lebensjahr eine Hochblüte erreichen in gemeinsamen Spielen und Unternehmungen, die das Wir-Gefühl auf der männlichen Ebene stärken, ohne dabei gegen die Mutter oder die Frauen im Allgemeinen gerichtet sein zu müssen.

Die Rolle der Mutter für die Beziehung zwischen Vater und Sohn und die drei Dimensionen der Vaterschaft

Natürlich ist auch hier die Mutter aktiv im Spiel, indem sie ihre Einstellung gegenüber dem Vater und den Männern an den Sohn (bewusst und unbewusst) vermittelt. Hält auch sie ihren Mann für ein liebens- und begehrenswertes Gegenüber, oder ist ihre eigene Beziehung zu ihm so negativ geprägt, dass sie den Sohn vor dem Vater schützen möchte bzw. eine innige Beziehung zwischen Vater und Sohn nicht billigen kann? Atkins ist in zwei Beiträgen der Frage nachgegangen, inwieweit die Vater-Kind-Beziehung, aber auch das *Vaterbild*, das Kinder entwickeln, von der Mutter (mit-)bestimmt werden (Atkins 1981 und 1982). Hierdeis (1992), der das Bild des abwesenden Elternteils untersuchte, kritisierte, dass es fast noch keine Forschungsarbeiten über den Einfluss des anwesenden Elternteils auf die kindliche Vorstellung vom abwesenden Elternteil gebe (Hierdeis 1992). Diese Forschungslücke wurde also immerhin erkannt, und sie beginnt sich ganz allmählich zu schließen (z. B. Grieser 1998).

Einen sehr radikalen theoretischen Ansatz zum Einfluss der Mutter auf die Bedeutung und den Platz des Vaters in der kindlichen Psyche verfolgt der französische Strukturalismus Lacans und seiner Schüler. Diese Autoren gehen davon aus, dass – unabhängig von der realen An- oder Abwesenheit des Vaters – der Verweis auf eine dritte Instanz in der Mutter-Kind-Beziehung durch die Mutter selbst und deren Begehren erfolgt: Der Vater kommt nicht erst im Nachhinein dazu, sondern ist schon mit dem mütterlichen Begehren gegeben. Wenn die Mutter den Mann begehrt, der der Vater ihres Kindes ist, dann ist er auch von Anfang an in der Zweisamkeit zwischen Mutter und Kind präsent (Lang 1992, S. 212). Im guten Fall vermittelt sie von Anfang an die Anwesenheit des Dritten, nämlich dann, wenn er in ihrer eigenen Psyche fest verankert und positiv besetzt ist. Bleibe dieser Platz des Dritten wegen eines psychischen Defizits der Mutter leer, dann fehle dem Säugling eine strukturelle Voraussetzung menschlichen Daseins, was im Extremfall zu einer Psychose führen könne. In diesem Ansatz hat die *Dreiecksstruktur* vom Anbeginn des menschlichen Lebens eine überlebenswichtige Bedeutung: Der Verweis auf die dritte, die väterliche Instanz, wird von der Mutter entweder von Anfang an vermittelt (womit der Platz für den Vater durch die Mutter bereitet ist) oder eben nicht. »In der primären, naturgegebenen Beziehung zur Mutter muss sich von vornherein eine Stelle auftun, die einer symbiotischen Verschmelzung im Wege ist. Als dieser Ort – ein Drittes gegenüber der Dualunion – muss sich der Vater oder das väterliche Prinzip zeigen« (a. a. O., S. 214).

Dass das Vatersein eines Mannes – die Möglichkeit, den väterlichen Platz einzunehmen – von der Frau und Mutter abhängt, bringt Julien (1995, S. 80) in einem Aufsatz noch pointierter zum Ausdruck: Die Vaterschaft eines Mannes komme in ihrer ursprünglichen Grundlegung vom Begehren einer Frau. Es handele sich bei diesem Konzept nicht um eine Verringerung der Verantwortlichkeit des Mannes, sondern um eine positive Abhängigkeit, die dem Vater erst seine wirkliche Autorität über das Kind verleihe. »Niemand kann sich selbst als Vater einsetzen, ohne sich als Gott aufzuspielen« (ebd.).

Um die verschiedenen *Dimensionen der Vaterschaft* differenziert untersuchen und theoretisch fassen zu können, unterscheidet der französische Strukturalismus zwischen symbolischem, realem und imaginärem Vater: Der *symbolische Vater* wird, wie geschildert, durch die Mutter eingeführt. Es ist das Prinzip des Dritten, das unabhängig von tatsächlicher väterlicher Präsenz von Anfang an seinen Platz in der Mutter-Kind-Beziehung bekommen muss. Der *reale Vater* kann diesen von der Mutter eingeräumten Platz einnehmen, und zwar auf seine ganz eigene, autonome und individuelle Weise (natürlich kann er es auch unterlassen), wodurch er die Entwicklung des Kindes maßgeblich beeinflusst. Der *imaginäre Vater* schließlich ist der vom Kind selbst »erschaffene« Vater. Unter diesem Begriff (auch Vaterbild oder Vaterimago) sind alle Vorstellungen und Phantasien des Kindes über den Vater zusammengefasst. »Kinder in bestimmtem Alter denken sich insgeheim eine Vaterimago aus, die in jeder Hinsicht außergewöhnlich ist: von imponierender Gestalt, von hohem Rang, mit einnehmendem Wesen usw.« (a. a. O., S. 83). Natürlich stehen alle drei Dimensionen der Vaterschaft in einem engen Wechselverhältnis, es handelt sich nicht um voneinander unabhängige Aspekte. Die Untersuchung vaterloser Jungen und Männer im zweiten Teil dieses Buches befasst sich mit allen drei Dimensionen der Vaterschaft: Hat die Mutter den symbolischen Vater in ihre Dualunion mit dem Sohn eingeführt? Welche Rolle spielte der reale Vater, und wie kam es zu seiner Abwesenheit? Und welches Bild hat sich der vaterlose Sohn von seinem abwesenden Vater erschaffen?[21]

21 Dem Schicksal des Vaterbildes beim Sohn unter verschiedensten Bedingungen und in den unterschiedlichen Entwicklungsphasen ist Grieser in seinem Buch »Der phantasierte Vater« nachgegangen (Grieser 1998). Metzger hat mit Kolleginnen und Kollegen in einem Sammelband klinische Erfahrungen mit realen, symbolischen und phantasierten Vätern zusammengetragen (Metzger 2008).

Zusammenfassung:

Im guten, einigermaßen gelungenen Fall kann die Entwicklung im zweiten und dritten Lebensjahr für den kleinen Jungen bedeuten, ein abgegrenztes Selbsterleben zu entwickeln, negative und positive Aspekte von Mutter und Vater in differenzierten Beziehungen zu beiden zunehmend zu integrieren und dadurch auch mit eigenen »bösen« Anteilen (Aggressionen) umgehen zu lernen. Darüber hinaus erlangt er allmählich ein gefestigtes, positiv besetztes Gefühl dafür, ein Junge zu sein, der sich in mancher (aber keineswegs in jeder) Hinsicht von Mädchen und Frauen unterscheidet. Dabei kann die Beziehung zu einem anwesenden, zugewandten und überwiegend liebevollen Vater für den Sohn ausgesprochen hilfreich sein.

4 Viertes bis sechstes Lebensjahr: Hetero- und Homosexuelles zwischen Vater und Sohn[22]

Der gegengeschlechtliche Dreieckskonflikt

> In Astrid Lindgrens Kinderbuch »Karlsson vom Dach« (Lindgren 1995) sitzt Lillebror, der kleine Held der Geschichte, eines Morgens bei der Mutter auf dem Schoß, nachdem der Vater und die älteren Geschwister bereits aus dem Haus gegangen sind. In einem Gespräch mit der Mutter entwickelt Lillebror folgende Gedanken: Wenn sein großer Bruder Birger einmal heirate und dann sterben würde, ob er, Lillebror, dann seine »alte Frau« nehmen müsse, da er doch von Birger auch immer dessen abgetragene Kleidung und nicht mehr benötigte Spielsachen bekomme? Die Mutter lacht und beruhigt Lillebror: Nein, die alte Frau von Birger müsse Lillebror nicht heiraten, er könne sich eine eigene aussuchen. Mit seiner kleinen Freundin Gunilla mag Lillebror sich allerdings ein Zusammenleben nicht vorstellen, obwohl er sie gern hat. Stattdessen meint er, er könne doch die Mutter heiraten, die sei ihm sowieso am liebsten von allen. Die Mutter gibt zu bedenken, dass sie ja bereits mit Papa verheiratet ist, und was der wohl dazu sagen würde? Nach einigem Nachdenken meint Lillebror, es sei doch wirklich zu dumm, dass er und der Vater in dieselbe Frau verliebt seien. Die Mutter sagt, sie fände das eigentlich ganz schön. Nach einer weiteren nachdenklichen Pause kommt Lillebror zu dem Schluss, immerhin könnten sie auf diese Weise alle zusammen leben, und das findet er »phenominal«.

Auf erfrischende und amüsante Weise schildert Astrid Lindgren hier einen kindlichen Konflikt des kleinen Lillebror, den man in der Psychoanalyse seit Freud als »positiven Ödipuskomplex« bezeichnet: die eifersüchtige Liebe des Kindes zum gegengeschlechtlichen Elternteil und die damit verbundene Riva-

---

22 Während die vorausgegangenen Entwicklungsstadien hinsichtlich der geschlechtsspezifischen Unterschiede der Entwicklungsverläufe in der Forschung noch nicht präzise genug herausgearbeitet erscheinen, gibt es im Hinblick auf die nächsten Lebensjahre eine Fülle von Literatur zur unterschiedlichen Entwicklung bei Mädchen und Jungen (vgl. dazu Mertens 1994). Darum kann ich mich im folgenden Abschnitt darauf beschränken, die für den Jungen spezifischen Aspekte der Eltern-Kind-Konflikte und ihrer Ausgestaltung aufzuzeigen.

lität mit dem gleichgeschlechtlichen. Man könnte Lillebrors Anliegen aus psychoanalytischer Sicht folgendermaßen interpretieren: Lillebror hat zunächst einmal den ödipalen Konflikt mit dem Vater auf den größeren Bruder verschoben. Das ist weniger bedrohlich und weiter von der Wirklichkeit entfernt, da es in Birgers Leben ja noch gar keine Frau gibt. Lillebror stellt sich vor, dass Birger heiratet und dann stirbt. Dieser Todesgedanke, den Lillebror völlig unbefangen äußert, ist einigermaßen befremdlich. Wieso sollte Birger sterben? Das Resultat dieser Phantasie scheint jedoch für Lillebror folgerichtig: Er muss dann die »abgetragene« Frau von Birger heiraten, so wie er auch Birgers alte Schlafanzüge trägt. Diese Vorstellung stößt ihn jedoch eher ab, denn die Frau, die er eigentlich will, ist Mama! Hier sind wir nun im Zentrum des ödipalen Konflikts angekommen. Bezeichnenderweise hat Lillebror dabei gar nicht an Papa gedacht. Das heißt, er verleugnet in diesem Moment die Realität der elterlichen Beziehung, um dem innerpsychischen Konflikt mit dem Vater auszuweichen. Doch Mama lässt ihm das nicht durchgehen. Einfühlsam, aber bestimmt, bringt sie Papa ins Spiel: Was der wohl dazu sagen würde, wenn Lillebror seine Mama heiratete? Es wäre nun eigentlich folgerichtig, wenn Lillebror sich ausmalte, dass Papa stirbt, denn dann wäre Mama frei für ihn. Aber Lillebror begnügt sich damit, es »zu dumm« zu finden, dass Papa dieselbe Frau liebt wie er. Er akzeptiert die Tatsache, dass aus seiner Heirat mit Mama wohl nichts werden wird, und tröstet sich damit, dass sie immerhin alle als Familie weiter zusammenleben können.

An dieser Stelle muss angemerkt werden, dass Lillebror seinen Vater liebt und ein gutes Verhältnis zu ihm hat. Auch die Ehe der Eltern ist intakt – Vater und Mutter lieben einander, und so fällt es der Mutter nicht schwer, Lillebrors Heiratswünschen eine Beziehung entgegenzusetzen, die sie sehr schätzt. Aufgrund zahlreicher Beobachtungen an Familien mit weniger günstigen Voraussetzungen können wir uns ausmalen, wie die kleine Szene verlaufen würde, wenn Lillebror, sein Vater und seine Mutter weniger liebevolle Beziehungen zueinander hätten. Wenn der Vater beispielsweise zu der Sorte von Vätern gehörte, die ihren Sohn regelmäßig prügeln. Wenn die Mutter seit langem unter einem Mann zu leiden hätte, der häufig fremdgeht und sie tyrannisiert, sobald er nach Hause kommt. All das ist nicht eben selten. Wir können uns vorstellen, dass sich in diesem Fall die Aggressionen von Mutter und Sohn gegen »den Alten« auf verhängnisvolle Weise verbinden würden. Jeder von beiden könnte sich auf seine Weise ein friedliches und glücklicheres Leben ohne den Mann und Vater ausmalen. Mit Sicherheit hätte Lillebror als Jugendlicher und als erwachsener Mann große Schwierigkeiten, sich von der Mutter zu lösen, und auch die Mutter würde ihn möglicherweise nur ungern aus der tröstlichen, engen Bindung entlassen. Ebenfalls schwierig wird zuweilen die Ausgestaltung des ödipalen Konfliktes zwischen Mutter und Sohn, wenn ein Vater überhaupt nicht anwesend ist, wenn also die alleinerziehende Mutter ohne Partner mit dem Sohn zusammenlebt. Beispiele solcher Konstellationen, die in unserer gesellschaftlichen Realität immer häufiger werden, finden sich in den Porträts im zweiten Teil dieses Buchs.

Mit diesem kleinen Beispiel aus einem Kinderbuch Astrid Lindgrens soll angedeutet werden, dass Ausgestaltung und Heftigkeit der ödipalen Problematik auch und vor allem von der *realen Familienkonstellation* abhängen – von der Zusammensetzung der Familie, der psychischen Struktur der Eltern, der Qualität ihrer Beziehung zueinander und den jeweiligen Beziehungserfahrungen, die Mutter und Sohn sowie Vater und Sohn in den ersten Lebensjahren des Sohnes miteinander machen konnten. Lillebror hat großes Glück: Mutter und Vater sind ihm gleichermaßen vertraut und lieb, und er erlebt eine elterliche Beziehung, die durch liebevollen Umgang, gegenseitigen Respekt und (last not least!) noch nicht erloschene Leidenschaft füreinander geprägt ist. Wir können davon ausgehen, dass Lillebror die vorhergehenden Entwicklungsphasen aus diesem Grund ohne gravierende Störungen durchlaufen hat und dass in dieser Familie Konflikte auf der Basis liebevoller Beziehungen ausgehalten und ausgetragen werden konnten, so dass Lillebror die Irritationen des Ödipuskomplexes relativ rasch und mit gutem Ausgang bewältigen kann. Hat das Kind von Geburt an das Beziehungsdreieck mit den Eltern positiv erlebt, wird es auch die narzisstische Kränkung, die mit der Erfahrung des Generationenunterschiedes und der daraus folgenden Erkenntnis verbunden ist, in der Liebesbeziehung der Eltern ausgeschlossener Dritter zu sein, nur kurzfristig im Ödipuskomplex aufheben wollen. Es wird den Wunsch, den Vater bei der Mutter oder die Mutter beim Vater zu ersetzen, aufgeben. »In der Identifikation mit den Eltern kann sich das Kind die positive Gefühlsbeziehung zu einem späteren Partner in Verbindung mit dem kreativen Wunsch nach einem Kind vorstellen« (Frick-Bruder und Schütt 1992, S. 226). Den zuletzt genannten Schritt hat Lillebror noch nicht vollzogen, aber wir können davon ausgehen, dass er sich im Zuge seiner weiteren Entwicklung damit beschäftigen wird, vielleicht doch einmal Gunilla (oder ein anderes Mädchen) zu heiraten und mit ihr eine Familie zu gründen.

Der gleichgeschlechtliche Dreieckskonflikt

Es ist an dieser Stelle nicht möglich, all die verschiedenen Ausgestaltungen und Facetten des Ödipuskomplexes in der Beziehung zwischen Mutter, Vater und Sohn zu thematisieren.[23] Doch erscheint es mir von zentraler Bedeutung, die bisher entwickelten Gedanken um den Aspekt des häufig vernachlässigten gleichgeschlechtlichen (»negativen«) Ödipuskomplexes zu vervollständigen.[24] Lillebror liebt nicht nur seine Mutter, wobei ihm zuweilen der Vater als Hindernis erscheint. Er liebt auch seinen Vater, und auch die Zuneigung zu ihm ist zeitweise mit Wünschen nach Ausschließlichkeit dieser Beziehung und heftiger Rivalität mit der Mutter verbunden. In seiner gedanklichen und emotionalen Beschäftigung mit Vater und Mutter, der Rolle des Geschlechtsunterschieds, der Frage nach der Herkunft der kleinen Babys und der Bedeutung der elterlichen Beziehung in diesem Geschehen ist Lillebror keineswegs nur der kleine Mann, der Mama liebt, einmal Gunilla heiraten und mit ihr Kinder haben wird. Er erlebt auch erotisch gefärbte Liebeswünsche gegenüber dem Vater, diffuse und erregende Phantasien, die unter anderem durch seine partielle Identifikation mit der Mutter in den ersten Lebensjahren begründet sind: Wie es wohl ist, von jemandem wie Papa ein Baby zu bekommen? Und wie das geht?

Doch ebenso wie die meisten erwachsenen Männer reagiert auch der kleine Lillebror bereits mit Schrecken, wenn solche Phantasien bewusst zu werden drohen: Er ist doch ein Junge! Während es vollkommen in Ordnung zu sein scheint, Mama beim Frühstück einen Heiratsantrag zu machen und Papa dabei einfach zu »vergessen«, kommt kaum ein Fünfjähriger auf den Gedanken, seinem Vater ein entsprechendes Anliegen vorzutragen. Wir wissen bis heute wenig über das Schicksal gleichgeschlechtlicher ödipaler Strebungen, aber es ist leicht vorstellbar, dass dieses Kapitel der Vater-Sohn-Beziehung ein für beide heikles Thema darstellt. Das Tabu, mit dem dieses Thema zwischen Vätern und Söhnen sowie zwischen (heterosexuellen) Männern ganz allgemein belegt ist, hat sich offenbar auch in der psychoanalytischen Literatur weitgehend durchgesetzt. »Der Vater als homoerotisches Liebesobjekt des Sohnes führt in der Psychoanalyse bisher nur ein randständiges Leben« (Wengler 1996, S. 206).

---

23 Für eine eingehendere Beschäftigung mit der Thematik verweise ich auf Mertens 1994.

24 Freud schuf die Bezeichnungen »positiver« und »negativer« Ödipuskomplex als Analogie zum Begriff der positiven und negativen Ladung in der Physik. Blos schlug später die Begriffe »gegengeschlechtlicher« und »gleichgeschlechtlicher« Komplex vor, da sie weniger wertend klingen.

Nicht so – zumindest auf den ersten Blick – bei Peter Blos (1990), der in seinem Buch »Sohn und Vater« den verschiedenen Anteilen der Vater-Sohn-Beziehung und ihrem Schicksal während der Adoleszenz nachgegangen ist, insbesondere auch dem gleichgeschlechtlichen Ödipuskomplex. Blos unterscheidet in der Beziehung zu beiden Eltern eine dyadische und eine triadische Komponente (s. o.). Das konflikthafte Beziehungsgeschehen zwischen Kind und Eltern gliedert sich folglich in einen gegengeschlechtlich-dyadischen und einen gegengeschlechtlich-triadischen sowie einen gleichgeschlechtlich-dyadischen und einen gleichgeschlechtlich-triadischen Bestandteil. Es gibt also im Hinblick auf beide Eltern (bzw. beide Geschlechter) Konflikte, die sich stärker aus dem Beziehungserleben der ungestörten Zweisamkeit begründen, und solche, die mit dem vollständigen Beziehungsdreieck zu tun haben. Blos zeigt an vielen Beispielen, wie sich diese verschiedenen Komplexe vermengen, wie sie teils miteinander im Zusammenhang stehen, teils auch im Gewande des jeweils anderen erscheinen können, was eine differenzierte Einschätzung der kindlichen Entwicklung zuweilen erheblich erschwert. Ödipale Konflikte spielen sich innerhalb des Beziehungsdreiecks ab, sind also triadische Konflikte. Demgegenüber ist das im zweiten Kapitel beschriebene Hin- und-Hergerissensein zwischen Nähe und Distanz eher ein typischer Konflikt der Zweierbeziehung, also dyadischer Natur.

Bezüglich der heterosexuellen ödipalen Wünsche des Jungen meint Blos in Übereinstimmung mit der klassischen psychoanalytischen Theorie, dass sich dieser »gegengeschlechtliche triadische Komplex« mit dem Ende der ödipalen Phase (etwa im sechsten Lebensjahr) weitgehend auflöse. Die Identifizierung mit dem Vater, die Verschiebung der Liebeswünsche auf ein anderes Objekt und einen späteren Zeitpunkt (Gunilla) sowie die Angst vor Bestrafung und Schuldgefühle gegenüber dem Vater lassen den gegengeschlechtlichen Ödipuskomplex allmählich »untergehen«, wobei er als innerpsychische Struktur das Überich hinterlässt. Der gleichgeschlechtliche Ödipuskomplex hingegen werde aufgrund der Identifizierung mit dem Vater und der für die Geschlechtsidentität viel bedrohlicher erlebten homosexuellen Komponente weitgehend verdrängt und komme erst in der Adoleszenz wieder zum Vorschein (siehe Kapitel 6).

Erstaunlicherweise problematisiert Blos bei der Darstellung des gleichgeschlechtlichen Komplexes allerdings vorwiegend die dyadische Komponente: das Wiederaufleben frühkindlicher Nähewünsche, die Idealisierung des starken Vaters, die Teilhabe an seiner Stärke usw. Die genital-sexuelle Ebene des homosexuellen Komplexes einschließlich der eifersüchtigen Rivalität mit der Mutter ist auch bei Blos weitgehend ausgeklammert (vgl. dazu Chused

1991, S. 821). Unser Wissen über den »gleichgeschlechtlichen triadischen Komplex« bleibt also auch nach seinen Untersuchungen unvollständig und nebulös. Der Jungianer Frey-Wehrlin, der in einem interessanten Aufsatz der Tabuisierung des gleichgeschlechtlichen Ödipuskomplexes in den Beziehungen berühmter Psychoanalytiker (z. B. Freud und Jung) nachgeht, stellt die Hypothese auf, dass hinter diesem Problem eine Bedrohung steht, die unter allen Umständen abgewehrt werden muss (Frey-Wehrlin 1992, S. 199). Wie zuvor schon Ross (1982b) greift Frey-Wehrlin die homosexuelle Vorgeschichte von Ödipus' Vater Laios mit dem Jüngling Chrysippos aus der griechischen Mythologie auf. Er meint, dass in diesem Mythos noch immer hinter dem Mutter-Sohn-Inzest und der mörderischen Vater-Sohn-Beziehung die homoerotische Faszination versteckt sei, die das ganze Drama erst in Gang gebracht hat.[25] Wir dürfen fragen, ob das Ödipus-Drama auch dann in der bekannten Weise ablaufen würde (Ermordung des Vaters, Heirat mit der Mutter), wenn sich diese Faszination nicht verstecken müsste, wenn sie nicht verdrängt würde. »Verdrängung aber heißt: Chrysippos darf nicht am Leben bleiben, er kommt im Hause des Laios gewaltsam ums Leben« (Frey-Wehrlin 1992, S. 200). Frey-Wehrlin vertritt also sinngemäß die Auffassung, dass es die Verdrängung des homosexuellen Verlangens in der Vater-Sohn-Beziehung ist, die destruktive und bisweilen mörderische Impulse in dieser Beziehung und in den Beziehungen zwischen Männern überhaupt hervorbringt. Die Absage an die Liebe – hier in ihrer gleichgeschlechtlichen Form – führe zur Errichtung einer Herrschaft der Macht und zur Blockierung des Lebens (a. a. O., S. 204). Frey-Wehrlin plädiert dafür, Chrysippos leben zu lassen, womit gemeint ist, den gleichgeschlechtlichen Ödipuskomplex nicht zu verdrängen, sondern ihn zuzulassen und sich ihm zu stellen – eine für Vater und Sohn gleichermaßen bedrohliche Herausforderung. Im Gegensatz zu Blos würde ich vermuten, dass es nicht die dyadische Komponente der Vater-Sohn-Beziehung, sondern dieser triadische, mit Sexualität belastete Anteil ist, der die stärkste Bedrohung dieser Beziehung ausmacht. Diese Bedrohung tritt laut Blos weniger während der ödipalen Phase als vielmehr später, im Verlauf der Adoleszenz, in den Vordergrund und muss dann in irgendeiner Form bewältigt werden (vgl. Kap. 6).

---

25 In der griechischen Sage hatte Laios eine homosexuelle Beziehung zu dem Jüngling Chrysippos, der später tot auf seinem Lager gefunden wurde. Eine mögliche Interpretation der Ödipuslegende besagt, dass Laios seinen späteren Sohn Ödipus nur aufgrund seiner eigenen unbewältigten, von Hass und Schuldgefühlen geprägten Homosexualität aussetzen und dem möglichen Tod preisgeben ließ.

Rivalität und Liebe: Bedeutung des ödipalen Vaters und Ergebnisse des vollständigen Dreieckskonflikts

> Der Sohn nähert sich eines Morgens seinem Vater, kurz nachdem beide Eltern aus dem Schlafzimmer gekommen sind. »Ich kann dich nicht leiden, Papa«, sagt der Junge, »ich mag Mama lieber als Dich«. Der Vater markiert einen ärgerlichen Gesichtsausdruck und antwortet gespielt bissig: »Tust du das, ja?« Danach ändert sich sein Ausdruck, und er fährt fort: »Das ist in Ordnung so, weil ich dich lieb hab, und ich weiß, dass du mich meistens auch lieb hast.« Der Junge, erleichtert über das Verständnis des Vaters, antwortet immer noch spröde: »Naja, ich mag dich schon, jedenfalls ein bisschen.« Sein Vater lächelt, zieht den Jungen spielerisch zu sich hoch, umarmt ihn und ruft aus: »Ich bin froh, mein Sohn«. (Diamond 1994, S. 12, Übersetzung Lothar Schon)

Der Vater hat in der ödipalen Entwicklung des Sohnes mehrere, auf den ersten Blick nahezu widersprüchliche Aufgaben: Zunächst einmal muss er mit heftigen Attacken von Eifersucht und Aggression des kleinen Mannes umgehen. Im Rahmen des gegengeschlechtlichen ödipalen Konfliktes ist es wünschenswert, dass er seinem Sohn nicht permanent aus eigenen Selbstwertproblemen heraus dessen Unterlegenheit und Schwäche demonstrieren muss. In gewissem Maße sollte er Verständnis und Toleranz dafür aufbringen, dass der Sohn seine Frau liebt und ihn dabei manchmal zum Teufel wünscht. Im obigen Dialog gibt Diamond ein Beispiel für den gelungenen Umgang eines Vaters mit seinem ödipal rivalisierenden Sohn. Hier beantwortet der Vater den eifersüchtigen ödipalen Angriff des Jungen weder mit einem Gegenangriff, noch tritt er mit der Mutter in Konkurrenz um die Liebe des Sohnes. Er kann die Gefühle des Jungen so lassen und annehmen, wie sie im Moment gerade sind (»Ich mag Mama lieber«), mildert aber die Gefahren, die in der ödipalen Rivalität für beide liegen, indem er auf die guten Gefühle füreinander verweist, auf die sich Vater und Sohn bei aller Eifersucht verlassen können. Diamond spricht in diesem Zusammenhang von zurückhaltender Herausforderung aufseiten des Vaters, womit angedeutet ist, dass der Fehdehandschuh vom Vater durchaus aufgenommen werden soll (»Tust du das, ja?«), aber eben unter den oben angedeuteten liebevollen Vorzeichen. Der Vater ist in diesem Fall eine »Figur gutartiger Disziplin« (ebd.), was zur Voraussetzung hat, dass er mit seinen eigenen negativen Gefühlen gegenüber dem Sohn umzugehen vermag. Diamond meint dazu, liebende Väter müssten auch ihren eigenen Neid und die Konkurrenz mit ihren Söhnen kennen und ihre dunkleren Impulse sublimieren, indem sie Anstrengungen unternehmen, Grenzen zu setzen und altersangemessene Differenzierung zu fördern. Durch diese Strukturierung von Grenzen fördern Väter die gesunde Identifikation und Gewissensentwicklung des Sohnes und seine Fähigkeit, Aggression, Konflikt und Ambivalenz zu akzeptieren und auszuhalten.

Auch die Mutter sollte im guten Fall die Gefühle des Sohnes liebevoll annehmen können, ohne jedoch sein Werben und die Rivalität mit dem Vater aus eigener Bedürftigkeit heraus zu verstärken. »Die Mutter eines Sohnes sollte während der ödipalen Phase auftreten als ein milde bewunderndes und wertschätzendes, aber keineswegs vollkommen verfügbares Objekt der hochstrebenden Liebe ihres Sohnes. Das heißt, sie wird nicht so zugänglich für ihren Sohn, dass sie ihn den Platz seines Vaters einnehmen lässt« (Ross 1982 c, S. 203, Übersetzung Lothar Schon). Denn wichtig für den Sohn ist die Erfahrung, dass Papa von Mama geliebt und begehrt wird. Die Erkenntnis und Akzeptanz des Generationenunterschieds hängt entscheidend davon ab, dass weder Vater noch Mutter sich wünschen, der Sohn möge den Platz des Vaters in der elterlichen Beziehung einnehmen. Wiederum zeigt sich hier die *Bedeutsamkeit der Qualität der elterlichen Beziehung*: Kann der Vater seine Identität als Mann positiv besetzen und wird er darin von der Mutter positiv erlebt und gespiegelt, so ist er laut Grieser in den Augen seines Sohnes auch von der Mutter als Identifikationsfigur legitimiert (Grieser 1998, S. 95). Auf welche Weise Vater und Mutter mit dem ödipalen Konfliktgeschehen umgehen können, wird aber nicht nur von der Qualität ihrer Paarbeziehung, sondern natürlich auch von ihren eigenen kindlichen Erfahrungen in der jeweiligen Herkunftsfamilie bestimmt.

Als wäre dies alles noch nicht kompliziert genug, soll der Vater aber nicht nur mit der aufkeimenden männlichen Rivalität, sondern auch mit zärtlichen und zuweilen begehrenden Liebesregungen seines Sohnes umgehen können! Auch hier ist es einerseits wichtig, sich in die Wünsche des Sohnes einzufühlen und sie anzunehmen (z. B. in Form gemeinsamer Unternehmungen ohne die Mutter), andererseits aber auch einer forcierten Intimisierungstendenz zu entgehen, die ebenfalls die Grenzen der Generationen verwischen würde. Wenn der Vater beispielsweise Probleme mit seiner Frau hat, dann sollte er sich mit Erwachsenen darüber austauschen, anstatt gleichgeschlechtlich-ödipale Wünsche des Sohnes dadurch zu bestärken, dass er sich mit ihm gegen die Frauen solidarisiert. Denn das würde bedeuten, »dass der Vater in einer verdeckten oder offenen Komplizenschaft mit dem Sohn dessen Wut auf die Mutter bei sich selber wiedererkennt und stillschweigend gutheißt« (a. a. O., S. 94). Das wäre eine für den Sohn fatale gleichgeschlechtliche Solidarität!

Auch im gleichgeschlechtlichen Dreieckskonflikt ist stattdessen für den Jungen das Erleben zentral, dass die Beziehung des Vaters zur Mutter durch seine Wünsche und Phantasien nicht angegriffen oder beschädigt wird. Blos (1990) deutet in mehreren Fallbeispielen die schädliche Wirkung einer vonseiten des Vaters allzu engen, besitzergreifenden oder gar erotisch aufgeladenen Vater-Sohn-Beziehung an.

Die wichtigste Erfahrung des Sohnes ist die, dass die elterliche Beziehung trotz seiner beängstigenden Wünsche und Phantasien weiterbesteht, aber auch, dass seine eigenen Beziehungen zu den Eltern nicht beschädigt werden: Lillebror erkennt erleichtert, dass die Familie weiterhin zusammen leben kann. Er findet das »phenominal«, gibt dafür (wenn auch nicht gerne) seine ödipalen Beziehungswünsche gegenüber Mutter und Vater auf und vertröstet sich auf später, wenn er als Erwachsener eigene Liebesbeziehungen eingehen kann.

Ross hat die Wichtigkeit dieser Entwicklungsphase für die schöpferisch-männliche (und später evtl. *väterliche!*) Identität des Jungen hervorgehoben: »Ein Junge erlebt im Vater sein eigenes psychosexuelles Schicksal und die Unmöglichkeit, sein Geschlecht zu ändern, zu wählen oder zu wechseln« (Ross 1982, S. 198, Übersetzung Lothar Schon). Der Verzicht, den dies bedeutet, wird ebenso wie der Verzicht auf die Mutter als Liebesgefährtin ausgeglichen durch die Identifikation des Jungen mit der Männlichkeit und Väterlichkeit eines anwesenden, überwiegend positiv erlebten Vaters und die Verheißung, einst wie er ein Mann und Vater zu werden.

Nun ist die heile Welt von Lillebror nicht gerade die prototypische Familienkonstellation, in der sich vier- bis sechsjährige Jungen heutzutage in unserer Gesellschaft wiederfinden. In solchen Familien, in denen alle Mitglieder noch als vollständige Kernfamilie zusammenleben, gibt es nicht selten chronische Beziehungsprobleme zwischen den Eltern. Daneben werden Ein-Eltern-Familien immer häufiger, auch diese in unterschiedlichen Konstellationen. Stieffamilien sind ebenfalls häufig, also Familien, in denen auf der Erwachsenenebene ein Partnerwechsel stattgefunden hat. Inzwischen nehmen auch gleichgeschlechtliche Partnerschaften mit Kindern zu. Auch unter diesen nicht gerade mit unserem gesellschaftlich vermittelten Ideal von der intakten, klassischen Kernfamilie zusammenpassenden Lebensbedingungen entwickelt jeder Junge ödipale Konflikte und muss sie in irgendeiner Form bewältigen. Es würde den Rahmen dieses Kapitels überschreiten, dem Schicksal der Vater-Sohn-Beziehung in all diesen unterschiedlichen Konstellationen nachzugehen.

Ich möchte jedoch noch einmal betonen, dass sich das ödipale Geschehen nicht auf die Phase zwischen viertem und sechstem Lebensjahr beschränkt, sondern einen phasenübergreifenden Verlauf nimmt. Es kann in dem vergleichsweise kurzen Zeitraum vor dem Eintritt in die nächste Entwicklungsphase aufgrund der Unreife der psychischen Strukturen noch nicht vollständig bewältigt werden, sondern ruht sozusagen, bis die körperlichen Reifungsprozesse und die durch sie andrängenden Triebimpulse der Pubertät ihm wieder zum Durchbruch verhelfen. Ich halte es für unwahrscheinlich, dass – wie Blos annimmt – in der Adoleszenz der gleichgeschlechtliche Dreieckskonflikt in der Entwicklung des Jungen grundsätzlich eine zentralere Rolle spielt als der gegengeschlechtliche (vgl. Kapitel 6). Die damit aufgeworfene Frage nach Parallelität oder Ungleichzeitigkeit von heterosexuellen und homosexuellen Bestandteilen des Ödipuskomplexes und ihrer Bewältigung zu beantworten, bleibt jedenfalls weiteren differenzierten Untersuchungen vorbehalten. Zum Abschluss des Kapitels scheint mir noch erwähnenswert, dass die moderne psychoanalytische Entwicklungspsychologie in ihrer Einschätzung hinsichtlich des endgültigen Schicksals ödipaler Konflikte eine gemäßigtere Auffassung vertritt als die klassische Triebtheorie, wie Grieser anmerkt: »Heute sieht man die Bestimmung des Ödipuskomplexes nicht mehr darin, dass er *untergehen* oder zerschellen muss, sondern stellt sich eher vor, dass er sich allmählich abschwächt, wobei aber ödipale Konflikte das ganze Leben hindurch reaktivierbar bleiben« (Grieser 1998, S. 103).

5 Zwischen Schulbeginn und Pubertät: Väterliche Rückendeckung erwünscht!

Freud hat die Zeit zwischen dem Eintritt ins Schulalter und dem Beginn der Pubertät »Latenzzeit« genannt (latent = vorhanden, aber nicht offenkundig hervortretend), da es sich im Vergleich zu den vorausgegangenen und folgenden Phasen um einen ruhigeren Entwicklungsabschnitt handelt. Was ist in dieser Phase das Schicksal der Dreieckskonflikte, die noch kurz zuvor die Familiendynamik aufgeladen haben? Sarnoff (1982) spricht von einer spezifischen psychischen *Struktur der Latenz* und meint damit die Entstehung einer Reihe von Fähigkeiten, die die Abfuhr von Trieben mittels Phantasie und Symbolbildung ermöglichen. Diese neuen Fähigkeiten bieten die Möglichkeit eines kreativen Umgangs mit Frustrationen, und sie bilden den Kanal für die Übertragung kultureller Werte und Normen auf das Kind. Ross (1982) meint – wiederum in Anlehnung an die Ödipuslegende –, dass sechs- bis siebenjährige Jungen allmählich beginnen, »das Rätsel der Sphinx zu lösen«.[26] Längst haben sie verstanden, dass Mann und Frau geschlechtlich zusammenkommen und auf diese Weise Kinder zeugen. Die ödipale Kränkung besteht unter anderem in der Erkenntnis, in biologischer Hinsicht noch kein dem Vater ebenbürtiger und fruchtbarer »kleiner Mann« zu sein, und diese Kränkung wird erst durch die sexuelle Reifung in der Adoleszenz aufgehoben (s. Kap. 6). So muss der Junge in der Latenzzeit andere Mittel und Wege finden, sich stark und produktiv zu fühlen. Er wird ein kleiner Forscher; kreatives Spiel und schöpferisches Lernen sind progressive Möglichkeiten, die biologische Unterlegenheit gegenüber den Erwachsenen zu bewältigen. Die rasanten geistigen Reifungsprozesse dieser Entwicklungsphase unterstützen diesen Prozess. Ross hält die ernste Auseinandersetzung mit Ursprung und Ende des Lebens (dem Rätsel der Sphinx) für einen entscheidenden Aspekt der Latenz: Wie so vieles andere lerne der Junge, dass er gezeugt und geboren wurde, lebt und sterben wird (a. a. O., S. 248, Übersetzung Lothar Schon).

In der Latenzphase ist die Hauptbewegung der kindlichen Entwicklung eine *progressive,* weg von den Problemen der vorausgegangenen Jahre. Die geschlechtliche Beziehung seiner Eltern, seine eigenen sexuellen Gefühle und

---

26 Im übertragenen Sinn meint das Rätsel der Sphinx zu lösen, wichtigen Fragen der menschlichen Existenz auf den Grund zu gehen.

die Wünsche des Jungen, selbst nährend (»mütterlich«) und zeugend (»väterlich«) zu sein, das alles tritt nun in den Hintergrund (ebd.). Diese Abkehr von den ödipalen Bedrohungen wird durch die Entstehung der neuen Abwehr- und Bewältigungsmechanismen ermöglicht, die sich im Begriff der Struktur der Latenz (s.o.) zusammenfassen lassen.

So kann die Vater-Sohn-Beziehung in diesem Entwicklungsabschnitt eine *konfliktfreiere Phase* durchlaufen. In dieser Zeit ist der Vater häufig die bevorzugte familiäre Bezugsperson, und er kann im guten Fall dem Sohn ein geschätztes *Vorbild* werden. Während er in den Jahren zuvor zwar idealisiert, aber zuweilen eben auch »auf den Mond gewünscht« wurde, werden seine Eigenschaften vom Sohn nun mehr und mehr als Modell benutzt. Der Vater wird in seinen positiven Fähigkeiten und Vorzügen bewundert. In dieser Zeit lernen Söhne besonders gern und gut von ihren Vätern. Ross hält die An- oder Abwesenheit des Vaters für einen sehr ausschlaggebenden Faktor in der Entwicklung des Sohnes während der Latenzzeit. Besonders während der mittleren Kindheit stehe die Präsenz des Vaters als eines *Mentors* im Dienste einer spezifischen, konkreten Funktion. Ein Vater könne nun seinem Sohn helfen, Fertigkeiten zu entdecken, mit denen Ziele in einer akzeptableren Weise erreicht werden können als in den Jahren zuvor. Er kann ihm helfen, im Sinne des Erwerbs von Kompetenzen zu forschen und zu experimentieren, anstatt durch quälende Rivalität getrieben oder gehemmt zu sein (a.a.O., S.249).

Jasons Vater ist ein leidenschaftlicher Heimwerker und ein guter Sportler. Während es ihm schwerfällt, mit seinen Kindern einfach bloß zu spielen, kann Jason in diesen beiden Bereichen viel gemeinsame Zeit mit dem Vater verbringen. Der Vater geht mit ihm Joggen und bringt ihm Tennis bei. An den Wochenenden werkeln beide unermüdlich im und am Haus, wo es stets etwas zu tun gibt. Der Vater erklärt Jason geduldig den Umgang mit verschiedenen Werkzeugen und Materialien und lässt ihn auch sehr vieles ausprobieren. Mit 10 Jahren hat Jason bereits ein ausgeprägtes handwerkliches Können erlangt. Außerdem ist er ein leidenschaftlicher Sportler geworden, der nach und nach auch Sportarten auszuprobieren beginnt, die sein Vater nicht beherrscht.

Diese Phase der Vater-Sohn-Beziehung ähnelt in mancher Hinsicht der Beziehung zur Mutter in der frühen Kindheit. Die Anwesenheit eines nährenden, liebevollen Vaters in dieser Zeit kann den Männlichkeitsentwurf des Sohnes vertiefen und bereichern um eine Vielzahl von Gefühlen und Aktivitäten, die andernfalls dem exklusiv mütterlichen Bereich zugeordnet und als »weiblich«

für die eigene Identität abgelehnt werden. So gibt es große Probleme für solche Jungen, deren Väter von ihnen vorwiegend negativ und rivalisierend erlebt werden. Die Bewältigung von Aggressionen im Dienste des Lernens wird in diesem Fall erschwert. Die Wünsche, nährend und fürsorglich zu sein, können nicht in das männliche Selbstkonzept integriert werden. Übermütigkeit und unkontrolliert aggressives Verhalten sowie die Ablehnung von Sanftheit und Zärtlichkeit können die Folge sein. »Wird der Vater als ausschließlich bedrohlich erlebt, kann auch eine regressive Identifikation mit der Weiblichkeit der Mutter als Ausweg dienen, von der manche Autoren meinen, sie könne in einer homosexuellen Orientierung münden« (a.a.O., S. 250).

In der Latenzphase leistet der Vater einen wichtigen Beitrag zur *kognitiven Entwicklung* des Kindes. Sarnoff meint, zumindest in ihrer klassischen Rolle als Familienernährer seien Väter vertrauter mit einer abstrakten kognitiven Organisation als Mütter, da diese im Berufsleben stärker gefordert werde als in Haushalt und Familie. So vermitteln Väter im traditionellen Familiensetting den gesellschaftlichen Druck, diese Art des Denkens zu entwickeln, an ihre Kinder, insbesondere an die Söhne. Wenn diese väterliche Funktion überhaupt nicht ausgeübt oder von den Müttern übernommen werde, komme es nicht nur zu Defiziten in der kognitiven Entwicklung, sondern unter Umständen auch zu Verwirrungen der Geschlechtsrollenidentität, meint Sarnoff (1982, S. 259), von dem diese Überlegung stammt. Er vermittelt in seinem Ansatz das Bild eines eher strengen, ausschließlich logisch denkenden und handelnden Vaters, der seinem Sohn in der Latenzphase die harten Gesetze der Außenwelt vermitteln soll. Er unterscheidet sich damit sehr von Ross, der für einen liebevollen Vater plädiert, der auch sogenannte »weibliche« Eigenschaften in seine Persönlichkeit integriert hat und sie an seinen Sohn weitergeben kann.

Der gegenüber den Werten einer patriarchalisch organisierten und von gnadenlosem Wettkampf geprägten Gesellschaft vollkommen unkritische Blick Sarnoffs zeigt sich auch, wenn der Autor die Bedeutung des Vaters für das Selbstbild und das Selbstwertgefühl des Jungen in der Latenz beschreibt: In der Latenzzeit wird ein Teil des kindlichen Selbstwertgefühls zunehmend mehr von der gesellschaftlichen Außenwelt (der Gruppe der Gleichaltrigen, der Schule usw.) beeinflusst. Das Kind sehe in den Erfolgssymbolen der Gesellschaft Werkzeuge, um mit der demütigenden Tatsache des Kleinseins in einer von Erwachsenen dominierten Umwelt fertigzuwerden. Gute Schulnoten polstern das Selbstwertgefühl in diesem Sinne ebenso wie das große Auto des Vaters. Wenn der Vater solche Statussymbole gesellschaftlichen Erfolges nicht vorweisen könne, so Sarnoff, resultiere daraus eine dauerhafte Beeinträchtigung des kindlichen Selbsterlebens (a.a.O., S. 262).

So richtig die Beobachtung ist, dass Jungen im Latenzalter gerne damit angeben, was ihre Väter sind, können und haben, um auf diese Weise ihr Selbstwertgefühl zu stärken, so wenig ist daraus wohl die normative Forderung abzuleiten, ein Vater müsse seinen Sohn mit möglichst vielen gesellschaftlichen Statussymbolen versorgen, um ein guter Vater zu sein. Vielmehr ist eine besonders wichtige Funktion des Vaters in der Latenzphase auch darin zu sehen, seinem Sohn (bzw. seiner Tochter) Fähigkeiten zu vermitteln, die einen kritischeren und weniger angepassten Umgang mit gesellschaftlichen Werten ermöglichen. Gerade in dieser Altersstufe sind Kinder beispielsweise besonders empfänglich für einen fürsorglichen und liebevollen Umgang mit der Natur, der sich nicht gerade dadurch auszeichnet, das größte Auto zu fahren. Wenn sich der Stolz auf den Vater ausschließlich an äußeren Erfolgsattributen festmachen muss, wird meines Erachtens damit einseitig eine Art von Erfolgsorientierung gefördert, an der viele Menschen in unserer Gesellschaft krank werden. In Anlehnung an Diamond (1994) möchte ich darum unterscheiden zwischen einer *instrumentellen Männlichkeit*, wie sie in Sarnoffs Konzept imponiert, und einer *expressiven Männlichkeit*, die dem Vater auf dem Boden einer gefestigten männlichen Geschlechtsidentität und einer klaren Haltung gegenüber der Gesellschaft auch und vor allem einen Austausch von Gefühlen mit seinem Sohn ermöglicht. In diesem Sinne erscheint eine liebevolle, interessierte und warmherzige Haltung des Vaters gegenüber dem Sohn als beste Voraussetzung, um differenzierte geistige, emotionale und handwerkliche Fertigkeiten in der Auseinandersetzung mit der Umwelt zu erlangen.

Ein wichtiger Beitrag des Vaters in der Latenzzeit besteht darin, *Gruppenbeziehungen* des Sohnes anzuregen bzw. zu fördern. Wenn Väter (oder andere erwachsene Männer) Jungengruppen begleitend fördern und unterstützen, helfen sie den Jungen dabei, Triebimpulse in soziales Verhalten umzuwandeln; sie fördern also eine gesunde Impulskontrolle und Sublimierungsfähigkeit. An die Stelle direkter Triebbefriedigung tritt zunehmend die Befriedigung des Jungen über erreichte Ziele, erlangte Fähigkeiten und das Gefühl von Gemeinschaft mit anderen. Als Beispiel für die destruktiven und antisozialen Auswirkungen des Fehlens einer solchen väterlichen Führung und Begleitung erwähnt Diamond William Goldings Roman »Herr der Fliegen«, in dem eine Gruppe von Schuljungen im Latenzalter nach einem Flugzeugabsturz auf einer Tropeninsel zunehmend der Anarchie verfällt, die einigen Jungen das Leben kostet.

6 Ein Sturm kommt auf: Symbolischer Vatermord in der Adoleszenz

»Zweierlei Verführungen und Antriebe locken ihn in entgegengesetzte Richtungen. Es sind jene des emotionalen Rückzugs auf frühere Kindheitspositionen, als Idealisierungen der Eltern das Leben verlässlich und vorhersehbar machten, und jene aggressiver Selbstbestimmung und Unabhängigkeit, die in eine unbekannte, nicht vorhersehbare Zukunft führen.«

Blos (1990, S. 57)

Jason gibt sich große Mühe, seinen Vater auf die Palme zu bringen. Er hat mit dem Rauchen begonnen, was der gesundheitsbewusste und sportliche Vater nur schwer ertragen kann. Er bleibt abends oft viel länger weg, als es ausgemacht war, und kommt betrunken nach Hause. Er geht sonntags nicht mehr mit in die Kirche, was seinen Vater ebenfalls empfindlich trifft, der ein ausgesprochen gläubiger Katholik ist. Wenn der Vater schimpft und tobt, bietet ihm der aufmüpfige Sohn immer häufiger die Stirn und lässt sich gar nichts mehr sagen. In der Schule provoziert Jason vor allem das männliche Lehrpersonal und bringt immer schlechtere Noten nach Hause. Bei all diesem »Sturm und Drang« zeigt sich aber auch, dass Jason mit dem Vater in den früheren Entwicklungsphasen eine solide innere Beziehung zu Männern und Männlichkeit hat aufbauen können. Er sucht in der Pubertät den Kontakt zu erwachsenen Männern, die deutlich jünger sind als der Vater, die aber in ihrem erwachsenen Mann-Sein Vorbild- und Mentorenfunktion für Jason übernehmen können. Diese Männer nehmen eine Mittlerposition im Konflikt mit dem Vater ein, da sie sich einerseits noch gut in Jason hineinversetzen können und manchen Unfug mitmachen, andererseits aber auch die Erwachsenen-Perspektive verkörpern und vorleben, die Jason am Vater so heftig bekämpft.

In der Adoleszenz wird die Vater-Sohn-Beziehung in der Regel noch einmal ausgesprochen konflikthaft, manchmal auch explosiv. In seinem Buch »Sohn und Vater« hat Peter Blos die Höhen und Tiefen dieser Zeit ausführlich beschrieben (Blos 1990). Der Sohn sucht sich zunehmend andere Leitbilder, oft ganz bewusst *Gegenbilder* zu seinem realen Vater. Dies ist unter anderem notwendig, um zu einer eigenen, abgegrenzten Identität zu finden. Nun steht weniger das Gemeinsame im Vordergrund als vielmehr das Trennende. »Der Alte« wird oft als »Spießer« erlebt, und Väter müssen sich in dieser Zeit zuweilen mit massiven Angriffen und Entwertungen auseinandersetzen. Wenn die Vater-Sohn-Beziehung tragfähig ist, kann sie diese Belastung überstehen. Bei manchen Jugendlichen ereignet sich jedoch in dieser Zeit ein dauerhafter Bruch mit dem Vater oder beiden Eltern.

Ent-Idealisierung des Vaters: Anfang oder Ende?

In der psychoanalytischen Entwicklungspsychologie herrscht Einigkeit darüber, dass die Ent-Idealisierung (die »symbolische Ermordung«) des Vaters und ihre Bewältigung eine zentrale Aufgabe in der Adoleszenz des männlichen Jugendlichen darstellt. Doch die Auffassungen sind unterschiedlich, ob diese Ent-Idealisierung am Beginn der Adoleszenz steht oder ob sie ihr Endprodukt ist.

Nach dem Entwicklungsmodell von Blos, das zum Teil bereits im vierten Kapitel vorgestellt wurde, ist die Vater-Sohn-Beziehung der Adoleszenz vor allem geprägt vom *gleichgeschlechtlichen Ödipuskomplex*: Die heftige Liebe des Sohnes gegenüber dem Vater, die aus der frühen Kinderzeit stammt, wird wiederbelebt. Sie fungiert als Schutz vor der Bedrohung eines durch sexuelle Reifung und die andrängenden Triebimpulse hervorgerufenen Sogs des männlichen Jugendlichen hin zur Mutter. Im vierten Kapitel habe ich bereits kritisch angemerkt, dass Blos hier entgegen seinem Anspruch vorwiegend die dyadische, nicht-sexuelle Vater-Sohn-Beziehung im Blick hat, weswegen ich im nächsten Abschnitt einige weitere Überlegungen zu dem ausgeblendeten *sexuellen Beziehungsaspekt* anstellen möchte. Blos ist jedenfalls der Auffassung, dass dieser gleichgeschlechtliche Komplex gegen Ende der Adoleszenz durch die allmähliche Ent-Idealisierung des Vaters überwunden wird. Die zuvor idealisierten Seiten des Vaters werden verinnerlicht und bilden das reife *Ich-Ideal*, das dem Jugendlichen und später Erwachsenen eine innere Orientierung darüber gibt, was und wie er gern sein möchte. Demgegenüber werden sowohl der reale Vater als auch das eigene Selbst am Ende der Adoleszenz mit allen Schwächen und Stärken zunehmend realistisch wahrgenommen. Die frühere starke Bindung an den Vater weicht nun endgültig der Ablösung von ihm und macht unter günstigen Bedingungen einer auf Autonomie, Freiwilligkeit und Gegenseitigkeit basierenden erwachsenen Vater-Sohn-Beziehung Platz.

Im Gegensatz zu Blos ist der amerikanische Vater-Experte Atkins der Auffassung, dass eine heftige und plötzliche Ent-Idealisierung des Vaters am *Beginn* der Adoleszenz des männlichen Jugendlichen steht oder zumindest stehen kann. Atkins sieht die Aufgabe des Adoleszenten eher darin, das zunächst sehr plötzlich entwertete bzw. zerstörte Vater-Bild in veränderter, realistischerer und erwachsener Form wieder aufzurichten und eine positiv getönte Vater-Sohn-Beziehung allmählich wiederherzustellen. Im Modell von Atkins ist es vor allem die rasante körperliche Reifung des Adoleszenten, die die Ent-Idealisierung des Vaters hervorruft: Innerhalb relativ kurzer Zeit wird aus dem Kind, das den starken Vater bewunderte, ein physisch ebenso kräftiger und sexuell ebenso potenter Heranwachsender. Die bedrohlichen Seiten, die diese zunächst rein physischen Veränderungen des Sohnes für die Beziehung beider haben, werden im übernächsten Abschnitt noch ausführlicher thematisiert. Für den Sohn jedenfalls entsteht eine Situation, die ein Patient von Atkins mit folgenden Worten sehr treffend umschrieb: »Wenn du ein Kind bist und schreist, kann ein Vater dich aufheben, während deine Beine weiter im Kreis laufen. Was aber soll er tun, wenn du genauso groß bist wie er?« (Atkins 1982, S. 278, Übersetzung Lothar Schon).

Atkins meint, dass eine solche vergleichsweise abrupte Zerstörung des Bildes vom allmächtigen Vater im adoleszenten Sohn heftige Ängste mobilisiert. Wenn der Vater ihn gar nicht mehr beschützen kann, weil er selbst nicht stärker ist als der Sohn, wer soll es dann tun? Die psychische Entwicklung reifer Strukturen, die eine Übernahme väterlicher Funktionen in das eigene Selbst ermöglicht, erfolgt sehr viel langsamer als die körperliche Reifung. Atkins meint nun, dass der *Mutter* eine sehr wichtige Rolle im Zusammenhang mit der bedrohlichen Ent-Idealisierung des Vaters zukommt: »Im Angesicht der heftigen Entwertung des Vaters durch den Sohn übernimmt sie eine vermittelnde Funktion bei der psychischen Wiederherstellung eines positiven Vaterbildes« (a. a. O., S. 281). Ähnlich wie sie schon in der frühen Kindheit das Vaterbild des Jungen durch ihre eigene innere Repräsentanz des Partners beeinflusst hat, kann sie nun angesichts der akuten Krise der Vater-Sohn-Beziehung das frühkindliche (»gute«) Vaterbild des Sohnes halten, wiederbeleben oder aber verderben. Wenn sie selbst ein erwachsenes, überwiegend positiv getöntes Bild von ihrem Partner hat, kann sie ihrem Sohn helfen, die innerpsychische Zerstörung seines Vaterbildes zu überstehen und allmählich gute und hilfreiche Seiten des Vaters »wiederzuentdecken« und sich damit zu identifizieren. Hat sie aber selbst eine negative und vorwiegend von Hass geprägte innere Beziehung zum Vater des Sohnes, kann sich diese auf verhängnisvolle Weise mit den Ent-Idealisierungsprozessen des Sohnes verbinden. Die für den Sohn so wichtige Erneuerung eines bedeutsamen und lebensfähigen Vaterbildes unter erwachseneren Vorzeichen, die schließlich in eine von gegenseitigem Respekt getragene Vater-Sohn-Beziehung münden kann, wird unter Umständen verhindert.

Atkins fasst diese Überlegungen folgendermaßen zusammen: »Das Erleben seiner eigenen Reife gerät in der Seele des Sohnes in Konflikt mit seinem Erleben des Vaters. Die dabei herauskommende psychische Struktur kann entweder grundlegend gestärkt oder geschwächt werden, je nachdem, wie der Konflikt ausgeht. Doch während diese Männer glauben, sie stünden in einem isolierten Zweikampf, kann hinter der psychologischen Szene die Mutter eine Kraft für Verständigung oder Entfremdung vom Vater darstellen« (a.a.O., S. 289, Übersetzung Lothar Schon). Es kann hier nur angedeutet werden, welch enorme Rolle die Mutter bei diesen Entwicklungsprozessen erst recht dann spielt, wenn der Vater abwesend ist (vgl. dazu die Ausführungen im zweiten Teil dieses Buchs).

Überlegungen zum homosexuellen Begehren des Sohnes

> »Einmal, als ich so alt war wie Kevin, hatte ich gewollt, dass mein Vater mich liebte und mit mir fortginge. Ich hatte Nacht für Nacht vor seiner Schlafzimmertür im Dunkeln gesessen, verrückt vor Phantasien, ihn zu verführen, mit ihm durchzubrennen, ihn mit Küssen zu bedecken, während wir durchs All schossen, einem nächtlichen Feld blühender Sterne entgegen. Nun hasste ich ihn und fühlte, dass er es war, vor dem ich davonlaufen musste. Um es klarzustellen: Hätte er jetzt in diesem Moment das Auto von der Straße gelenkt und sich herumgedreht, um mir zu sagen, dass er mich liebte, dann hätte ich seine Hand genommen und wäre mit ihm von dem staunenden Fahrzeug fortgewandert, das knarrte, während es abkühlte. Unsere einzige Spur die Funken von Vaters Zigarre.«
> Edmund White, »*A Boy's Own Story*«

In seinem Roman »Selbstbildnis eines Jünglings«, aus dem obiger Text stammt, ist es Edmund White gelungen, auf bildhaft eindringliche Weise eine ansonsten weitgehend tabuisierte Sehnsucht des Sohnes gegenüber dem Vater literarisch darzustellen.

An dieser Stelle kann und soll keine Diskussion über die Entstehungsbedingungen der manifesten Homosexualität bei Männern geführt werden. Das Thema ist zu komplex und zudem in der Psychoanalyse bei vielen Autoren immer noch mit erstaunlicher Unkenntnis und teilweise unreflektierten Vorurteilen behaftet, so dass es hier nicht am Rande abgehandelt werden kann.[27] Es soll auch nicht um die Vater-Sohn-Beziehung zwischen Vätern und ihren später schwul lebenden Söhnen gehen.[28] Vielmehr möchte ich einige Gedanken über den bei *jedem* Jungen bzw. Mann vorkommenden homosexuellen *Aspekt* der Vater-Sohn-Beziehung vorstellen. Wie bei so vielen brisanten Themen der seelischen Entwicklung hat auch im Hinblick auf diesen Aspekt Sigmund Freud theoretische Vorgaben gemacht, hinter die viele seiner Nachfolger weit zurückfielen. So vertrat er nicht nur die Auffassung, die heterosexuelle Geschlechtspartnerorientierung sei ebenso erklärungsbedürftig wie die homosexuelle – womit er Heterosexualität und Homosexualität bezüglich ihrer »Normalität« bzw. »Pathologie« gleichberechtigt nebeneinander stellte – (Freud 1905), sondern er erkannte darüber hinaus, dass der vollständige ödipale Konflikt des Jungen eben nicht nur das sexuelle Begehren gegenüber der Mutter bei Rivalität mit dem Vater, sondern auch dessen homosexuelles Pendant umfasst (vgl. Kapitel 4).

Leider ist es meines Erachtens bisher noch niemandem gelungen, diesen gleichgeschlechtlichen Ödipuskomplex des Jungen umfassend zu beschreiben oder zu erklären. Wann tritt das sexuelle Begehren des Jungen gegenüber dem Vater auf? Was ist sein Schicksal in der Vater-Sohn-Beziehung und in der innerpsychischen Verarbeitung sowohl des Sohnes als auch des Vaters? Und welche Rolle spielt dabei die Mutter? So leicht es Psychoanalytikern zu jeder Zeit gefallen ist, das sexuelle Begehren des kleinen Jungen gegenüber der Mutter zu thematisieren, so verdruckst und peinlich erscheint bis heute der fachliche Umgang mit den entsprechenden sexuellen Wünschen des Sohnes gegenüber dem Vater.

Es ist das große Verdienst von Peter Blos, das Augenmerk der psychoanalytischen Entwicklungspsychologie auf die Vater-Sohn-Beziehung der Adoleszenz und ihre Bedeutung für die gesamte lebensgeschichtliche Entwicklung des Sohnes gelenkt zu haben. Doch sobald es um den gleichgeschlechtlichen Komplex geht, werden Blos' Erklärungen verworren und unbefriedigend. Das mag unter anderem daran liegen, dass Blos nicht nur eine manifest homosexuelle Entwicklung für *pathologisch* (und somit behandlungsbedürftig) hält, sondern auch bereits das Auftauchen homosexueller Wünsche des Sohnes gegenüber dem Vater (Blos 1990, S. 87 ff.). Bei Blos ist also das, was Freud als »negativen Ödipuskomplex« beschrieben hat, keineswegs ein *normaler* Bestandteil der Entwicklung jedes Jungen, sondern bereits eine Fehlentwicklung.

27 Eine differenzierte und kritische Auseinandersetzung findet sich z. B. bei Friedman 1986, Rauchfleisch 1994 oder Schellenbaum 1991, eine sehr moderne Theorie wird von Ermann (2009) vorgelegt.

28 Mit diesem Thema haben sich beispielsweise Green 1980 oder Isay 1987 beschäftigt.

Demgegenüber vertrete ich mit Freud und einigen moderneren Autoren die Auffassung, dass kein einziger Junge dem belastenden Umstand entgehen kann, dass sich die frühe dyadische (zärtliche und nicht-sexuelle) Beziehung zum Vater mit den ödipalen sexuellen Leidenschaften vermischt, wobei eben auch homosexuelle Wünsche entstehen. Ein Verschmelzen der dyadischen mit den triadischen Beziehungsaspekten ist in der Beziehung zum Vater ebenso wenig zu vermeiden wie in der zur Mutter. Auch ihr gegenüber verbinden sich ja die frühkindlichen Bedürfnisse nach Geborgenheit mit dem sexuellen Begehren der ödipalen Zeit, und diese Mischung finden wir auch in vielen erwachsenen sexuellen Beziehungen wieder.

Ich gehe also davon aus, dass der gleichgeschlechtliche ödipale Konflikt im Sinne eines sexuellen Begehrens gegenüber dem Vater, verbunden mit dem Wunsch, die dabei störende Mutter loszuwerden, in der psychosexuellen Entwicklung *jedes* Jungen eine Rolle spielt. Zweifellos gibt es aber zentrale Unterschiede hinsichtlich des Ausmaßes und vor allem der *Bedeutung* dieses Begehrens zwischen solchen Jungen mit einer homosexuellen und solchen mit einer heterosexuellen Identität.[29]

Die Gemeinsamkeiten zwischen hetero- und homosexuellem ödipalen Konflikt brauchen nicht weiter hervorgehoben zu werden, doch möchte ich hier noch einige zentrale Unterschiede erwähnen. Im Rahmen des heterosexuellen Begehrens befindet sich der Junge auf dem sicheren Boden seiner eigenen körperlich begründeten *Geschlechtsidentität*. Er kann phantasieren, mit der Mutter zu schlafen, ohne dabei in einen grundlegenden Konflikt mit seiner Männlichkeit zu geraten. Wie der Vater ist er mit einem Penis ausgestattet. Zwar haben seine Genitalien in der ödipalen Phase noch nicht die Größe und sexuelle Reife der väterlichen erlangt, aber sie sind vorhanden. Phantasien von einem sexuellen Verkehr mit dem Vater stoßen dagegen auf das Hindernis, dass der Junge kein weibliches Genitale besitzt und schon allein aus diesem Grund die Mutter nicht ersetzen kann (und, anders als im heterosexuellen Ödipuskomplex, den störenden Dritten auch niemals würde ersetzen *können!*). Selbst in der Phantasie gibt es aus diesem Konflikt nur solche Auswege, die entweder mit der eigenen Geschlechtsidentität kollidieren oder mit der grundsätzlich heterosexuellen Urszenen-Phantasie, also letztlich mit der *heterosexuellen Identität der Eltern*: Der Junge muss sich entweder vorstellen, ein Mädchen bzw. eine Frau zu sein (was einen Verlust seiner männlichen Identität bedeutete), oder er muss eine psychische Umbesetzung seiner erogenen Zonen (vom Penis auf

29 Zum Begehren des homosexuellen bzw. proto-homosexuellen Jungen gegenüber dem Vater s. Ermann (2009).

den Anus) vornehmen, wenn er phantasiert, dass der Vater geschlechtlich mit ihm verkehrt. Dies käme symbolisch ebenfalls einem Verlust des Geschlechts gleich. Stellt der Junge sich dagegen vor, seinerseits den Vater zu penetrieren, würde er damit *dessen* männliche Geschlechtsidentität angreifen. Alle drei Phantasien sind wahrscheinlich erheblich bedrohlicher und verstörender als die phantasierte »Kastration« (allgemeiner: Bestrafung) durch den Vater im Zusammenhang des heterosexuellen Ödipuskomplexes und sorgen vermutlich bei Söhnen für eine rasche und umfassende Verdrängung des homosexuellen Begehrens.

Wenn wir von einer Wiederkehr des Verdrängten in der Adoleszenz ausgehen, so hat der homosexuelle ödipale Konflikt wiederum ein anderes Schicksal als der heterosexuelle. Während eine Verschiebung des heterosexuellen Begehrens von der Mutter auf andere weibliche Personen im Rahmen der inzwischen differenziert verinnerlichten gesellschaftlichen Normen als richtig und wünschenswert gilt, stößt eine ähnliche Lösung im Falle des homosexuellen Begehrens auf eine phantasierte oder reale Verurteilung durch die Umwelt. Es scheint mir darum denkbar, dass die gesellschaftliche Bewertung der Homosexualität (wenngleich diese inzwischen liberaler geworden ist) im Falle des gleichgeschlechtlichen ödipalen Konflikts in der Adoleszenz zusätzlich den Druck verstärkt, ihn erneut verdrängen zu müssen. Der homosexuelle Ödipuskomplex kann darum im Jugendalter nur in sehr viel geringerem Ausmaß einer Verarbeitung oder teilweisen Auflösung zugänglich gemacht werden als der heterosexuelle (vgl. Frey-Wehrlin 1992). Dieser Verdrängungsdruck hat vermutlich weitreichende Folgen für männliche Entwürfe von Geschlechtsidentität, für die Beziehungen zwischen Männern und für das Verhältnis der Geschlechter zueinander, die hier nicht diskutiert werden können. In jedem Fall aber bedeutet er eine unter mehreren massiven *Belastungen der Vater-Sohn-Beziehung* in der Adoleszenz. So ist beispielsweise Esman (1982) der Auffassung, dass das rebellische Verhalten des adoleszenten Sohnes zumindest zu einem Teil dazu dient, homosexuelle Wünsche und Ängste gegenüber dem Vater abzuwehren. Das Erschrecken, die *Homophobie*, angesichts der Möglichkeit eines sexuellen Begehrens in der Vater-Sohn-Beziehung, hat offenbar auch in der psychoanalytischen Theorie um sich gegriffen und bisher eine ausreichend differenzierte und umfassende Beschäftigung mit diesem Thema behindert.

Der Sohn als ebenbürtiger Rivale

Auch der gegengeschlechtliche Ödipuskomplex gewinnt in der Adoleszenz noch einmal an Bedeutung (vgl. z. B. Mertens 1994, Kap. 7). Dass es sich dabei aber nicht einfach um eine simple Wiederkehr des Verdrängten handelt, hat mit den verschiedenen Reifungs- und Entwicklungsschritten zu tun, die sich beim Sohn inzwischen ereignet haben. Dabei sind neben der veränderten psychischen Struktur und den erweiterten geistigen Fähigkeiten nochmals die *körperlichen Veränderungen* zu erwähnen, die ein vollkommen neues Erleben im Vergleich zur ödipalen Phase begründen: Lillebror ist nun kein kleiner Junge mehr, der seine physische Unterlegenheit gegenüber dem Vater zur Kenntnis nehmen und kreativ verarbeiten muss. Die Phantasie, den Vater bei der Mutter zu ersetzen, ist zu einer realen Möglichkeit geworden! Der Heranwachsende kann nun mit einer Frau sexuell verkehren, und vielleicht überragt er seinen Vater an Körpergröße oder ist zumindest inzwischen genauso groß wie dieser. Vater und Sohn sind nun in mancher Hinsicht ebenbürtige Rivalen geworden, was bei beiden Angst erzeugt. Mit dieser Angst gehen Väter und Söhne individuell sehr unterschiedlich um. Ein verstärkter aggressiver Umgang miteinander kann ebenso die Folge sein wie depressiver Rückzug, was einem Vermeiden jeglicher Rivalität gleichkäme. Beide müssen auch einen Trauerprozess durchleben: Der Junge muss im Rahmen der Ent-Idealisierung um das allmächtige und beschützende Vaterbild trauern (s. o.), während der Vater sich damit abfinden muss, von seinem Sohn nun nicht mehr so gebraucht zu werden wie in früheren Lebensphasen, was ihn unter anderem mit seinem eigenen Älterwerden konfrontiert.[30]

> Atkins berichtet ein interessantes Fallbeispiel. Der Vater eines 12-jährigen Patienten meinte in einem Gespräch über den Sohn: »Er wird ein so großer Junge«, und sah dabei sehr traurig aus. Auf Atkins Frage, was denn daran so schlimm für ihn sei, erzählte der Vater zunächst von der aktuellen Angewohnheit des Sohnes, im Badezimmer zu masturbieren. Kurz nachdem der Vater diese Gepflogenheit bemerkt hatte, begann er, das Badezimmer für denselben Zweck aufzusuchen, wobei er sich in der Vorstellung mit der Potenz des Sohnes beschäftigte. Schließlich offenbarte sich das Geheimnis, das hinter dieser erregenden Identifikation mit der Zeugungsfähigkeit des

---

30 Philip Roths Roman »Empörung« (»Indignation«) behandelt die Eskalation dieser Problematik zwischen einem Vater und seinem heranwachsenden Sohn in sehr bewegender Weise (Roth 2009).

pubertierenden Sohnes stand: Er war nicht der leibliche Vater des Jungen. Aufgrund seiner Sterilität war die Schwangerschaft durch eine künstliche Befruchtung mit dem Sperma eines unbekannten Mannes zustande gekommen. Nachdem ihm diese Zusammenhänge in der therapeutischen Sitzung bewusst geworden waren, konnte der Vater in der Folge die Reifung des Sohnes mit weniger Anspannung und Traurigkeit begleiten (Atkins 1982, S. 279).

Der Interviewpartner einer Kollegin berichtete von einem Ereignis während seiner Adoleszenz: Der cholerische Vater hatte ihn und die anderen Geschwister immer wieder geschlagen, um sie zu disziplinieren. Seiner eigenen physischen Kraft gewahr werdend, schlug der pubertierende Sohn eines Tages zurück. Seit diesem Ereignis ließ der Vater ihn in Ruhe. Bei dem Jungen und späteren Mann verstärkte sich dadurch die schon zuvor empfundene Verachtung für den Vater, mit dem er bis zu dessen Tod keine einzige wirkliche Begegnung mehr hatte (Mittermüller 1999).

Es spricht vieles dafür, dass die Adoleszenz des Sohnes für den Vater eine ebenso bedrohliche und schwer zu bewältigende Entwicklungsaufgabe darstellt wie für den Heranwachsenden selbst. Diamond meint, Gefühle von Impotenz, Verlust und Resignation seien nichtsdestoweniger unvermeidlich, wenn Väter Stück für Stück die Rolle als ›Vater eines kleinen Jungen‹ verlieren (Diamond 1994, S. 14, Übersetzung Lothar Schon). Auch bei der Bewältigung von Neid, Eifersucht und ödipaler Rivalität kann die *Mutter* eine vermittelnde Rolle spielen. In jedem Fall entscheidet die Fähigkeit, mit dem adoleszenten Zündstoff umgehen zu können, über das künftige Schicksal der Beziehung zwischen Vater und Sohn.

7 Väter und erwachsene Söhne

»So lange ich denken kann, sagte mein Vater, dass er mir eines Tages einen ganz besonderen Brief schreiben würde. Aber er erwähnte nie etwas über den Inhalt des Briefes. Ich pflegte darüber nachzusinnen, welch große Geheimnisse der Brief enthüllen würde, welch große Überraschungen und welche Intimität wir teilen würden. Ich wusste um meine Hoffnungen, was der Brief enthalten sollte. Ich wollte, dass er mir sagte, wo er seine Gefühle verborgen hatte. Aber dann starb er, und der Brief kam niemals an, und ich fand niemals die Stelle, wo er seine Liebe versteckt hatte.«

Michaels (1981, zit. n. Cath und Herzog 1982, Übersetzung Lothar Schon)

Auch nach der Adoleszenz und der mit ihr in der Regel verbundenen Trennung von Vater und Sohn behalten der reale Vater und das innere Vaterbild lebenslang eine große Bedeutung für die Entwicklung des Sohnes. Falls die äußere Beziehung nicht abgebrochen wird, kann sie sich im Zuge der nun folgenden Lebens- und Entwicklungsphasen verändern, was sich wiederum verändernd auf das Vaterbild auswirkt. Im Idealfall kann es sich kontinuierlich um neue Aspekte erweitern, kann der Sohn sich mit bisher unterentwickelten oder ungelebten Aspekten des Mann- bzw. Vaterseins identifizieren. Natürlich ist dies ein wechselseitiger Prozess – die Veränderungen und möglichen Bereicherungen sind für den Vater ebenso bedeutsam wie für den Sohn. Ich möchte im Folgenden in aller Kürze einige Aspekte der erwachsenen Vater-Sohn-Beziehung zusammenfassen und damit den die gesamte Lebensspanne umfassenden Überblick dieser bedeutsamen Beziehung abschließen.

Übergang ins junge Erwachsenenalter

Mit dem Übergang von der Adoleszenz ins Erwachsenenalter kann die Vater-Sohn-Beziehung im besten Fall zu einem »männlichen Band zwischen Gleichgestellten« werden (Michaels 1981). Das Trauern des Sohnes um die eigene Kindheit und Jugend kann erleichtert werden, wenn der Sohn den »Segen« und die Anerkennung des Vaters im Hinblick auf seine nun erreichte erwachsene Männlichkeit und den damit verbundenen Lebensentwurf erhält, wie auch immer dieser beschaffen sein mag.

Die beiden erwachsenen Männer unterscheiden sich lediglich durch den Erfahrungsvorsprung des Älteren. Der Vater als älterer Mann kann (ebenso wie zunehmend auch andere ältere Männer) dem Sohn ein Mentor und Rollenmodell für reife Männlichkeit sein, die die Fähigkeit zu Intimität und Generativität einschließt. Mit Generativität ist hier im Sinne Eriksons nicht nur der spezielle Fortpflanzungswunsch gemeint, sondern das ganz grundlegende menschliche Bedürfnis, produktiv etwas Neues hervorzubringen. Diese Mentorenrolle darf man sich nicht etwa so vorstellen, dass der Vater – so wie in Kindheit und Jugend – dem Sohn mehr oder weniger eindeutig vorschreibt, wie er etwas zu tun habe. Ein Mentor ist eine unterstützende Person im Hintergrund, die bei der Problemlösung hilft und Talente, Fähigkeiten und Neigungen des Anderen dann fördert, wenn diese Hilfestellung erwünscht ist. Ein Vater kann also nur dann Mentor seines erwachsenen Sohnes werden, wenn er dessen Erwachsensein respektiert und sich nicht als der Besserwissende aufdrängt. Im besten Fall ist das Vater-Sohn-Verhältnis so beschaffen, dass der Sohn sich in Momenten der Ratlosigkeit an den Vater als kompetenten Gesprächspartner wenden kann.

Problematisch in diesem Zusammenhang ist die Schnelllebigkeit der Veränderungen in unserer Kultur (vgl. dazu Kap. 18): Sowohl in beruflichen wie auch in privaten Belangen hat sich das Alltagsleben in den letzten Jahrzehnten derart rasant verändert, dass Väter oft kaum als geeignete Ansprechpartner erscheinen mögen. War es noch vor dreißig Jahren die Regel, dass der einmal eingeschlagene Berufsweg geradlinig weiterverfolgt wurde und man teilweise auch ein Leben lang nicht nur in derselben Branche, sondern auch in derselben Firma berufstätig war, ist heute der rasante Wechsel eher die Norm. Ständige Fort- und Weiterbildung, ja sogar das mehrfache Ergreifen eines völlig neuen Berufs sind heute nicht mehr eine Seltenheit, sondern geradezu gefordert im Arbeitsleben. Ähnlich verhält es sich im privaten Beziehungsbereich: Die lebenslange Partnerschaft ist nicht mehr allgemeingültige Norm – häufig wechselnde Partnerschaften und kürzere oder längere Perioden des Alleinlebens bestimmen das Privatleben junger Erwachsener. Können Väter als Angehörige einer anderen Generation hier überhaupt noch Rat geben?

Sicher hängt vieles vom jeweiligen Thema ab, aber auch davon, wie flexibel oder starr das Einfühlungsvermögen des Vaters ist und welche Erfahrungen der Sohn in früheren Lebensphasen im Hinblick auf Unterstützung mit dem Vater hat machen können. Bei einer guten Beziehung können Hilfe und Rat wechselseitig sein, kann eine Dynamik unaufdringlicher gegenseitiger Unterstützung entstehen. So wünschenswert diese Vorstellung sein mag, müssen wir jedoch auch anerkennen, dass sie eher die Ausnahme als die Regel darstellt. Bei meiner Suche nach einem geeigneten Fallbeispiel fielen mir jedenfalls nur solche Vater-Sohn-Beziehungen ein, in denen das hier skizzierte Wunschbild mit der Realität nur wenig zu tun hat. Allerdings sollte in diesem Zusammenhang nicht unerwähnt bleiben, dass die Basis einer in Kindheit und Jugend vertrauensvollen und hilfreichen Vater-Sohn-Beziehung den Sohn in die Lage versetzt, sich in den unterschiedlichsten Lebensbereichen angstfrei an andere männliche Bezugspersonen (z. B. Vorgesetzte) zu wenden und von ihnen Rat und Hilfe anzunehmen. Das Erlangen dieser Fähigkeit ist vielleicht eines der größten Geschenke, das ein Vater seinem Sohn machen kann.

Übergang zur Vaterschaft

Nicht jeder Sohn wird selbst auch Vater. Aber jeder erwachsene junge Mann trägt in sich das Bedürfnis nach *Generativität*, das ihn vor die Entwicklungsaufgabe stellt, etwas Eigenes hervorzubringen (s. o.). Meist entwickelt sich dieses Bedürfnis in einer erwachsenen intimen Beziehung als »Sehnsucht nach dem Dritten« (Schon 1995), als Bedürfnis, etwas Gemeinsames, aus der Beziehung Hervorgehendes, »in die Welt zu setzen«.

Sowohl im Hinblick auf die allgemeine Generativität und Produktivität des Sohnes als auch im Zusammenhang mit realer Vaterschaft spielt der eigene Vater wiederum eine wichtige Rolle. Während dieser zunehmend älter wird und damit auch dem eigenen Tod entgegengeht, wird der Sohn nun selbst zum Vater – der Kreis der Generationen schließt sich. Die Fähigkeiten zu Altruismus, reifer Empathie und Sorge um das Wohlergehen anderer Menschen sind Eigenschaften, die im Zusammenhang mit dem Übergang zur Vaterschaft von großer Bedeutung sind. Ist der eigene Vater in dieser Hinsicht ein Vorbild? Und kann er die affektive Bindung an seinen Sohn aufrechterhalten, wenn dieser ihn nun zum Großvater macht? Der Vater tritt dadurch in eine neue Entwicklungsphase ein, die durch ein verstärktes Bewusstsein des eigenen Alterungsprozesses gekennzeichnet ist. Kann er das aushalten und die veränderte Rolle (z. B. als liebevoller Großvater) annehmen und die schönen Seiten davon genießen? Oder muss er mit seinem Sohn rivalisieren und ihm beweisen, dass er selbst noch ebenso vital, jugendlich und zeugungsfähig ist?

Für den Sohn ereignet sich nun eine umfassende Identifikation mit dem Vatersein des eigenen Vaters. Je nachdem, wie dieses Vatersein des Vaters in den verschiedenen Entwicklungsphasen erlebt wurde, enthält diese Identifikation positive und negative Seiten in unterschiedlicher Gewichtung. Will der Sohn alles anders machen als der vorwiegend unzulänglich erlebte Vater? Oder kann er ihm manches abgucken, was er als positiv erlebt hat? Die reale

Vater-Sohn-Beziehung kann den Übergang des Sohnes zur Vaterschaft also erleichtern oder erschweren.

Ich selbst habe es in sehr schöner Erinnerung, wie mein eigener Vater auf die Geburt meiner Tochter reagierte. Die Freude, der Stolz und die Zärtlichkeit, die er gegenüber dem neugeborenen Säugling zum Ausdruck brachte, führten mir noch einmal vor Augen, mit welchen Gefühlen er mich dereinst in der Welt begrüßt haben muss. Ähnliches habe ich noch einmal mit etwas mehr Distanz beobachten und erleben können, als der Sohn meiner Schwester geboren wurde. Die Fähigkeit, ein guter und einfühlsamer Vater zu sein oder zu werden, hängt wohl in ganz entscheidendem Ausmaß davon ab, inwieweit eine Identifikation mit solchen positiven Aspekten primärer Väterlichkeit des eigenen Vaters möglich ist – also auch davon, ob eine solche positiv besetzte primäre Väterlichkeit in der eigenen frühesten Kindheit überhaupt angetroffen wurde.

Das mittlere Erwachsenenalter

In der Lebensmitte des Sohnes vollzieht sich zunehmend eine meist allmählich einsetzende Rollenumkehr: Während der Sohn in diesen Jahrzehnten zu einem »Mann in den besten Jahren« heranreift, der beruflich und privat seinen Weg gefunden hat und diesen vital verfolgen kann, ist er gleichzeitig mit dem Alterungsprozess und allmählichen Schwächerwerden des Vaters konfrontiert. Dies kann ein für beide schwieriger Prozess sein: Dem Sohn mag es schwer fallen, dem Vater nun tatsächlich in vieler Hinsicht überlegen, über ihn hinausgewachsen zu sein. Für alternde Väter kann es eine massive Kränkung darstellen, nicht mehr »an vorderster Front« zu stehen, sondern zurückzutreten, Platz zu machen und sich auf Ruhestand und Alter vorzubereiten. Nur dann, wenn beide mit diesem Prozess der Ablösung einer Generation durch die nächste umgehen können, wird es möglich sein, dass sie eine hilfreiche Beziehung auch dann aufrechterhalten, wenn der Vater wirklich alt wird, wenn Erkrankung, Verfall und möglicherweise Pflegebedürftigkeit anfangen, sein Leben zu bestimmen. Kann der Sohn das mit ansehen? Und kann der Vater es ertragen?

Das Altern ist ein in unserer Gesellschaft und Kultur ohnehin unliebsamer Prozess (vgl. Kap. 8.3). Alte Menschen und das hohe Lebensalter überhaupt werden nicht nur geringgeschätzt, sondern in vielfältiger Weise entwertet und gefürchtet. Nicht Ehrfurcht vor Lebenserfahrung, erbrachter Leistung und Weisheit bestimmen unsere Wahrnehmung, sondern Furcht, Hilflosigkeit oder gar Ekel vor dem allzu deutlichen körperlichen und geistigen Abbau.

Kann die Vater-Sohn-Beziehung die Feuerprobe von Verfall und Bedürftigkeit des Vaters und überlegener Position des Sohnes überstehen? Der Sohn muss spätestens dann die Idealisierung der vermeintlichen Stärke des Vaters aufgeben können, wenn dieser gebrechlich wird, in seinen geistigen Fähigkeiten nachlässt oder körperlich pflegebedürftig wird. Und der Vater muss eine für ihn neue und möglicherweise sehr kränkende Abhängigkeit vom Wohlwollen und der Zuneigung des Sohnes akzeptieren, wenn er zunehmend Hilfe und Unterstützung benötigt. In dieser Phase der Vater-Sohn-Beziehung kehren viele alte und unbewältigte Konflikte zwischen beiden noch einmal an die Oberfläche und wollen bewältigt werden, wenn eine positiv getönte Beziehung ermöglicht werden soll.

Der Tod des Vaters

> *»Als er starb, sagte ich zu meinem Vater: ›Ich werde dich vermissen‹. Er schaute mich nur an und konnte nichts sagen. Es war einer der traurigsten Augenblicke meines Lebens. Ich wusste nicht, ob er zu krank war, um zu antworten, oder ob er mir – wie es schon immer gewesen war – einfach kein einziges Gefühl zeigen konnte.«*
>
> Cath und Herzog (1982, Übersetzung Lothar Schon)

Wenn der Vater stirbt, entsteht nicht nur der Wunsch im Sohn, der Vater möge noch einmal seine eigene Sicht des Lebens in Worte fassen, sondern auch das tiefe Bedürfnis, er möge dem Sohn zeigen, was dieser ihm bedeutet hat. Cath und Herzog erklären, dass die Bedeutung von Sterben und Tod des Vaters von der Balance und den Überresten herzlicher und feindseliger Affekte zwischen Vater und Sohn abhängen. Die Reaktion des Sohnes auf den Tod des Vaters wird nach ihrer Auffassung von sechs Kriterien beeinflusst: dem Alter und den Lebensumständen des Sohnes zum Zeitpunkt des väterlichen Todes; dem Grad der innerpsychischen Lebendigkeit des Vaterbildes vor, während und nach dem Tod des Vaters; der Unversehrtheit und Verfügbarkeit des internalisierten Vaterbildes; den verbleibenden intimen Beziehungen im Leben des Sohnes; der Beurteilung subjektiver und objektiver Verantwortlichkeit des Vaters in den Augen des Sohnes und der Frage, ob der überlebende Sohn selbst Vater ist oder nicht, denn davon hängt ab, ob er sich vorstellen kann, was sein eigener Tod für sein Kind bedeuten würde.

Es scheint von zentraler Bedeutung zu sein, ob der Sohn auch nach dem Tod des Vaters diesen als ein stabilisierendes innerpsychisches Objekt nutzen kann: Wenn der Vater stirbt, kann sein Tod einen Trauerprozess freisetzen, der nicht nur die reale Person betrifft, sondern auch all das, was zwischen beiden niemals möglich war und nun auch in der Zukunft nicht mehr möglich sein wird. In mehreren klinischen Fallbeispielen zeigen Cath und Herzog, welche Auswirkungen eine Blockierung dieses notwendigen Trauerprozesses im Leben erwachsener Männer haben kann.[31]

Bei einem guten Freund konnte ich beobachten, welche seelischen Nöte, aber auch Reifungsprozesse das allmähliche und schleichende Sterben seines Vaters an einer Krebserkrankung in Gang setzte. Alle Konfliktthemen der Vergangenheit tauchten noch einmal auf: die Schwierigkeiten der elterlichen Ehe und die damit verbundenen Identifikationsprozesse des Sohnes, die Rivalität mit den älteren Geschwistern (wer war vom Vater bevorzugt, wer benachteiligt worden?), aber auch die ganz individuelle Geschichte dieser Vater-Sohn-Beziehung mit all ihren positiven und negativen Aspekten. Es ist eine menschlich verständliche Illusion zu glauben, im Angesicht des väterlichen Todes könnte alles bereinigt und bewältigt werden. Wahrscheinlich ist es schon viel, wenn eine teilweise Auseinandersetzung gelingt und einen friedlichen, versöhnlichen Abschied ermöglicht. Die Bewältigung all dessen, was enttäuschend und defizitär bleiben musste, ist Aufgabe des nun vaterlos zurückbleibenden Sohnes, und dieser Bewältigungsprozess kann in tiefe Depression führen, er vermag aber auch weiteres Wachstum und Reifen zu ermöglichen.

---

31 Cath und Herzog 1982, S. 343 ff.

8 Die Bedeutung des Vaters in unterschiedlichen Entwicklungsphasen

Alter des Sohnes	Funktion des Vaters	Stichworte
1. und 2. Lj.	der nährende Vater der haltende Vater der »dyadische« Vater	primäre Väterlichkeit alternative Bindung
1,5 bis 3 Jahre	der Vater als Befreier der Vater als Störenfried der »triadische« Vater	frühe Triangulierung strukturale Triade Separation – Individuation
ab 1,5 Jahre (evtl. früher)	»Einer, der so ist wie ich«: der Vater als Modell für Männlichkeit/männliche Körperlichkeit	Identifikation Geschlechtsidentität
2 bis 4 Jahre	der Vater als Modulator negativer/aggressiver Affekte	frühe Triangulierung; väterlicher Spielmodus; von der Spaltung zur Ambivalenz
3,5 bis 6 Jahre (Adoleszenz)	der ödipale Vater der Vater als Rivale triadischer Vater	Mutter als Liebesobjekt heterosexuelle Strebungen »positiver Ödipuskomplex«
Latenz, mittlere Kindheit	der Vater als Lehrer, Mentor und Vorbild	Stärkung männlicher Identifikation
(ödipale Phase) Adoleszenz	Vater als Liebesobjekt dyadischer und triadischer Vater	Mutter als Rivalin homosexuelle Strebungen »negativer Ödipuskomplex«
Adoleszenz	der Anti-Vater	partielle Ent-Identifizierung und Ent-Idealisierung; Finden eigener Identität
3. Jahrzehnt	der Vater als Unterstützer erwachsener Männlichkeit	reife Genitalität
Erwachsenenalter	der Vater als Vorbild und Mentor für Vaterschaft	Sohn → Vater Vater → Großvater
mittleres und spätes Erwachsenenalter	der Vater als »weiser Alter«	Auseinandersetzung mit der Sterblichkeit

Zweiter Teil:
Sohn ohne Vater – ein Mangel fürs Leben?

»Es gibt Väter und Söhne in der Welt, und ich habe immer mehr zu den Söhnen als zu den Vätern gehört. Vielleicht bist Du mehr ein Vater als ich. Vergiss mich, ich möchte nur noch eine Weile nachdenken. Betrachte mich einfach als Eremiten, der für den Rest seines Lebens in die Wüste geht. Vergib mir und suche mich nicht, denn Du wirst mich nicht finden.«

Dein verlorener Vater

»Um sich herum spürte er die Abwesenheit seines Vaters viel stärker, als er je seine Anwesenheit gespürt hatte, und es kam ihm vor, als ob er jetzt viel mehr anwesend sei als früher, als er noch dagewesen war.«

Beide Zitate aus: Harry Mulisch, Die Entdeckung des Himmels

Erstaunlicherweise gibt es eine unüberschaubare Fülle von Untersuchungen über die Situation vaterloser Kinder. Dies steht im Gegensatz zu dem vergleichsweise großen Mangel an Forschung über den *anwesenden* Vater. Das mag daran liegen, dass die relative Abwesenheit von Vätern in unserer Gesellschaft eher der Normalfall zu sein scheint. Der Psychoanalytiker Paul Federn hat bereits 1919 den Begriff der »vaterlosen Gesellschaft« geprägt, den Alexander Mitscherlich 1963 im Titel seines bekannten sozialpsychologischen Werks aufgriff (vgl. dazu den dritten Teil dieses Buches). Auch zeitgenössische Fachleute stellen fest, »dass das vielfach monierte geringe väterliche Engagement in der Familie in allen westlichen Industriegesellschaften nachgewiesen werden kann« (Fthenakis und Griebel 1992, S. 54)!

Ein großer Teil entwicklungspsychologischer Untersuchungen zur Vaterlosigkeit folgt einem allzu einfachen Schema: Eine Gruppe vaterloser Kinder wird im Hinblick auf ein isoliertes, beobachtbares Merkmal (z. B. aggressives Verhalten) mit einer Gruppe von Kindern aus vollständigen Familien verglichen. Es handelt sich also um ein quasi-experimentelles Vorgehen, bei dem die Variation zwischen Vateranwesenheit und Vaterabwesenheit in der Wirklichkeit von Familien in unserer Gesellschaft vorgefunden wird und der Untersucher lediglich die Unterschiede beider Gruppen im Hinblick auf das ausgewählte Merkmal zu messen hat. Mit dem rapiden Anstieg der Scheidungszahlen und der daraus resultierenden Zunahme an »broken-home-families« nahm die Anzahl dieser Art von Untersuchungen insbesondere in den 70er Jahren explosionsartig zu, und zwar vor allem in den USA, von wo dieser Trend aber rasch auch auf die entwicklungspsychologische Forschung in Europa und anderswo übergriff. Das gesellschaftliche Interesse an den entsprechenden Untersuchungsergebnissen lässt sich vor allem mit dem Wunsch erklären, die negativen Folgen des zunehmenden Zerfalls der bürgerlichen Familie als gesellschaftlicher Institution genauer zu bestimmen, um sie im Anschluss daran durch gesellschaftspolitische Maßnahmen nach Möglichkeit zu reduzieren.

Was bei dieser Art von Untersuchungen über lange Zeit hinweg übersehen wurde, ist die Tatsache, dass die Art und Weise, wie ein Kind sein Aufwachsen ohne Vater verarbeitet, von einer Vielzahl von Einflussfaktoren abhängt, die den simplen Vergleich zwischen Vateranwesenheit und Vaterabwesenheit als wenig ergiebig erscheinen lassen. Einige Einflussgrößen seien hier erwähnt: Ursache der Vaterlosigkeit (z. B. Tod oder Scheidung), genetische und pränatale Einflüsse, mütterlicher Stress, materielle Situation der vaterlosen Familie. Auch Alter, Intelligenz und soziale Kompetenzen des betroffenen Kindes spielen eine große Rolle für bewusste und unbewusste Verarbeitungsprozesse, ferner die mütterliche Einstellung gegenüber dem abwesenden Vater, die An- oder Abwesenheit von Geschwistern sowie von Personen, die eine Art Vaterersatz darstellen usw. Aus diesem Grund muss man zu einer kritischen Einstellung im Hinblick auf die naive Gegenüberstellung von An- und Abwesenheit von Vätern kommen und feststellen, dass die konventionelle Vaterabwesenheitsforschung ihre Nützlichkeit überlebt hat. Denn »diese Art von Untersuchungen liefert uns nur dürftige Informationen über die *psychischen* Prozesse, die die Entwicklung vaterloser Kinder beeinflussen« (Pedersen und Rabson 1976, S. 459 ff., Übersetzung und Hervorhebung Lothar Schon). Die weitgehende Beschränkung auf äußerlich beobachtbare und daher leichter zu messende Merkmale führt zu einer Vernachlässigung der innerpsychischen Vorgänge der *Verarbeitung* von Vaterlosigkeit. So kann beispielsweise das manifest aggressive Verhalten eines vaterlosen Jungen ganz unterschiedliche psychische und soziale Ursachen haben.

Ich persönlich habe aus diesem Dilemma die Konsequenz gezogen, mich auf die gründliche, nicht-standardisierte Untersuchung einzelner vaterloser Jungen und Männer zu konzentrieren, um der Komplexität der Einflussgrößen gerechter werden zu können. Söhne verarbeiten die Gegebenheit, vaterlos zu sein, auf sehr verschiedene Weise. Warum zum Beispiel der eine betroffene Junge ein auffallend männliches Verhalten an den Tag legt, während der andere eher einen femininen Eindruck macht, darüber lässt sich mit Fragebögen und Testbatterien nur wenig herausfinden. Man muss als Forscher den betroffenen Jungen oder Mann kennenlernen, um von ihm persönlich im gelungenen Fall etwas über seine komplexe Lebenssituation ohne Vater vermittelt zu bekommen. Durch solch intensive und sehr persönliche Kontakte kann man etwas erfahren von der ganz individuellen Geschichte einer tiefen Sehnsucht: der Sehnsucht nach dem Vater.

Der psychoanalytische Blick auf das Phänomen Vaterlosigkeit ist über viele Jahrzehnte hinweg vor allem ein *klinischer* Blick gewesen – ein Blick auf die psychischen Folgen der Vaterlosigkeit bei solchen Menschen, die sich in psychotherapeutische Behandlung begeben haben. So kritisch diese Perspektive hinsichtlich ihrer Verallgemeinerbarkeit beurteilt werden muss, so erfreulich und erhellend ist ihre Differenziertheit und Komplexität. Die unvergleichliche Gelegenheit, mit einem Menschen in einer Therapie über eine lange Zeit hinweg sein Leben einer eingehenden Betrachtung zu unterziehen, bringt Informationen zutage, die bisher mit keinem noch so umfangreichen psychologischen Fragebogen gewonnen werden konnten. So sind die zahlreichen von Psychoanalytikern und anderen Psychotherapeuten berichteten Fallgeschichten vaterloser Jungen und Männer ein reiches Reservoir, aus welchem ein umfassendes Verständnis der Bedeutung des Vaters und der Folgen von Vaterlosigkeit gewonnen wurde. Doch darüber hinaus bedarf es selbstverständlich auch nicht-klinischer Untersuchungen, um entwicklungspsychologische Gesetzmäßigkeiten zu ergründen. Angefangen mit den feinen Beobachtungen in den Fallgeschichten Anna Freuds und Dorothy Burlinghams von Waisenkindern in und nach dem Zweiten Weltkrieg gibt es inzwischen eine Anzahl systematischer psychoanalytischer Untersuchungen über die Auswirkungen der Vaterlosigkeit (vgl. z. B. Freud und Burlingham 1944 oder Mahler et al. 1982). So stammen die im Folgenden vorgestellten Beobachtungen und theoretischen Überlegungen zur Vaterlosigkeit zum Teil aus dem klinischen Bereich, zum Teil aber auch aus anderen Zusammenhängen wie Krabbelgruppen, Kindergärten und Schulen oder der Direktbeobachtung von Familien über einen längeren Zeitraum hinweg. Die ausführlichen Fallgeschichten in diesem zweiten Teil sind Zusammenfassungen meiner Begegnungen mit vaterlosen Jungen und Männern, die im Rahmen meiner eigenen Untersuchung zustande gekommen sind.

Dass es bei einer psychoanalytischen Betrachtungsweise nicht in erster Linie um objektive Daten, sondern vielmehr um das subjektive *Erleben* und seine Bedeutung für die Entwicklung des Einzelnen geht, lässt sich am Beispiel der Vaterlosigkeit sehr schön verdeutlichen. Unter dem Titel »Die Abwesenheit des Vaters« veröffentlichte Kirshner (1992) eine Arbeit, in der es um drei männliche Patienten des Autors geht, deren Väter faktisch anwesend waren, von den Söhnen aber als abwesend erlebt wurden, was gravierende Auswirkungen auf ihre jeweilige Entwicklung hatte. Zwei ähnliche klinische Fälle beschreibt Layland (1981) in seinem Artikel »In Search of a Loving Father«. In diesen Fallgeschichten geht es darum, dass die Väter aufgrund einer *gestörten elterlichen Beziehung* ihre bedeutsame Position als Dritte im frühen Beziehungsdreieck nicht haben einnehmen können. Als erwachsene Männer klagen die Söhne über ein mangelndes Gefühl von Männlichkeit, eine phobische Beschäftigung mit den Gefahren männlicher Gewalt sowie Gefühle von Besonderheit und Grandiosität. Manche Männer, die ihre Väter durchgängig als abwesend und desinteressiert erlebt haben, zeigen darüber hinaus eine massive Angst, homosexuell zu sein. Wenngleich die erlebte Nichtverfügbarkeit von Vätern nicht ohne Weiteres mit der manifesten Vaterlosigkeit gleichgesetzt werden sollte, kann man dennoch sagen, dass ähnliche Probleme und Beschwerden auch von Männern geäußert werden, die tatsächlich vaterlos aufwuchsen.

In der Psychoanalyse lässt sich also eine seelische Brücke schlagen zwischen dem gesellschaftlich verbreiteten Phänomen der psychischen *Nichtver-*

fügbarkeit von Vätern, das bereits mehrfach angesprochen wurde, und der manifesten Vaterlosigkeit von Söhnen, die Gegenstand der nun folgenden Kapitel ist. Ich werde zu Beginn eines jeden Kapitels jeweils einen Lebensbereich ansprechen, der durch Vaterlosigkeit belastet werden kann, um im Anschluss daran eine Fallgeschichte zu erzählen, die den zuvor behandelten Problembereich beispielhaft illustrieren soll.

9 Allein mit der Mutter

She wants to be a good mother
And she'll do the best she can
But what about the other?
What about the man?

Pretenders, »Chill Factor«

Es gab über viele Jahrzehnte hinweg eine Tendenz, Mütter für nahezu alles verantwortlich zu machen, was in der kindlichen Entwicklung schieflaufen kann. Später wurde dieser Trend als »mother blaming« auch kritisch gesehen, aber er ist noch keineswegs vollkommen überwunden. Mütter sind entweder zu verwöhnend oder zu versagend, sie haben zu wenig mütterliche Qualitäten oder sie ersticken ihre wehrlosen Kinder geradezu in einer Woge aufdringlicher und überfürsorglicher Mütterlichkeit. Im Hinblick auf das Verhältnis zu ihren Söhnen können Mütter entweder den Fehler begehen, sich zu verführerisch zu verhalten, oder aber sie sind »kastrierend«, indem sie jede Spur von Männlichkeit an ihren kleinen Sprösslingen zurechtstutzen und wegerziehen wollen. Für die Mütter selbst muss es manchmal so erscheinen, als könnten sie es eigentlich nur verkehrt machen. Und im Falle der Alleinerziehenden verstärkt das oft die ohnehin vorhandenen Schuldgefühle, dem eigenen Kind den Vater quasi »vorzuenthalten«, ihm einen Mangel zuzumuten, der an sich schon schwer zu verkraften ist.

Nun sind Mütter in der Tat ganz besondere und sehr bedeutsame Bezugspersonen. Die Beziehung zwischen Mutter und Kind ist leiblich begründet, und sofern eine Mutter sich entschließt, ihr Kind auch großzuziehen, bleibt die sprichwörtliche »Nabelschnur« über viele Jahre hinweg erhalten. Und eine solch intensive und (lebens-)wichtige Beziehung ist wirklich sehr störanfällig. Im ersten Teil dieses Buches habe ich mich bemüht aufzuzeigen, dass auch der Vater eine eminent wichtige Bezugsperson ist und dass auch in der Beziehung zwischen Vater und Kind (bzw. zwischen Vater und Sohn) manches gelingen und manches schiefgehen kann. Unser erweiterter Blick auf Mutter und Vater geht aber häufig ganz schnell verloren, wenn wir auf Familien treffen, in denen ein Vater schlicht nicht vorhanden ist. In einer solchen Konstellation muss es doch an der Mutter liegen, wenn die Kinder gravierendere Probleme haben? Vielleicht ist es zunächst einmal hilfreich, die Frage nach den Einflüssen auf das vaterlose Kind nicht zu einer *Schuldfrage* verkommen zu lassen. Das Leben beschert uns allen zuweilen widrige Umstände, mit denen wir zurechtkommen müssen, und manchen von uns enthält es die Erfahrung eines anwesenden Vaters vor. Betroffene Kinder und ihre Mütter finden sehr unterschiedliche Möglichkeiten, mit einer solchen Konstellation zurechtzukommen. Manchen wird es durch die sonstigen Lebensumstände leichter gemacht und manchen schwerer. Bei einigen Müttern und Kindern kommen weitere Belastungen hinzu, die zu Schwierigkeiten oder gar gravierenden Problemen führen können. Und nur allzu leicht sind wir bereit, alles pauschal auf das Konto der Vaterlosigkeit zu verbuchen.

Ich habe zwei vaterlose Familien besucht, mit den alleinerziehenden Müttern ausführliche Interviews gemacht, die Söhne einem projektiven Testverfahren[32] unterzogen und außerdem ausgiebig mit ihnen gespielt. Ich möchte nun zunächst die Familie B. vorstellen, die mir ein Beispiel dafür zu bieten scheint, dass das Aufwachsen ohne Vater nicht zwangsläufig zu gravierenderen Problemen in der Entwicklung von Jungen führen muss. Zwar ist es noch zu früh, eine diesbezüglich verlässliche Prognose zu stellen, doch insgesamt machen George und Pierre einen recht gesunden und lebhaften Eindruck.

Familie B.

Frau B. ist 34 Jahre alt und hat drei uneheliche Kinder von zwei verschiedenen Männern. Mit 21 Jahren wurde sie Mutter einer Tochter, die inzwischen 13 ist. Die Beziehung zum Vater des Mädchens war kurz und endete bereits vor der Geburt des Kindes. Aus einer anderen Beziehung stammen die beiden Söhne, die knapp drei und vier Jahre alt sind. Der ältere wurde auf einer Urlaubsreise gezeugt. Als der Vater des Kindes von der Schwangerschaft erfuhr, begann er Frau B. zu schlagen und ging eine Liebesbeziehung zu einer anderen Frau ein. Er verließ Frau B., kehrte jedoch kurz vor der Geburt des Sohnes zu ihr zurück. Das Paar lebte einige Monate zusammen, und es war auch eine Eheschließung im Gespräch. Frau B. wurde erneut ungeplant schwanger. Diesmal reagierte der Partner zunächst freundlicher auf die Nachricht, doch wieder begann er eine Affäre.

32 Es handelte sich dabei um den *Schweinchen-Schwarzfuß-Test* von Corman (1977), eine Serie von Bildkarten, in denen das kleine Schweinchen Schwarzfuß in den verschiedensten Situationen abgebildet ist. Das untersuchte Kind muss zu den Bildern passende Geschichten erfinden.

Er schlug Frau B. auch immer wieder. Der zweite Sohn war eine Frühgeburt und musste intensiv medizinisch betreut werden. Der Partner scherte sich nicht darum und fuhr in einen Fernurlaub. Als er von dort zurückkam, trennte sich Frau B. von ihm. Er kümmert sich nur manchmal und eher unzuverlässig um seine beiden Söhne. Als der jüngere mit einem Jahr lebensgefährlich an einer Meningitis erkrankte, war er nicht zur Stelle. Die Jungen werden alle paar Wochen übers Wochenende abgeholt, verbringen aber dann die meiste Zeit mit den Großeltern väterlicherseits.

Frau B. lebt mit ihren Kindern auf einem Reiterhof auf dem Land. Sie arbeitet seit einiger Zeit halbtags in einem Geschäft in der Stadt, damit der ältere Sohn eine französische Vorschule besuchen kann. Der jüngere kommt gerade in den (ebenfalls französischen) Kindergarten. In einem zweiten Wohnhaus auf dem Reiterhof lebt Frau B.s kürzlich verwitweter Vater, ein Baron, dem das Gut gehört. Frau B.s Mutter war Französin, und die drei Kinder wachsen mehrsprachig auf. Frau B. selbst spricht Französisch mit ihnen, durch die Umgebung beherrschen sie aber auch fließend Deutsch. Der Vater der Jungen wünscht, dass seine Söhne von klein auf auch Englisch lernen, und spricht selbst Englisch mit ihnen, obwohl er Deutscher ist.

Alle drei Kinder sind ausgesprochen hübsch, sehen dabei aber sehr verschieden aus. Elaine, bereits mitten in der Pubertät, ist ein dunkles, temperamentvolles Mädchen. Die beiden Söhne sind blond. George, der Ältere, hat in seinem Äußeren etwas Feines, Adeliges. Pierre, der Jüngere, wirkt mehr wie ein Kind vom Lande. Alle drei sind im Kontakt lebhaft und unkompliziert. Frau B. ist alleinstehend. Ab und zu gibt es kürzere Affären mit Männern, die sie aber von ihren Kindern fernhält. Sie sagt, sie hätte durchaus Lust zu einer Partnerschaft, aber keine Energie dazu. Ihr Leben als berufstätige Mutter dreier Kinder und Verantwortliche für den Reiterhof nimmt sie sehr in Anspruch.

Ich kenne Frau B. (im Folgenden Melanie) zum Zeitpunkt des Interviews seit mehr als einem Jahr flüchtig, da meine Tochter auf ihrem Hof das Reiten gelernt hat. Wenn man auf den Reiterhof kommt, gerät man sofort in eine andere Welt. Alles wirkt sehr lebendig, ziemlich chaotisch und irgendwie plan- und führerlos. Meistens sind neben den zahllosen Tieren eine Menge Menschen dort, und man hört auch verschiedene Sprachen. Die ungewöhnliche Familienkonstellation hatte mich schon seit Langem neugierig gemacht, und so entstand die Idee, Melanies Söhne könnten für meine Untersuchung in Frage kommen. Allerdings war mir von Anfang an auch etwas unwohl dabei, denn eine klare Trennung zwischen wissenschaftlichem Anliegen und Privatleben war in diesem Fall nicht zu gewährleisten.

Einmal ergab sich bei einer Reitstunde meiner Tochter ein erstes persönliches Gespräch mit Melanie, in dem ich ihr von meiner Untersuchung erzählte. Sie zeigte sich sofort sehr interessiert, da ja ihre beiden Söhne betroffen seien. Sie habe schon viele verschiedene Meinungen dazu gehört, welche Folgen die Vaterlosigkeit haben könne. Wir vereinbarten ihre Teilnahme an der Untersuchung. Danach vergingen ein paar Monate, bis ich sie anlässlich eines Ross- und Reiterfestes erneut ansprach. Dort trat Melanie auf, wie sie leibt und lebt: in zerfetzten Jeans, mit großen Löchern an Knien und Gesäß, einem Männerhemd und ihrer wilden, stets ungekämmt wirkenden Mähne. Wir vereinbarten einen Termin für eines der darauffolgenden Wochenenden. Kurz vor dem Interview erfuhr ich, dass Melanies Mutter zwei Wochen zuvor gestorben war.

Ein ganz normales Chaos?

Als ich ein bisschen verspätet auf dem Reiterhof ankomme, muss ich Melanie zunächst einmal suchen. Ein junges Mädchen, das im Haus putzt, sagt mir, sie sei wohl in den Ställen oder irgendwo auf dem Hof. Während ich um das Gehöft streife, kommen mir etliche junge Mädchen auf Pferden entgegen. Wieder beim Wohnhaus, sind inzwischen auch noch zwei Männer angekommen, die ebenfalls zu warten scheinen. Nach ein paar weiteren Minuten kommt Melanie mit ihren beiden Söhnen. Pierre, den Jüngsten, hat sie auf dem Rücken; George, der Ältere, geht neben ihr her. Sie kommt mich kurz begrüßen, gelassen in all dem Chaos (»Wie geht's?«), und geht dann zu den beiden Männern hinüber. Sie sprechen Französisch miteinander, und nach einigen Minuten fahren die Männer weg. Nun kommt Melanie zum Haus, bittet mich herein und fragt, ob ich auch Lust auf einen Tee hätte. Wir gehen in die Küche, wo die jungen Mädchen versammelt sind. Die beiden Jungen kommen nach einiger Zeit auch in die Küche. Melanie gibt Elaine ein paar knappe Anweisungen (Tee für uns und Grießbrei für die Jungen kochen) und geht dann mit mir in den zweiten Stock, wo ein Feuer im Ofen brennt. Sie bietet mir einen Sessel an, setzt sich selbst auf den Fußboden, und wir beginnen mit dem Gespräch.

Ich gebe einige Erläuterungen zu meiner Untersuchung. Melanie fragt, ob ihre Söhne nicht noch zu klein sind für Interviews? Ich erkläre, dass ich mit den Jungen einen Bildertest machen und ein bisschen spielen möchte, und erfahre, dass George gerade vier geworden ist. Pierre wird bald drei. »Ganz schön nah beieinander«, sage ich. »War nicht so geplant«, antwortet sie. Ich frage nach der Hintergrundgeschichte der Familie, und Melanie bezeichnet sie als »ein normales Chaos«. Es stellt sich nun heraus, dass alle drei Kinder nach ungeplanten Schwangerschaften zur Welt kamen. Während sich Elaines Vater bis heute sehr zuverlässig um seine Tochter kümmere, sei die Beziehung zum Vater der Jungen chaotisch. »Er ist ein unglaublicher Egozentriker«, sagt Melanie von ihrem früheren Partner.

An dieser Stelle des Gesprächs kommen die Jungen nach oben ins Zimmer. George hat ein Spielzeugschwert bei sich und nimmt Kontakt zu mir auf. Melanie erzählt von ihren Problemen mit dem Vater der Jungen. Mir ist es unangenehm, dass sie in Gegenwart der Kinder über diese Dinge spricht, auch wenn die Jungen spielen und uns nicht ausdrücklich zuhören. Ich hätte gar nichts dagegen, das Interview erst später fortzusetzen und mich einstweilen auf die familiäre Szene einzulassen, bei der ich auch die Jungen ein bisschen näher kennenlernen könnte. Doch ich unternehme nichts, um die Situation in diesem Sinne zu gestalten, sondern überlasse Melanie das Geschehen. Ich muss wohl das Gefühl gehabt haben, mit meinen »männlichen« und wissenschaftlichen Strukturierungswünschen auf dem Reiterhof gar nicht landen zu können. Dort gelten andere Regeln: Man(n) muss sich dem Chaos überlassen, um überhaupt hereinzukommen. Wenn man Melanie und ihren Kindern näher kommen möchte, muss man das akzeptieren. Melanie ist stolz auf ihre Unabhängigkeit und darauf, als Alleinerziehende ohne den Vater ihrer Söhne zurechtzukommen. Ich frage mich insgeheim nach der Bedeutung der Tatsache, dass sie zweimal von einem Mann, für den Kinder überhaupt nicht in Frage kamen, schwanger geworden ist.

Melanie legt für die Jungen eine Videokassette ein. Es ist der Zeichentrickfilm »Bambi«. Ich sage zu den Jungen, das sei ja eine traurige Geschichte, weil doch Bambis Mutter stirbt. Melanie sagt, die Kinder seien durch das Leben auf dem Reiterhof, wo häufig Tiere sterben, an den Tod gewöhnt. So sehr mir diese sachliche Äußerung einleuchtet, muss ich doch in diesem Moment daran denken, dass Melanie gerade ihre Mutter und die Jungen ihre Oma verloren haben. Ist das dasselbe, wie wenn ein Huhn oder ein Pony stirbt? Warum wirkt hier niemand traurig?

Nun kommt Elaine nach oben und bringt den Tee für uns. Wir schauen gemeinsam ein Stück des Films. An einer Stelle kommentiert Melanie eine Szene: »Bambi fait dodo avec sa mère« (Bambi schläft bei/mit seiner Mutter). Sofort frage ich mich, ob die Jungen auch manchmal bei Melanie schlafen. Bambi ist Pierres Lieblingsfilm, George dagegen »hat's mehr mit Schwertern«. Über geschlechtsspezifische Erziehung sagt Melanie, das sei Quatsch – die Jungen mochten gleich Autos, von Anfang an, so als sei das ein Naturgesetz. An dieser Stelle schimmert meines Erachtens eine leichte Besorgnis durch, ihre Söhne könnten durch die Vaterlosigkeit nicht »männlich« genug werden. Diese Befürchtung hatte sich bereits in unserem kurzen Gespräch während der Reitstunde vor einigen Monaten angedeutet, und später am Abend kommt Melanie auf besorgniserregende Forschungsbefunde zur Vaterlosigkeit zu sprechen.

Im Film taucht jetzt ein Hirsch auf – Bambis Vater. Pierre ruft freudig: »Da ist der Papa!« Unvermittelt schlägt Melanie vor, dass wir nach unten in die Küche gehen und die Mädchen rausschmeißen, um dort das Gespräch fortzusetzen. Vielleicht fühlt sie sich verantwortlich für eine ungestörtere Interviewsituation. Wir gehen also nach unten. Die Mädchen nehmen den Rauswurf gelassen und gesellen sich zu den Jungen nach oben.

Explosive Dreiecke

In der Küche kommen wir noch einmal auf Melanies Beziehung zum Vater der Jungen zu sprechen. Sie erzählt von seinen »Nebenfrauen« und davon, dass er sie häufig geschlagen hat.

Im Forschungsseminar haben wir uns bei der Besprechung des Interviews gefragt, welche Funktion die ungeplanten Kinder im Hinblick auf die jeweilige Paarbeziehung hatten: Wollte Melanie mehr Nähe herstellen (die Bindung festigen) oder mehr Distanz? Jedenfalls führten die Schwangerschaften in letzter Konsequenz immer zur Trennung. Hier deutet sich etwas an von der Bedrohlichkeit des Dritten (hier: der Kinder) für die Zweierbeziehung. Die jeweiligen Partner wollten explizit keine Kinder, während Melanie aus möglicherweise unbewussten Motiven immer wieder schwanger wurde (also ein Beziehungsdreieck herstellte). Der Vater der Jungen hat jeweils im Moment der Schwangerschaft seinerseits für ein explosives Dreieck gesorgt, indem er sich eine Geliebte nahm. Was sind die Hintergründe dieser Dreieckskonflikte?

Auch die Gewalttätigkeit, das Sado-Masochistische, vor allem in der Beziehung zum Vater der Jungen, hat uns im Seminar sehr beschäftigt. Melanie berichtet noch von einem weiteren Mann, der sie geschlagen hat. Auch hier war eine dritte Person im Spiel, wiederum eine »Nebenfrau« des Partners. Als Melanie den Mann in einer dramatischen Szene vor die Wahl zwischen sich und der anderen Frau stellte, schlug er zu. Was tut Melanie, um die Männer zu provozieren? Und wieso hat sie sich mit einer zweiten Schwangerschaft noch einmal auf den Mann eingelassen, der sie so schlecht behandelt hatte?

George kommt weinend in die Küche. Die Mädchen hätten oben zu viel Lärm gemacht. Melanie macht den Grießbrei für ihn fertig. Wir essen Lebkuchen, die George mir anbietet. Melanie schickt ihn wieder nach oben, ohne

Grießbrei. Wir sprechen nun von Pierres Geburt. Der Partner habe damals Kokain genommen und sich nicht um die Komplikationen mit dem Baby gekümmert. Schließlich trennte sich Melanie von ihm. Wieder kommt einer der Jungen in die Küche. Mein Aufnahmegerät schalte ich zwischenzeitlich aus. Dann sind wir wieder allein. Ich komme zurück auf den Vater der Jungen. Mit ihm sei keine Regelmäßigkeit möglich, sagt Melanie. Er rufe spontan an und wolle dann sofort die Kinder übers Wochenende haben. Wenn das wegen Melanies eigener Planungen nicht geht, mache er ihr Vorwürfe. Melanie erzählt, wie Pierre als Einjähriger Meningitis hatte. Wieder kümmerte sich der Vater nicht darum. Pierre war in Lebensgefahr.

George kommt wieder in die Küche, quengelig, will seinen Grießbrei. Er ist interessiert an meinem Kassettenrecorder, und ich erkläre, was das Gerät macht. George häuft einen Berg Schokoladenpulver auf seinen Brei, mag ihn dann aber nicht mehr essen. Der Brei wird an einen der Hunde verfüttert. Wieder bringt George ein Schwert. Melanie erzählt von Gaston Phébus, einem mittelalterlichen französischen Ritter. Er ist ihr Lieblingsheld. George heißt mit weiterem Namen auch Gaston Phébus. Er pflegt nur mit Spielzeugschwert zu reiten und fragt nun, ob demnächst noch ein Reiterturnier stattfindet. Er möchte eine Pistole vom Weihnachtsmann haben, Melanie ist aber dagegen. Ich erzähle ihm von der Pistole meiner Tochter und davon, dass sie einmal am Fasching Räuber Hotzenplotz war. Dann erzähle ich, dass sie auch Schwerter hat und mit mir manchmal kämpft.

In dieser kleinen Szene hat George als Dritter sich nicht mehr abwimmeln lassen. Er kommt mit seinem Schwert dazwischen, er möchte eine Pistole haben. – Das ist nun fast schon plumpe tiefenpsychologische Symbolik... Mama möchte den Sohnemann gern loswerden, um sich mit dem fremden Mann ungestört zu unterhalten, aber der kleine Ritter bleibt und lässt sich ganz genau das »Gerät« dieses Mannes erklären. Überflüssig zu erwähnen, dass George, der gerade vier geworden ist, sich bereits mitten im ödipalen Geschehen bewegt. Und seine Mama hat sehr genaue Vorstellungen davon, wie George einmal werden soll. Ein kleiner Gaston Phébus ist er ja jetzt schon, immer bewaffnet, aber von nahezu unschlagbarem Charme und hübsch noch dazu. Ob er einmal der Held wird, den Melanie sich herbeisehnte, als sie während der Adoleszenz Romane über den französischen Ritter verschlang?

Der Vater der Jungen — »krankhaft geltungsbedürftig«?

Melanie versucht erneut, George wegzuschicken. Wir kommen ins Gespräch über Fernsehen und Fremdsprachen. Melanie hat für die Kinder Videokassetten in drei Sprachen. Sie selbst spricht mit allen Kindern Französisch. Die Jungen sprechen trotzdem fließend Deutsch, auch miteinander, mit ihrer Schwester Elaine aber Französisch. Englisch können sie durch etliche Au-Pair-Mädchen und ihren Vater. Melanie sagt, Englisch sei die einzige Fremdsprache, die er beherrsche. Er sei eifersüchtig gewesen auf Elaine; seine Söhne müssten sie noch übertrumpfen, indem sie eine dritte Fremdsprache können. Melanie sagt: »Im Nachhinein ist es unbegreiflich, wie viel man mitgemacht hat.«

Pierre gehe nicht freiwillig zu seinem Vater. Er habe kaum Kontakt zu ihm, nur über die Großeltern väterlicherseits. Der Vater prüfe George wie ein Lehrer, und Melanie findet das richtig dumm. Bei ihm sei das alles nur Selbstverwirklichung. Er habe Probleme mit Klassenunterschieden. Seine Eltern seien aus einfachen Verhältnissen. Melanie lege keinen Wert auf Klassenbewusstsein. Dass ihre Söhne ihren adeligen Nachnamen haben, sei dem Vater der Jungen wohl ganz recht so. Er sei ein Mensch, der viel auf Äußerlichkeiten Wert legt. Wenn demnächst seine Eltern in Urlaub führen, würde er sich nicht melden, dessen ist sie sich sicher. Melanie würde ihm die Kinder auch alleine nicht überlassen. Pierre ist Bluter; sein Vater kümmere sich auch darum nicht. Melanie vergleicht die beiden Väter ihrer Kinder: »Mit dem einen richtig Glück, und mit dem andern voll daneben«.

Die Jungen sehen ihren Vater höchstens einmal im Monat, aber unregelmäßig. Einmal jährlich sind sie 14 Tage bei seinen Eltern, wenn Melanie allein Urlaub macht. Pierre habe Angst vor seinem Vater. Der sei autoritär. Pierre fahre nicht in seinem Auto mit, sondern nur in dem der Großeltern. Melanies Vater habe einmal ein ernstes Gespräch mit dem Vater der Jungen geführt. Seitdem lästere der Mann über ihren Vater. Der Vater wiederum hält ihn für »krankhaft geltungsbedürftig«. – Auch hier zeichnet sich ein konflikthaftes (ödipales) Dreieck ab: das zwischen Melanie, ihrem Vater und dem Vater ihrer Söhne. Die beiden Männer halten offenbar nichts voneinander. Ob Melanies Partner es schwer haben, gegen ihren Vater zu bestehen?

Endlich allein?

Als die Jungen im Bett sind und Melanie ihnen noch eine Geschichte vorgelesen hat, kommt sie wieder herüber. Nun können wir in Ruhe reden. Sie besorgt uns ein Bier in der Küche, das wir aus der Flasche trinken. Einen Teil des folgenden Gesprächs habe ich aus Versehen nicht aufgenommen. Als die Jungen noch mal aus dem Bett kommen, bemerke ich die Fehlleistung und zeichne unser restliches Gespräch auf. Wollte ich die Öffentlichkeit von der Intimität der Situation ausschließen? Doch ebenso wenig wie die Jungen, die noch einmal schauen, was ihre Mama mit dem fremden Mann macht, kann ich den »Dritten« in Gestalt meiner Forschungskolleginnen und -kollegen wirklich ausschließen... Ich stoße meine Bierflasche um, entschuldige mich und wische das verschüttete Bier mit Papiertaschentüchern auf. Melanie findet das überhaupt nicht schlimm – der Teppich habe schon viele Flecken. Ich lache häufig, der Ton zwischen uns ist leise, vertraulich und fast turtelnd. Ich zünde mir eine Zigarette an. Das ist insofern bemerkenswert, als Melanie Nichtraucherin ist und sich schon mehrfach über das Rauchen des Vaters der Jungen beschwert hat. Bei mir jedoch gefällt ihr der Tabakgeruch; sie gibt mir das Gefühl, mit meinen Zigaretten ausgesprochen erwünscht zu sein.

In dem nicht aufgezeichneten Teil des Gesprächs habe ich sie nach ihrem Vater gefragt und dabei erfahren, dass er ein Bankier im Ruhestand ist, der sich immer einen Sohn gewünscht habe. Nachdem seine Frau ihm drei Töchter geboren hatte, nahm er sich eine Nebenfrau (!), die ihm wiederum ein Mädchen gebar. Herr von B. hat sich wohl einen Stammhalter erhofft, an den er nicht nur seinen Titel weitergeben, sondern mit dem er auch Geschäftliches hätte besprechen können. Von den Töchtern habe er das immer ferngehalten. Doch durch den kürzlichen Tod seiner Frau sei ihm auch die eigene Sterblichkeit bewusster geworden, und er beginne nun, die Töchter an diesen Angelegenheiten zu beteiligen. Melanie scheint die Tochter zu sein, die am ehesten die Rolle des herbeigesehnten Sohnes übernommen hat. Schon immer hat sie gegen ein traditionell weibliches Leben aufbegehrt, und sie scheint auch keinen Mann an ihrer Seite zu brauchen (oder zu dulden). In ihrer herben Ungezähmtheit hat sie etwas Amazonenhaftes, das Männer zwar anzieht, sie aber auch bedroht und in ihnen Gewalttätigkeit oder Fluchttendenzen auslöst. Melanie hat ihrem Vater die ersehnten Nachkommen geschenkt, indem sie zwei Söhne gebar, die aufgrund von Melanies Ledigkeit den Adelstitel weitertragen. Designierter Nachfolger des Großvaters ist eindeutig George, der etwas Adeliges ausstrahlt und den Melanie zum kleinen Ritter gemacht hat. Ich glaube, er ist ihr Lieblingskind. Über die Beziehung zu ihrer Mutter hat sie gar nichts gesagt.

Ich schneide noch einmal ein Thema an, das mir zentral zu sein scheint: die ungewollten Schwangerschaften. Melanie demonstriert hier noch einmal ihre Unabhängigkeit, als sie über den Vater der Jungen sagt: »Er hat halt einfach eine Art an sich, dass er alles steuern will. Und ich bin eben auch nicht unbedingt so steuerbar!« Mit ihren Schwangerschaften hat sie das den jeweiligen Partnern sehr deutlich gezeigt. Und auch mir muss sie das auf irgendeine Weise mitgeteilt haben, da ich jegliche Steuerungsfunktion in unserem Gespräch von Anfang an aufgegeben habe.

Melanie ist gespannt auf die Ergebnisse meiner Arbeit. Sie zählt Homosexualität, Delinquenz und schlechte kognitive Entwicklung bei vaterlosen

Söhnen als Forschungsergebnisse auf, von denen sie schon gehört habe. Wieder wird hier ihre latente Besorgnis spürbar. Ich erläutere ihr meine Einschätzung dazu, beruhige sie und halte einen kleinen Monolog. Die Bandaufzeichnungen enden hier. Wir sprechen noch einige Minuten, dann bringt mich Melanie nach unten. Wir verabschieden uns bis zum nächsten Nachmittag, und ich fahre nach Hause.

George (4 Jahre): Der kleine Ritter

Am Sonntagnachmittag fahre ich zusammen mit meiner Tochter Tamara und unserem Hund zum Reiterhof. Melanie hatte vorgeschlagen, dass ich Tamara mitbringe. Sie wartet schon auf uns und sagt, George habe gleich nach dem Aufwachen nach mir gefragt. Ich habe ihm nämlich am Vortag versprochen, dass wir beide zusammen fechten werden. Melanie hat den Kindern vorgeschlagen zu reiten, und Tamara ist begeistert. Wir holen zwei Ponys aus dem Stall.

George hat Schwert sowie Pfeil und Bogen mitgenommen – ein wahrer Ritter! Er reitet nur kurz und kommt dann zu mir. Während Pierre und Tamara reiten, spiele ich mit George Bogenschießen. Fachmännisch erklärt er mir, wie es geht. Schnell hat auch Pierre die Nase voll vom Reiten – ein Pony ist frei. Melanie fragt mich, ob ich auch mal möchte. Ich sage: »Ich kann das nicht, bin noch nie geritten!« Melanie meint: »Also, einfach draufsetzen!« Etwas unbeholfen, aber durchaus abenteuerlustig, setze ich mich auf das ungesattelte Pony. Das fängt sofort an zu traben, und ich habe Mühe, nicht seitlich herunterzufallen. Tamara lacht aus vollem Hals, und wir haben alle einen großen Spaß. Schließlich gelingt es mir, das Pferd zu lenken und das Tempo selber zu bestimmen. Ich bin ganz stolz und reite Seite an Seite mit meiner Tochter. Schließlich bringen wir die Pferde zurück in den Stall. Danach spiele ich mit den Kindern. Mit George und Tamara kämpfe ich mit den Schwertern, wobei die Beiden sich gegen mich verbünden. Alle drei Kinder besteigen schließlich eine alte Kutsche, und George kündigt an, dass wir jetzt nach Paris reiten, zu seiner Cousine. Ich bin das Pferd und muss die Kutsche ziehen. In Paris angekommen, kämpfen wir noch einmal. George kämpft gerne mit mir, aber sehr verhalten und zaghaft. Wenn meine Tochter heftig mit mir fechtet (wir haben das schon oft geübt), zieht er sich sofort zurück. Nach einer Weile haben wir alle genug und gehen wieder nach drinnen.

Noch mehr Chaos

Wir sitzen in der Küche, und es gibt Tee und Milch. Ich möchte jetzt gerne mit George den Test machen, weiß aber noch nicht so recht, wie und wo. Melanie schlägt vor, dass wir wieder nach oben gehen. Ich frage George, ob er ein Spiel mit mir machen möchte. Er sagt zunächst Nein. Als wir alle oben sind, sage ich zu George, ich hätte ihm etwas mitgebracht. Ob wir ins Kinderzimmer gehen? Er kommt bereitwillig mit, leider auch zwei Hunde und Tamara. Ich packe zuerst wieder meinen Kassettenrecorder aus. Dann zeige ich George die Testkarten. Er ist anfangs interessiert. Wir werden jedoch immer wieder von den Hunden gestört; auch Pierre kommt zwischendurch ins Zimmer. Tamara nimmt die Rolle der Assistentin an und versucht, mir zu helfen. George spielt immer wieder zwischendurch mit dem Hund und mit Spielsachen aus dem Zimmer. Nur wenige Karten können wir gemeinsam anschauen. Dann kommt Pierre herein, und George fragt ihn, ob er mit uns mitspielen will. Ich gehe darauf nicht ein, und Pierre holt sich ein Bilderbuch aus einer Zimmerecke. Später kommt er zu uns und fragt, ob er auch mitspielen darf. Er hat eine rote Kette auf den Boden gelegt und sagt: »Die Schlange… Tot is'. (flüsternd) Tot.« Ich erweise mich als Spielverderber, indem ich sage: »Pierre sagt, das ist eine tote Schlange, die Kette, mh?« und anschließend George frage, was er auf der nächsten Testkarte sieht. Pierre plappert dazwischen auf Französisch, Melanie schaut kurz ins Kinderzimmer. Nun gerät alles durcheinander. Pierre und George fangen an zu spielen, es geht um die »Schlange«. Dann holen sie zwei Holzspielzeuge. Es sind Kästchen, die man auseinandernehmen und wieder zusammensetzen kann. Eines davon ist ein Löwe, das andere ein Mond. Wir spielen mit den Kästchen herum. George meint, man könnte einen kleinen Ball in die Kästchen tun, wozu diese aber viel zu klein sind. George und ich basteln die Kästchen wieder zusammen, es ist kompliziert. Pierre macht immer wieder auf sich aufmerksam, ich gehe nur kurz auf ihn ein. Ganz versunken basteln George und ich minutenlang an den Kästchen. Pierre spielt wieder mit seiner »Schlange«. George meint schließlich, man könne die Kette in das Kästchen tun. Ich sage, die sei zu groß, was er verneint. Wir probieren es aus, zuerst bei dem einen Kästchen. Es passt nicht. George meint nun, es ginge bei dem anderen, das ebenso zu klein ist. Wir machen die Kästchen wieder zu. Pierre erzählt, der Mond schläft, und er entfernt sich. Ich frage George, ob wir weiter Bilder anschauen sollen. George will erst die Kette verstecken. Er stopft sie unter den Teppich, und ich schaue mit ihm wieder Testkarten an.

Schließlich gebe ich George ein Bilderbuch, das ich als Geschenk für ihn mitgebracht habe. Er möchte es anschauen. Pierre kommt ins Zimmer, und George ruft triumphierend: »Deine Kette is weg!« Es gibt ein bisschen Zank.

Dann schaut George sein Buch an, es sind einzelne Szenen aus dem Dschungelbuch. Auch darin gibt es eine Schlange, Kaa, die Mogli einwickelt und ihn fressen will. Pierre zeigt mir eine kaputte Armbanduhr und fragt, ob ich sie reparieren kann. George schaut inzwischen die Elefanten im Dschungelbuch an. Er kennt offensichtlich den Film. Als nächstes betrachtet er das Bild, auf dem Mogli den Tiger Shirkan mit Feuer verjagt, und fragt mich: »Was ist da passiert?«, so wie ich ihn bei den Bildtafeln gefragt habe. Ich erzähle es ihm. Schließlich landen wir bei dem Bild mit Mogli und dem Mädchen, mit dem der Film endet. George fragt, ob ich das Buch für ihn gekauft habe. Wahrheitsgemäß sage ich, dass das Buch von Tamara ist und sie es nicht mehr braucht. George sagt Danke. Ich frage, ob er mit mir weiter die Testkarten anschauen will, und er sagt Nein. Er geht an meine Tasche, in der ich auch ein Bilderbuch für Pierre habe, außerdem das Testbuch. »Das ist meins«, sage ich. »Was hast Du noch für mir?«, fragt George. Ich habe nichts mehr. Noch einmal frage ich, ob wir weiter Bilder anschauen, aber George will nicht mehr. So packe ich alles weg, schalte mein Gerät aus, und wir gehen zu den anderen. – Ich bin etwas entmutigt und enttäuscht und weiß nicht so recht, welche Möglichkeiten es noch gäbe, von George etwas über seine Verarbeitung der Vaterlosigkeit zu erfahren.

Alle zusammen essen wir zu Abend – es herrscht eine unkomplizierte Atmosphäre. Während die Kinder schnell wieder nach oben zum Fernseher wollen, plaudere ich unten noch ein wenig und rauche eine Zigarette. Dann kündige ich unseren Aufbruch an.

Interpretation

Die Szene dieser Testsituation samt Vorfeld und Nachspiel weist einige Besonderheiten auf. Zunächst einmal sticht wieder die Struktur- und Rahmenlosigkeit des Ganzen ins Auge. Erneut bin ich nicht in der Lage, ein klares, für mein Vorhaben angemessenes Setting zu schaffen. Ein sehr schönes Bild dafür ist das sattellose Pony, das sofort anfängt zu traben und von dem ich beinahe herunterfalle. Auf dem Pferd ist es mir schließlich gelungen, zu lenken und das Tempo selber zu bestimmen, was mich mit Stolz erfüllte. In dieser ersten Testsituation mit George gelingt es mir aber nicht, was ein Gefühl von Entmutigung und Enttäuschung erzeugt. Es stellt sich in diesem Zusammenhang die Frage, welche Erfahrungen George mit väterlicher Struktur gemacht hat. Von Melanie weiß ich, dass der Vater ein Mann ist, der immer alles steuern will. Damit ist er bei ihr an die falsche Adresse geraten – bei seinen Söhnen auch? Außerdem hat sie berichtet, dass der Vater George prüfe wie ein Lehrer, was eher unsympathisch klingt. Ich glaube, ich habe mich dagegen gewehrt, nun meinerseits in diese Lehrerrolle zu fallen. Ich hatte gar keine richtige Lust, George zu testen, während mir das freie Spielen mit ihm große Freude bereitete. In der Testsituation selber bin ich aber gerade durch diese Ambivalenz doch zum Lehrer geworden. Gleich bei den ersten Äußerungen von George korrigiere ich ihn schulmeisterlich, anstatt seiner Vorstellung zu folgen. Prompt fällt George dann auch nicht mehr viel zu den anderen Testkarten ein. Er fürchtet wohl, wieder einen »Fehler« zu machen.

Ausgesprochen ungewöhnlich verhalte ich mich auch in der Dreierkonstellation mit George und Pierre: Schon draußen auf dem Reitplatz reagiere ich nicht darauf, als Pierre ebenfalls mit dem Reiten aufhört und zu uns beiden kommt, die wir mit Pfeil und Bogen hantieren. Ich komme gar nicht auf die Idee, dass Pierre vielleicht mitmachen möchte und ignoriere ihn einfach. So ist es auch in der Testsituation: Einerseits schließe ich Pierre nicht explizit aus, indem ich mich mit George allein zurückziehe, was für Klarheit gesorgt hätte. Andererseits reagiere ich auf jeden Versuch der Beteiligung von Pierre entweder überhaupt nicht oder zurückweisend. Beide Brüder haben offenbar das Bedürfnis, gemeinsam etwas mit mir zu machen – das Ausschließen des Dritten geht also von mir aus, ohne dass ich mir dessen in der Situation selbst bewusst gewesen wäre. Im Nachhinein fiel es mir sofort ins Auge, und ich erschrak. Ich mag den kleinen Pierre doch gern, er ist mir sympathisch. Was ist da mit mir passiert? Am deutlichsten wird die Tendenz, Pierre nahezu brutal auszuschließen, als ich sein Spiel mit der »toten Schlange« mit meiner vollkommen unsensiblen Äußerung abtue, dass es sich um eine Kette handelt. Deutet sich hier möglicherweise eine Konstellation an, unter der Pierre öfter zu leiden hat? Schon Melanie hatte in einer kleinen Bemerkung zum Ausdruck gebracht, dass sie George bevorzugt (der sei »einfacher«), und ich frage mich nun, ob es sich beim Vater der Jungen ähnlich verhält. Melanie hat ja erzählt, dass Pierre praktisch keinen Kontakt zum Vater habe, sondern nur zu dessen Eltern. Dass er nicht mit dem Vater im Auto mitfahre usw. Und den Vater scheint es kalt gelassen zu haben, dass sein jüngster Sohn zweimal in Lebensgefahr schwebte (einmal nach der Geburt und ein zweites Mal bei der Meningitis als Einjähriger). George dagegen ist ganz selbstverständlich im Mittelpunkt der Aufmerksamkeit.

Inhaltlich auffällig ist die Tatsache, dass George im Test ständig Mutter- und Vaterfigur verwechselt. Ich fasse diese Fehlleistung als unbewusste Mitteilung auf. Es ist unter anderem das Thema des »nährenden Vaters«, das im Test immer wieder erscheint. In diesem Zusammenhang stellt sich nicht nur die Frage nach den entsprechenden Bedürfnissen gegenüber dem Vater, sondern auch die nach den nährenden Qualitäten der Mutter. Schon in der gestrigen

Grießbrei-Szene war ja deutlich geworden, dass Melanie im Bereich der oralen Versorgung nicht gerade klassisch mütterliche Züge hat. Die erste Karte, die George wählt, ist jedoch eine, die mitten ins Zentrum der ödipalen Thematik führt. Alles deutet darauf hin, dass ihn ödipale Rivalität und Eifersuchtsgefühle bereits sehr beschäftigen, was ja auch in der Interviewsituation mit Melanie am Tag zuvor mehrfach zum Ausdruck kam. Im Test zeigt sich ein starker Identifikationswunsch mit dem Vater (in Wirklichkeit handelt es sich aber um die Mutter), der ja oft insbesondere andrängende Aggressionen zu bewältigen hilft.

Als die Geschwisterrivalität als Thema in Erscheinung tritt, kommt Pierre interessanterweise mit seinem »Schlangenspiel« dazwischen. Ich sorge jedoch dafür, dass Pierre draußen bleibt – George und ich gehören zusammen – und wünsche mir, Pierre möge zur Mutter laufen. Pierre spricht von einer »toten Schlange« just in dem Moment, da er von Bruder und »Vater« (Interviewer) »kastriert« wird. Ich nehme ihm seine »Schlange«, indem ich sie als Kette entlarve, und später versteckt George sie unter dem Teppich und erklärt ihm triumphierend: »Deine Schlange ist weg!« – Szenisch geht es hier um ödipale Rivalität unter den Brüdern. Die sexuelle Thematik deutet sich auch in der nachfolgenden Szene an, als George die Schlange/Kette in das Kästchen stecken will, wo sie aber nicht hineinpasst. Das ist eine Verkehrung der realen ödipalen Situation, in der das Genitale des Jungen noch zu klein ist, um wie ein erwachsener Mann den Geschlechtsverkehr vollziehen zu können.

Immer wieder wird im Test eine gewisse Verwirrung über Rollen und Funktionen der Eltern spürbar. Melanie wirkt ja auch auf mich eher wie eine »phallische Frau« (Amazone), die das Gegenstück zum Nährvater ist. Doch auch die versorgenden Qualitäten des realen Vaters sind nach meinem Kenntnisstand nicht verlässlich, vielleicht auch gar nicht vorhanden. Wohin wendet sich ein kleiner Junge bei solcher Unterversorgung? Erst nachträglich wird mir aus der Szene verständlich, warum ich an dieser Stelle der Testsituation unvermittelt George das Buch schenke, das ich ihm mitgebracht habe. Ich spüre wohl unbewusst, dass er etwas braucht, und möchte mich als guter, »nährender Vater« erweisen. Für den Fortgang des Tests ist das natürlich eher hinderlich, und George schaut nun erst mal das Bilderbuch an. Doch die orale Thematik wird sofort wieder von der ödipalen überlagert, als der große, starke Tiger Shirkan von dem kleinen Mogli mit Feuer verjagt wird. Als hätte George Schuldgefühle gegenüber dem verjagten Vater (tatsächlich hat sein Vater ja anlässlich der Schwangerschaft Melanies mit George erstmals die Flucht ergriffen), will er sich nun bei mir vergewissern, ob ich dieses Buch wirklich für ihn gekauft habe (ihm nicht böse bin, sondern ihm etwas schenke). Meine ehrliche Antwort (dass das Buch im Grunde ein Geschenk meiner Tochter ist) enttäuscht ihn offenbar, und er fragt mich gleich, ob ich noch etwas für ihn habe. Doch meine Tasche ist leer, ich habe nichts mehr für ihn. Prompt reagiert George auf diese Versagung, indem er nun auch nichts mehr für mich hat: Er will mir keine Geschichten mehr erzählen, wir müssen den Test beenden.

Zweiter Anlauf

In den nächsten Tagen überlege ich mir mehrfach, ob und wie ich von George noch mehr erfahren könnte. Ob es möglich wäre, ihn noch einmal zu einer Fortsetzung des Tests zu animieren? Doch scheint mir dazu die lebhafte Umgebung des Reiterhofs ungeeignet. Ob er mit mir mitfahren würde? Melanie hat die Idee, ich könne George mit einem Eisdielen-Besuch von zu Hause weglocken. Ein etwas verwegenes Vorhaben, aber ich möchte es versuchen. Wir verabreden uns für den Sonntagnachmittag. Vieles wird davon abhängen, ob ich es geschickt anstelle. Diesbezüglich bin ich etwas nervös.

Wieder nehme ich meine Tochter mit – Melanie hat einen »Kindertausch« vorgeschlagen. Leider hat die Eisdiele zu, wie ich auf dem Hinweg bemerke. Als wir auf dem Hof ankommen, ist Melanie im Stall und versorgt die Pferde. Die Jungen machen ihren Mittagsschlaf. Melanie beauftragt Tamara, ihr Lieblingspony zu striegeln, und lädt mich in die Küche zu einem Kaffee ein. Schließlich gehen wir nach oben und schauen nach den Jungen.

George und Pierre sind ganz verschlafen, doch beide Jungen reagieren ganz selbstverständlich auf meine Anwesenheit. George zeigt mir einen Karton mit Plastik-Rittern. Die Hauptfigur ist Phébus Gaston, wie er mir stolz verkündet. Melanie zieht die Kinder an, und wir gehen alle nach draußen. Wieder einmal soll zuerst geritten werden. Die beiden Jungen thronen stolz auf ihren Ponys – George wie immer bewaffnet –, während Tamara und ich zusehen. Schließlich überredet Melanie George, mir im Stall einen Wurf kleiner Hasen zu zeigen. Unterdessen verschwinden die anderen auf einen Ausritt – George und ich sind allein. Zunächst möchte George die Anderen suchen; doch es ist leicht, ihn zu einer Spazierfahrt zu überreden. Ich erzähle ihm, dass wir zu Tamaras Zuhause fahren, dass ich noch einmal Bilder mit ihm anschauen möchte und auch noch andere Spiele habe. Als wir schließlich im Auto sitzen, komme ich mir ein bisschen wie ein Entführer vor. Aber meine Nervosität ist verflogen; ab diesem Moment bin ich sicher, dass wir uns verstehen werden.

Unterwegs betont George mehrmals fröhlich, dass wir »ganz schnell« fahren, obwohl wir sehr gemächlich auf der Landstraße dahinrollen. Im Haus meiner Exfrau angekommen, bitte ich sie, uns Milch und Kakao warmzumachen. George fühlt sich wohl und besichtigt als erstes mit mir den Garten.

Dort schießen wir mit Pfeil und Bogen und spielen ein bisschen Fußball. Schließlich sind unsere warmen Getränke fertig. George verspeist genüsslich ein Stück Apfelkuchen, das er sich aber zuvor von der freundlichen »Ersatzmutter« in mundgerechte Bissen zerkleinern lässt. Entweder kann oder will er das nicht selber machen.

Als wir gegessen und getrunken haben, gehen wir zwei nach oben in die Therapie-Praxis. Da dort auch mit Kindern gearbeitet wird, gibt es eine Menge Spielzeug. Abwechselnd spielen wir mit mehreren Spielsachen, und ich baue den Test in Intervallen dazwischen ein. Es klappt gut. Nachdem wir alle Karten angeschaut haben, spielen wir noch eine Weile; dann wird es Zeit, George nach Hause zu bringen. Zuerst will er gar nicht nach Hause, aber ich kann ihn dann doch überreden.

Interpretation

Zunächst einmal ist zu vermerken, dass ich trotz beim ersten Mal entmutigender Erfahrung nicht so schnell aufgebe. Es ist nicht leicht für mich (als Mann, als Vaterfigur und als Forscher), meine Wünsche, Bedürfnisse und Strukturen im familiären Gefüge von Melanie und ihren Kindern unterzubringen, aber ich versuche es erneut. Dass ich dieses Unterfangen mit ängstlicher Nervosität angehe, deutet noch einmal darauf hin, wie schwierig es ist, sich als »einer, der steuern will«, in Melanies Terrain zu behaupten. Natürlich geht das auch nur mit ihrer Unterstützung, die sie mir ja gerne gewährt. Ein bisschen komme ich mir wie ein Entführer vor, als George bei mir im Wagen sitzt. Aber es ist nicht so sehr mit einem schlechten Gewissen als vielmehr mit dem Gefühl behaftet, nun ein gemeinsames Abenteuer ohne die Mutter zu erleben.

Außerdem gibt es ja gleich einen Mutter-Ersatz: meine Exfrau, die sich dadurch sofort als gute Mutter erweist, dass sie nicht nur Milch und Kakao, sondern auch noch Apfelkuchen bereitstellt. Die Szene, in der George sich den Kuchen mundgerecht zerkleinern lässt, hatte ich zunächst als Unselbständigkeit gedeutet; doch nun scheint es mir, dass George einfach diese Form der mütterlichen Zuwendung genossen hat, die ihm bereitwillig gewährt wurde. Uns beiden ermöglicht das zudem, uns ganz exquisit »männlichen« Beschäftigungen zu widmen: dem Bogenschießen und dem Fußballspiel. Insgesamt erscheint es mir zentral, dass es bei diesem zweiten Test mein Rahmen (bzw. ein von mir gewählter gemeinsamer elterlicher Rahmen) war, durch den die Situation bestimmt wurde. Das hat nicht nur mir die Sicherheit gegeben, wieder flexibel und einfühlsamer zu werden (im Gegensatz zur ersten Testsituation), sondern offenbar auch George ermöglicht, sich nun ganz auf mich einzulassen.

Schon beim nochmaligen Anschauen der bereits bekannten Karten zentriert sich wieder alles um orale und ödipale Themen. Die ödipale Thematik ist mit heftiger Abwehr verbunden, und bei der oralen Thematik taucht wie beim ersten Mal der nährende Vater auf. Dass George die Verwechslung von Mutter- und Vaterfigur auch nach einer Woche konsequent fortsetzt, zeigt, dass es sich nicht um einen zufälligen Irrtum handelt.

Nach der Stärkung bei einer Ersatzmutter geht George mit großer Lust aggressive Themen an, wobei sich freche Angriffe zunächst gegen die Mutter richten. Deren darauffolgendes Schimpfen bereitet offenbar keine Angst. Dann kommt auch die Aggression gegen den Vater ins Spiel. Dieser wird eingesperrt, und es ist besser, wenn er »da drin bleibt«. Doch der Vater kann sich befreien. Vor dem, was dann geschieht, flieht George vorsichtshalber zur Mutter. Doch keineswegs nur, um sich von ihr helfen zu lassen, sondern um diese nun ebenfalls einzusperren. Auch die Mutter will raus, wird aber nicht freigelassen.

Mich beeindruckt bei all diesen konflikthaften Themen Georges Fähigkeit, mit Aggression spielerisch umzugehen und im Moment der höchsten Bedrohung rechtzeitig Hilfe herbeizuholen. Und zwar jeweils die Hilfe des Elternteils, der in die aggressive Auseinandersetzung nicht einbezogen ist. Dies deutet trotz der Abwesenheit des realen Vaters auf eine gelungene frühe Triangulierung hin. Der Vater bzw. der Dritte ist innerlich stets zur Stelle, um in der dyadischen Auseinandersetzung zur Seite zu stehen. Wenn die Mutter einmal wirklich nicht verfügbar ist, hat sie sich bloß versteckt. Es ist also ein Spiel und nicht wirkliches Verlassenwerden. George hat offenbar mit Melanie eine verlässliche Beziehungserfahrung, auch wenn sie zuweilen Türen verschließt oder sich versteckt. George weiß, dass sie in der Not für ihn da ist. Oral versorgt er sich allerdings im Test immer wieder beim Papa. Und nach all den Anstrengungen braucht er zuweilen eine Spielpause zum Auftanken, die ich ihm gerne gewähre.

Am Ende, nach einem weiteren Spiel mit einem geduldigen, heute gar nicht lehrerhaften Test-Vater, kann George sich einem Bild der absoluten Verlassenheit stellen, das ihn offenbar sehr ängstigt, denn er hat es bis zum Schluss gemieden. Hier ist es der Vater, der um Hilfe gerufen wird und ihn rettet. Zum Schluss wendet sich George aber wieder der Mutter zu. Die Geschwisterrivalität und das Ausgeschlossensein auf mehreren Karten hat er ignoriert.

Nach Melanies Schilderung des Vaters der Jungen und seiner Beziehung zu ihnen scheinen die Testergebnisse erstaunlich positiv. Woher kommt der selbstverständliche Rückgriff auf eine nährende und im Gefahrenfall rettende väterliche Instanz? Nicht zuletzt aus dieser unbeantworteten Frage heraus thematisiere ich auf dem Rückweg im Auto den realen Vater. Ziemlich gelassen berichtet George, dass er den Papa nur selten sieht. Aber es sei schön mit ihm. George freut sich, wenn sein Vater kommt.

Zusammenfassung:

George befindet sich mitten in der ödipalen Phase. Und in der Tat stehen ödipale Themen bei ihm ganz oben auf der Tagesordnung. Seine Rivalität mit mir in der Interviewsituation mit der Mutter sowie seine eindeutige Lieblingskarte im Test sind nur zwei unter mehreren Hinweisen darauf. Die frühe Triangulierung scheint trotz der schwierigen Beziehungskonstellationen und des weitgehend abwesenden Vaters geglückt zu sein. Im Test zeigt sich deutlich, dass George zwei ganze, ambivalente innere Elternbilder zur Verfügung stehen. Dadurch ist ihm ein spielerischer Umgang mit Aggression möglich, den er auch geradezu sucht. Das Vaterbild hat gute ebenso wie böse Seiten, und beide Aspekte scheinen durchaus miteinander vereinbar. Im Mutterbild imponiert der Mangel an nährenden, oral-versorgenden Aspekten, doch es enthält verlässliche Schutzfunktionen. Der versagenden Mutter (die nicht füttert, die Türen verschließt) kann man seinen Ärger zeigen, ohne dass die Beziehung ernstlich gefährdet wird. George darf die Mutter auch angstfrei verlassen und mit mir »ganz schnell« wegfahren.

Wenngleich Mutter und Vater im Test immer wieder in ihrer Identität verwechselt werden, hat George eine gefestigte männliche Geschlechtsidentität. Er ist ein männlicher kleiner Ritter und macht vielleicht sogar schon ein bisschen seiner französischen Cousine den Hof. Die Gefahren des Ödipuskomplexes in der Familienkonstellation ohne Vater scheinen dadurch gemildert, dass Melanie sich ab und zu erwachsene Männer als Liebesgefährten sucht, ihren kleinen Ritter also nicht vereinnahmt, sondern zuweilen die (Schlafzimmer-)Tür vor ihm verschließt.

Pierre (3 Jahre): Einer, der Ritter und Piraten versenkt

Schon während der Auswertung der Tests mit George erschien es mir zunehmend vielversprechend, auch Pierre in die Untersuchung einzubeziehen. Anfangs erschien er mir zu klein, um den Test zu machen. Doch allmählich erfahrener, baute ich zunehmend auf die Spiel-Situation jenseits des Tests.

So viel war dem szenischen Geschehen zu entnehmen – warum sollte das nicht auch mit Pierre möglich sein? Mein Interesse für ihn war unter anderem aus dem Wunsch gespeist, die beiden Brüder miteinander zu vergleichen. Außerdem wollte ich sehen, was passierte, wenn ich mich dem auf den ersten Blick »benachteiligten« Sohn zuwenden würde. Nachdem ich Melanie von meinem Vorhaben erzählt und sie positiv darauf reagiert hatte, vergingen einige Wochen, bevor ich wieder auf den Reiterhof fuhr. Die Zeit war lang genug, um die gegenseitige Vertrautheit zu reduzieren. Aber Pierre und George kannten mich natürlich noch, und so konnte ich leicht an bereits Erlebtes anknüpfen.

An einem Sonntag Vormittag fuhr ich wiederum mit Tamara auf den Reiterhof. Melanie hatte Pierre auf mich vorbereitet und ihn gefragt, ob er mit mir mitkommen würde. Als wir ankamen, wurde jedoch bald klar, dass Pierre das nicht wollte. Wieder half mir Melanie. Sie beschäftigte sich mit George, und während Tamara sich um zwei neue Würfe Welpen kümmerte, ging Pierre mit mir ins Kinderzimmer, wo wir ungestört und relativ zwanglos Spiele und Test miteinander verbinden konnten. Pierre war dabei ebenso unbefangen wir George einige Wochen zuvor. Er bestimmte die Situation ganz souverän, schien mich zu mögen und weder Mutter noch Bruder zu vermissen. Mir selbst bereitete die Testsituation großes Vergnügen, obwohl sie mir in wissenschaftlicher Hinsicht zunächst nicht besonders ergiebig zu sein schien. Pierre erwies sich als geistreicher und witziger Spielgefährte.

Als ich zwei Tage nach dem Test mit der Auswertung beginnen wollte, machte ich eine schreckliche Entdeckung: Mein Aufzeichnungsgerät hatte nicht aufgenommen, die Kassette war leer! Die Gründe dafür sind mir rätselhaft und ließen sich nicht aufklären. Interessant ist jedoch die Tatsache, dass Pierre nun auf diesem Wege bereits zum zweiten Mal zu kurz kam und nicht so viel Platz einnehmen durfte wie sein Bruder. Da eine Wiederholung der Testsituation mir unmöglich erschien, werde ich im Folgenden versuchen, den Verlauf zu schildern, so gut er mir im Gedächtnis geblieben ist. Erfreulicherweise waren die Testkarten noch in der Reihenfolge sortiert, in der Pierre sie sich ausgesucht hat. Darüber hinaus gibt es eine Anzahl szenischer Informationen aus dem Interview mit Melanie sowie der ersten Testsituation mit George, die ich ebenfalls heranziehen möchte.

Falltüre ins Verlies

Im Kinderzimmer angekommen zeigte mir Pierre zunächst die Geschenke, die der Weihnachtsmann den Jungen gebracht hatte. Dabei interessierte er sich kaum für sein Geschenk – eine hübsche Eisenbahn aus Holz –, sondern vielmehr für das des nicht anwesenden Bruders – ein großes Piratenschiff. Damit spielte er eine Weile, wobei ich ihm zuschaute. Schließlich fragte er, wo die Piraten seien, die sich nicht auf dem Schiff befanden und nirgends aufzufinden waren.

Dann forderte ich ihn auf, sich mit mir die Geschichten auf den Testkarten anzuschauen, was ich ja auch schon mit George gemacht hätte. Pierre war nicht sonderlich interessiert, als ich ihm die Titelkarte zeigte, und so breitete ich zunächst einmal alle Karten auf dem Fußboden aus, während Pierre nach den verschwundenen Seeräubern suchte. Die fand er schließlich in einer großen Ritterburg, die auf dem Fußboden stand. Diese Burg gehört ebenfalls George – er hatte mir ja beim letzten Besuch den Ritter Phébus Gaston vorgestellt. Die Ritterburg besitzt einen düsteren Turm, in den oben eine Falltür mit einem Hebel eingelassen ist. Am Boden unter dieser Falltür befanden sich in einer Art Verlies nicht nur Ritterfiguren, sondern auch die kleinen Plastikseeräuber vom Piratenschiff. Pierre holte sie alle heraus, und nun musste ich natürlich mit ihm spielen. Ich übernahm den Part der jeweiligen Figürchen, während Pierre mit großem Vergnügen die Falltüre betätigte. Das ging etwa so: Einer der Helden betrat die Ritterburg auf der Suche nach seinen Kumpanen. Wenn er oben auf dem Turm ankam und die Anderen rief, klappte die Falltüre auf, und mit einem entsetzlichen Schrei stürzte der Schurke in die Tiefe. Pierre lachte dann aus vollem Herzen, und das Ganze begann von vorn mit der nächsten Spielfigur. Ich variierte Auftreten und Worte der Figuren, aber letztlich lief es doch immer auf die »Versenkung« hinaus, von der Pierre nicht genug bekommen konnte.

Als es mit mehreren Anläufen nicht gelingen wollte, seine Aufmerksamkeit auf die Testkarten zu lenken, verfiel ich auf eine List: Ich nahm alle Spielfiguren an mich, versteckte sie blitzschnell zwischen meinen Beinen und ließ sie nach Pierre rufen. Die Figuren riefen dann: »Wenn Du mir eine Geschichte erzählst, dann komm' ich raus«. Pierre suchte jeweils eine Testkarte aus, erzählte, was er sah, und schließlich kam die Figur zum Vorschein. Diese wurde dann natürlich ins Verlies gestürzt, und weiter ging es mit der nächsten Geschichte und Figur.

Leider sind mir die einzelnen Episoden nicht im Gedächtnis geblieben. So bleiben als individuelle Informationen über Pierre nur die Auswahl, die Reihenfolge der Auswahl sowie die Themen der jeweiligen Karten. Angesichts der Kargheit des Materials aufgrund der misslungenen Aufnahme möchte ich noch einmal wichtige Sequenzen aus dem Ablauf der früheren Interviewsituationen herausgreifen, in denen Pierre eine Rolle gespielt hat. Zusammen mit den verbliebenen Informationen aus der Testsituation und meinem Gesamteindruck von Pierre werde ich dann einen Interpretationsversuch unternehmen.

Zunächst möchte ich daran erinnern, dass Pierre zu früh geboren wurde und während der ersten Lebenswochen unter medizinischer Betreuung stand. In diese Zeit fiel die erneute Enttäuschung seiner Mutter über ihren Partner, von dem sie sich schließlich trennte. Mit einem Jahr erkrankte Pierre an Meningitis. In beiden lebensbedrohlichen Situationen scheint er seinem Vater gleichgültig gewesen zu sein. Außerdem ist Pierre Bluter, was wiederum eine besondere Vorsicht und Sorgfalt erforderlich macht. Es gibt also von Geburt an eine Fülle von Belastungen in Pierres Leben, denen der ältere Bruder so nicht ausgesetzt war.

Pierres Lieblingsfilm ist »Bambi« – ein Film, in dem die Mutter des kleinen Rehjungen von einem Jäger erschossen wird, woraufhin Bambi allein mit seinem Vater heranwächst. Als der Vater im Film erscheint, ruft Pierre aufgeregt: »Da ist der Papa!« – Das ist überhaupt seine erste Äußerung am Tag meines Interviews mit Melanie. Während George sich oft einmischt und Melanie und mich »stört« (s. o.), ist Pierre absolut zurückhaltend, so dass man seine Anwesenheit leicht vergisst.

Melanie erzählt, dass Pierre im Gegensatz zu George nicht freiwillig zu seinem Vater geht und dass er sich weigert, in dessen Auto mitzufahren. Er scheint Angst vor seinem Vater zu haben. Auf der Beerdigung der Oma, als Melanie Pierre mit seinem Vater nach draußen schickte, kümmerte sich der Vater nicht um den Sohn, und dieser wollte zurück zur Mutter.

Am Tag des Interviews mit George kommt es mehrfach zu Situationen, in denen Pierre ausgeschlossen wird: Zuerst beim Pfeil- und Bogenschießen, das er sicher gern mitgemacht hätte. Später, als ich mit Tamara und George fechte, ist Pierre gar nicht dabei – er hat sich entweder zurückgezogen oder Melanie hat ihn aktiv ferngehalten. Als ich schließlich mit George den Test durchführen will, unternimmt Pierre mehrere Versuche, auf sich aufmerksam zu machen und am Spiel beteiligt zu werden. Zuerst fragt er, ob er mitspielen darf, und wird ignoriert. Dann bringt er aktiv die rote Kette ins Spiel und sagt flüsternd, die Schlange sei tot. Als ich dieses Spiel verderbe, spricht er Französisch mit dem Bruder. Die beiden Brüder beginnen zu spielen und schließen nun mich aus. Zuerst spielen sie mit der »Schlange«, dann mit den beiden Holzkästchen. Wieder entsteht eine Dyade – zwischen George und mir – und Pierre wird erneut ausgeschlossen. Er spielt allein mit der Schlange und sagt: »Der Mond schläft«. Dann geht er aus dem Zimmer. George versteckt Pierres Schlange unter dem Teppich. Geraume Zeit später kommt Pierre wieder, und George ruft ihm zu: »Deine Kette ist weg!« Die Brüder zanken sich. Während

George sein Buch anschaut, kommt Pierre mit einer kaputten Armbanduhr und fragt, ob ich sie reparieren könne. Ich verneine das, und Pierre verlässt endgültig das Zimmer.

Bei meinem zweiten Testdurchgang mit George erlebt Pierre, dass ich seinen Bruder mitnehme. Sicher hat George ihm hinterher von unseren gemeinsamen Erlebnissen erzählt. Trotzdem möchte er einige Wochen später nicht mit mir mitkommen – er scheint davor zu viel Angst zu haben.

Interpretation

Besonders wichtig erscheinen mir die Themen von Benachteiligung und Ausgeschlossensein und Pierres Versuche, damit umzugehen. Melanie hat über George gesagt, der sei »der Einfachere«. Darin findet sicher die Tatsache ihren Ausdruck, dass Pierre von Geburt an ein »Sorgenkind« war. Mehrfach musste die Mutter um sein Leben fürchten, und auch heute erfordert er aufgrund seiner Bluterkrankheit ständige Wachsamkeit. Melanie ist nicht der Typ von Mutter, der es gut ertragen kann, ständig belagert und durch anhaltende kindliche Bedürfnisse nach Fürsorge in seiner Freiheit eingeschränkt zu werden. Vielleicht ist das ein Grund dafür, dass Pierre es gelernt hat, unauffälliger zu werden und nicht allzu viele Bedürfnisse anzumelden. Während sein Bruder oft aktiv die Aufmerksamkeit auf sich lenkt und sie aufgrund seines Charmes auch ohne Weiteres bekommt, scheint Pierre auf den ersten Blick genügsamer. Doch dadurch wird er auch leicht übersehen bzw. aktiv ausgeschlossen.

Auch der Vater scheint sich für Pierre weniger zu interessieren als für George. Das Vater-Sohn-Verhältnis ist offensichtlich viel angespannter und von Pierres Seite angstbesetzt. Das zeigt sich auch in der Untersuchungssituation: In sicherer häuslicher Umgebung in der Nähe der Mutter kann Pierre sich auf einen unbefangenen und freudvollen Kontakt zu mir einlassen. Doch er wäre nicht mit mir mitgefahren, so wie er auch nicht mit dem Vater mitfährt. Pierre hat Möglichkeiten entwickelt, mit seiner besonderen Position in der Familie umzugehen. Manchmal bleibt er im Hintergrund, doch er unternimmt auch immer wieder aktive Versuche, beteiligt zu werden und die Aufmerksamkeit zu erhalten, die er benötigt. Dabei verfolgt er ganz andere Strategien als sein Bruder und löst auch andere Gefühle aus, die ich weiter oben als »mütterlich« bezeichnet habe: Wenn man bemerkt, dass der kleine Vogel aus dem Nest gefallen ist, möchte man sich ganz besonders gut um ihn kümmern.

Doch im gemeinsamen Piraten- und Ritterspiel kommen auch andere Seiten zum Vorschein. Mich hat die Frage beschäftigt, warum der Weihnachtsmann dem großen Bruder so aufregende Spielsachen bringt, während der kleine Bruder mit einer zwar wunderschönen und sicher sehr teuren, aber doch vergleichsweise langweiligen Holzeisenbahn vorliebnehmen muss. Hat Pierre sich die gewünscht oder steckt eine unbewusste Absicht dahinter? Soll er der Bravere, Unscheinbare bleiben, während der Bruder immer mehr zum heldenhaften Ritter Gaston Phébus werden darf? Wie dem auch sei, jedenfalls ist Pierre kolossal interessiert an Seeräubern und Raubrittern, und er nutzt die Abwesenheit des Bruders schamlos aus, um mit ihnen zu spielen. In Georges Anwesenheit hätte das sicher Zank gegeben. Die Rivalität mit dem Bruder kommt gut erkennbar darin zum Ausdruck, dass Pierre die brüderlichen Repräsentanten allesamt im Verlies versenkt. Das tut er lustvoll und mit nicht enden wollendem Vergnügen – endlich kann er dem strahlenden Ritter eins auswischen. Dahinter könnte zudem das Bedürfnis stehen, die negativen Vater-Aspekte zu bewältigen. Ähnlich wie George den Vater in der Testsituation gefangen hielt, kann Pierre im Spiel die männlichen Figuren einsperren und unter Kontrolle bekommen. Sicher hat er diesbezüglich in der Realität einen Mangel erfahren, vielleicht sogar ein Trauma erlebt. Wieso hat er so große Angst vor dem Vater, dass er nicht in dessen Auto steigt? Was ist zwischen Vater und Sohn vorgefallen? Gibt es Gewalterfahrungen?

Ein weiteres zentrales Thema ist die orale Versorgung. Auch Pierre bringt im Test die Frustrationen zum Ausdruck, die er diesbezüglich sicher erfahren hat, und gleich bei der allerersten Karte nimmt er Rache dafür. Dann sucht er sich eine Ersatzmutter, bei der er genüsslich und konkurrenzlos trinken darf. Ob es ihm auch gefallen hätte, von einer fremden Frau mit Kakao und Kuchen versorgt zu werden? Ich glaube schon. Im Test hat Pierre alle Karten weggelassen, auf denen das kleine Schweinchen bei der leiblichen Mutter trinkt.

Außerdem hat er jene Karten gemieden, auf denen es allein ist. Er hat offenbar größere Angst als der Bruder, verloren zu gehen oder verlassen zu werden. Deshalb darf er sich auch nicht allzu weit von der Mutter entfernen. Die frühkindlichen Krankenhausaufenthalte spielen hier sicher eine große Rolle. Pierre braucht mehr äußere Sicherheit, ihm fehlt verlässliche innere Beziehungserfahrung und -gewissheit. Vor kurzem ist seine Großmutter gestorben – eine Frau, die auf mich einen warmherzigen Eindruck gemacht hatte. Ist das die tote Schlange? Während George im Schlangenspiel seinen Bruder auf der ödipalen Ebene »kastriert«, hat für Pierre dieses Spiel möglicherweise eine ganz andere symbolische Bedeutung. Vielleicht bringt er ein Verlusterlebnis zum Ausdruck, das er noch nicht verarbeitet hat. Etwas ist »kaputtgegangen«, und Pierre bittet mich um »Reparatur« (in der Szene mit der Armbanduhr). Auch das könnte man als Reaktion auf die genitale Verstümmelung durch den Bruder verstehen, aber eben auch ganz anders. »Der

Mond schläft« – so wie die Oma »schläft«? Jedenfalls kommt Pierre mit seinen Bedürfnissen bei uns nicht an und verlässt das Zimmer.

Auch in seinem Lieblingsfilm »Bambi« geht es um einen traumatischen Verlust. Während Pierre in der Realität einen verlässlichen Vater entbehren muss, ist es im Film die Mutter, die stirbt. Bambi lebt mit dem Vater. Pierres aufgeregtes »Da ist der Papa« könnte man als heftige Sehnsucht des kleinen Jungen verstehen, einen Papa zu haben, zu dem man genügend Vertrauen hat, um mit ihm zuweilen die mütterliche Welt zu verlassen. Auch die Bewältigung von Aggressionen gegenüber der Mutter wäre dann leichter möglich. Doch stattdessen ist der Vater selbst aggressiv und gefährlich.

In diesem Sinne möchte ich ödipale Themen, die im Test auftauchen, nicht in erster Linie als Rivalität mit dem Vater deuten, sondern als Besorgnis um die Mutter. Was passiert, wenn die sich mit einem Mann zusammentut? Wenn der Vater als bedrohlich erlebt wird (immerhin hat er Melanie häufig geschlagen), dann könnte auch ein anderer Mann die Mutter beschädigen. Pierre hat wohl vor allem Angst, die Mutter zu verlieren.

Zusammenfassung:

Zum Zeitpunkt der Untersuchung ist Pierre noch nicht ganz drei Jahre alt. Nach einem psychoanalytischen Entwicklungsmodell[33] befindet er sich in einer vergleichsweise stabilen Entwicklungsphase, während derer sich Selbst- und Objektrepräsentanzen im Anschluss an frühe Triangulierung und Wiederannäherungskrise (vgl. Kap. 3) festigen können. Das Kind sollte zu diesem Zeitpunkt das Alleinsein bereits besser ertragen, da eine innere Objektkonstanz erlangt wurde – eine Gewissheit darüber, dass das Liebesobjekt nicht verloren geht, auch wenn es äußerlich abwesend ist. Im Hinblick auf Letzteres scheint Pierre Schwierigkeiten zu haben. Er kann sich nur dann gut von der Mutter trennen, wenn er sie in jederzeit erreichbarer Nähe weiß. Dies deutet auf Probleme im Bereich der frühen Triangulierung hin. Das Mutterbild erscheint durchaus ambivalent, doch die Vaterrepräsentanz ist angstbesetzt und wird einseitig bedrohlich erlebt. Pierre kann nicht so wie sein Bruder spielerisch vom mütterlichen zum väterlichen Objekt wechseln und auf diese Weise mit Konflikten umgehen. Sein diesbezügliches Defizit erscheint aber nicht allzu stark ausgeprägt,

33 Vgl. dazu Mahler et al. 1982.

denn er kann durchaus Aggressionen artikulieren und insbesondere im Spiel bewältigen. Möglicherweise ist die Entwicklung der Objektbeziehungen lediglich etwas verzögert, was bei einem frühgeborenen und durch Krankheiten im Kleinkindalter belasteten Kind nicht verwundern sollte. Es ist zum gegenwärtigen Zeitpunkt nicht abschätzbar, in welcher Weise sich die problematischen Aspekte von Pierres innerer Objektwelt (starke Bindung an eine nicht immer hinreichend fürsorgliche Mutter und ängstliches Vermeiden von Kontakt mit dem Vater) zukünftig auswirken werden. In kognitiver Hinsicht erscheint Pierre unauffällig, wenn auch etwas schwerfälliger und weniger beweglich als der größere Bruder.

10 Geschlechtsidentität und Entwicklung der Sexualität

Die Entwicklung geschlechtstypischer Einstellungen und Verhaltensweisen stand und steht ganz oben auf der Liste untersuchter Merkmale bei vaterlosen Söhnen. Dahinter steht unter anderem die Befürchtung, vaterlose Jungen könnten »verweiblichen«, wenn sie allein mit der Mutter aufwachsen. Die besorgte Alleinerziehende, deren kleiner Sohn sich mehr für Barbiepuppen und deren modische Ausstattung interessiert als für LKWs und Feuerwehrfahrzeuge; der Grundschullehrer, der beunruhigt beobachtet, dass ein vaterloser Schüler sich in der Pause ausschließlich mit Mädchen abgibt, oder der Psychotherapeut, dessen kleiner Klient nach der spannungsreichen Trennung und Scheidung seiner Eltern äußert, er wäre lieber ein Mädchen – sie alle sind nicht nur Träger, sondern auch *Vermittler* gesellschaftlicher und kultureller Konzepte von »Männlichkeit« und »Weiblichkeit«. Und sie alle reagieren mit Besorgnis und Unbehagen (Mütter oft auch mit Schuldgefühlen), wenn ein vaterloser Junge sich zeitweise oder dauerhafter nicht wie ein »richtiger Junge« verhält.

Entsprechende Untersuchungen und Beobachtungen an vaterlos aufwachsenden Jungen sind jedoch keineswegs eindeutig und können eine generelle Tendenz zu einem *Mangel an Männlichkeit* nicht bestätigen. Es gibt vaterlose Jungen, die zeitweise ein übertrieben wirkendes, aggressives männliches Rollenverhalten zeigen, ebenso wie solche, die stärker zu »feminin« geprägten Verhaltensäußerungen neigen. Beides kann für eine gewisse Verunsicherung im Bereich der Geschlechtsrollenidentität sprechen. Aber natürlich gibt es auch zahllose vaterlose Jungen, die in ihrem Geschlechtsrollenverhalten vollkommen unauffällig wirken.

Dennoch macht es durchaus einen Sinn, das Aufwachsen ohne Vater und die Entwicklung von Geschlechtsidentität und Sexualität in einen Zusammenhang zu setzen und differenzierter zu betrachten. Es ist allerdings wenig hilfreich, allzu simple kausale Zusammenhänge nach dem Muster »Vaterlosigkeit verursacht einen Mangel an Männlichkeit« zu postulieren, denn die Entwicklung geschlechtsspezifischer Erlebens- und Verhaltensweisen ist ein hochkomplexes Geschehen, das von vielfältigen Faktoren beeinflusst wird (vgl. dazu Mertens 1992 und 1994). Eine der wichtigeren dieser Einflussgrößen ist die Anwesenheit und Verfügbarkeit männlicher Bezugspersonen, die dem heranwachsenden Jungen als Vorbilder oder Modelle für »Männlichkeit« dienen können. Diesbezüglich ist also ein vaterloser Junge, der in seiner näheren Alltagsumgebung überwiegend oder ausschließlich mit Frauen zu tun hat (Mutter, Oma, Kindergärtnerin, Grundschullehrerin usw.) einem größeren Mangel ausgesetzt als ein anderer, dem an ihm interessierte und engagierte Männer in verlässlichem Ausmaß als positive Identifikationsfiguren zur Verfügung stehen. Darüber hinaus ist es von entscheidender Bedeutung, welche Einstellung zur Männlichkeit im Allgemeinen und zu der ihres Sohnes im Besonderen die alleinerziehende Mutter dem Jungen mit auf den Weg gibt. Radikalfeministische Mütter, die ihren Jungen von klein auf zu verstehen geben, dass jede Form von »Machogehabe« verabscheuenswert ist, machen es ihren Söhnen sicher schwerer, sich als Jungen wohlzufühlen, als solche Mütter, die eine liebevollere und wertschätzendere Haltung gegenüber männlichen Eigenarten hegen.

Sicher kann man generell sagen, dass vaterlose Jungen es in der Regel nicht leichter, sondern schwerer haben, im Hinblick auf ihre Geschlechtsrolle Sicherheit zu gewinnen. Dies gilt für Jungen, die von *früher* Vaterabwesenheit betroffen sind, häufiger und in stärkerem Ausmaß als für solche, die erst später ohne Vater aufwachsen (Hetherington und Deur 1971, Jones 1975). Eine ganze Anzahl psychologischer Untersuchungsbefunde legt jedoch nahe, dass vaterlose Jungen in ihrem Geschlechtsrollenkonzept zwar weniger eindeutig männlich sind, dies jedoch nicht verbunden ist mit einer »Verweiblichung«; die Jungen zeigen vielmehr häufig eine große Anzahl »männlicher« *und* »weiblicher« Züge. Das heißt, das Spektrum ihres Geschlechtsrollenkonzepts hat sich in Richtung »Androgynität« *erweitert.* Wir sollten Männlichkeit und Weiblichkeit nicht als einander ausschließend verstehen, da es sich nicht etwa um entgegengesetzte Ausprägungen eines Persönlichkeitsmerkmals handelt, sondern um zwei verschiedene, voneinander unabhängige Merkmale. Ein einzelner Mensch kann also im Hinblick auf sein Geschlechtsrollenverhalten nicht nur männlich *oder* weiblich sein, sondern männlich *und* weiblich zugleich. Es fällt uns offenbar schwer, diese Vorstellung in unseren gesellschaftlich vermittelten Konzepten von Geschlechtlichkeit auch nur zu *denken.*

Im Hinblick auf die sexuelle Entwicklung des vaterlosen Jungen spielt es eine große Rolle, wie die Mutter ihre eigene Sexualität lebt und erlebt. Manche Frauen bleiben nach einer enttäuschenden Trennung oder dem Tod ihres Partners dauerhaft alleinstehend. Einige von ihnen suchen dennoch weiterhin den sexuellen Kontakt zu Männern, während bei anderen dieser Lebensbereich ganz verkümmert. Das war früher sicher häufiger als heute, wovon die Gespräche mit meinen erwachsenen vaterlosen Gesprächspartnern Zeugnis ablegen. In diesem Fall müssen die Söhne häufig auch in körperlicher Hinsicht der Mutter die sonst entbehrte Nähe, Geborgenheit und Wärme ersetzen, was – auch ohne jede Spur sexuellen Missbrauchs – einen erheblichen negativen Einfluss auf die sich entwickelnde Sexualität des heranwachsenden Jungen haben kann. Viele Mütter vaterloser Söhne gehen wieder feste Partnerschaften ein. Wenngleich das zu familiären Spannungen und Eifersuchtsreaktionen beim Jungen führen kann, ist diese Konstellation hinsichtlich der Entwicklung von Geschlechtsidentität und Sexualität in der Regel die entlastendere für den Sohn, da er nicht so leicht Gefahr läuft, Partnerersatz der Mutter zu werden.

Bei vermeintlichen oder tatsächlichen gravierenden Irritationen der Geschlechtsidentität sind in jedem Fall die Lebensumstände des betroffenen vaterlosen Jungen einer genaueren Betrachtung zu unterziehen. Im Folgenden möchte ich exemplarisch zwei Untersuchungen über (eher selten auftretende) gravierendere Störungen der Geschlechtsidentität bzw. der sexuellen Entwicklung bei vaterlosen Jungen und Männern vorstellen, da sie differenzierte Erklärungsmodelle für das Auftreten solcher Störungen anbieten.

In einer Sammlung von drei klinischen Fällen berichtet der amerikanische Psychotherapeut Sack (1985) über Störungen der Geschlechtsidentität bei Jungen im Alter von vier bis sieben Jahren in der Folge einer Scheidung der Eltern unter aggressiven Umständen, jeweils gefolgt von Auseinandersetzungen um Sorgerecht und Besuchsregelungen. Alle drei Jungen lebten nach der Trennung der Eltern bei ihren Müttern, die aufgrund der Trennung feindselige und ablehnende Gefühle gegenüber ihren Ex-Partnern hegten. Die Jungen entwickelten Symptome und Verhaltensweisen, die auf eine Störung in der Entwicklung der Geschlechtsidentität hinwiesen: Sie zogen Kleidungsstücke der Mutter an, imitierten weibliche Gesten und Stimmlage, suchten entweder gar keine Spielkontakte mehr oder nur noch solche mit gleichaltrigen Mädchen und äußerten zeitweise explizit den Wunsch, ein Mädchen zu sein. Sack greift zurück auf psychoanalytische Theorien von Stoller (1975) und Green (1980), die davon ausgehen, dass derartige Störungen aus einer extremen, exzessiven und verlängerten körperlichen und emotionalen Nähe zwischen Kleinkind und Mutter und einer relativ häufigen Abwesenheit des Vaters während der ersten Lebensjahre hervorgehen. Er betrachtet die Entwicklung femininer Verhaltensweisen bei den betroffenen Jungen als Rückfall in eine frühe *Identifikation mit der Mutter* zum Zwecke der Abwehr heftiger Aggressionen ihr gegenüber. Es lässt sich vermuten, dass bereits in der Zeit vor der Scheidung frühe Entwicklungsaufgaben nur ungenügend gelöst werden konnten, und dass die aggressive Trennung und Scheidung der Eltern mit teilweisem oder vollständigem Verlust des Vaters den Jungen in der Folge nicht erlaubt, auf sichere Weise eine teilweise Abwendung von der Mutter und stärkere Identifikation mit dem Vater bzw. der männlichen Geschlechtsrolle zu vollziehen.

So einleuchtend dieses theoretische Verständnis im Hinblick auf die geschilderte Problematik ist, so sehr imponiert Sacks therapeutischer Ansatz im Gegensatz dazu durch einen erschreckenden Mangel an Empathie und Toleranz sowie eine geradezu brutale Vorgehensweise, die mit Psychoanalyse nichts zu tun hat. In Kurztherapien befragte Sack die Jungen auf sehr eindringende Weise zu ihren femininen Verhaltensäußerungen, von denen er nur durch die Mütter (bzw. in einem Fall durch den Vater) wusste. Im therapeutischen Spiel wurden männliche Verhaltensweisen wie körperliche Aggression nach grob verhaltenstherapeutischer Manier belohnt und verstärkt, während jeder Ansatz von weiblichem Fühlen oder Verhalten ebenso systematisch ignoriert oder bestraft wurde. Ohne derartige Geschlechtsstereotypen kritisch zu reflektieren, berichtet Sack erfreut, wie der angesichts der »Verweiblichung« seines Sohnes entsetzte Vater eines der drei Jungen vor Gericht das Sorgerecht erkämpfte, seinen Sohn in einen Karateverein steckte und sein Interesse am Spiel mit Mädchen systematisch unterband. Die allein zurückgebliebene und derart besiegte Mutter beging Selbstmord, und der Therapeut vermerkt befriedigt, dass der Junge darüber keine übermäßige Trauer zeigt. – An diesem Beispiel wird deutlich, wie psychoanalytische Konzepte zur Entwicklung der Geschlechtsidentität missbraucht werden können, um eine rigide Übernahme einseitiger Geschlechtsstereotypen unter Ausübung schierer (hier: männlicher!) Macht in der Psychotherapie zu bewerkstelligen.

Sehr viel feinfühliger und mit einem differenzierten Verständnis des therapeutischen Geschehens berichtet Mancia (1993) über die Psychoanalyse eines homosexuellen Mannes, der unter vielfältigen Perversionen litt. Der Patient war ein uneheliches Einzelkind, dessen Mutter von ihrem Partner verlassen wurde, unmittelbar nachdem sie schwanger geworden war. Im Gegensatz zu Autoren, die ausschließlich auf die Rolle der Mutter-Kind-Beziehung bei der Entstehung der Perversionen hinweisen, betont Mancia den *Einfluss der elterlichen Beziehung*, der (Nicht-)Verfügbarkeit des Vaters sowie der Bedeutung der inneren *Einstellung der Mutter gegenüber dem Vater* ihres Sohnes: Ist er in ihr repräsentiert als ein anwesendes, kooperatives und sorgendes Objekt mit der Fähigkeit zu lieben oder als ein physisch wie emotional abwesendes Objekt oder gar als ein sadistisches, unverlässliches und unverantwortliches Objekt gegenüber dem Mutter-Kind-Paar? In Übereinstimmung mit neueren psychoanalytischen Beiträgen zur Perversion vermutet Mancia, dass aufgrund der väterlichen Nicht-Verfügbarkeit, der negativen elterlichen Beziehung und der ausschließlich »bösen« inneren Repräsentanz vom Partner in der Mutter eine frühe Einführung des Vaters als Drittem bereits verhindert wird, weshalb es zu einer normalen Entwicklung gar nicht erst kommen kann.[34] Die Mutter-Sohn-Beziehung wird in solchen Fällen zur Fusion, zur exklusiven Symbiose. Die Erfahrung mit manifest Perversen (die zu einem ganz überwiegenden Teil Männer sind) enthüllt laut Mancia, dass das Gegenstück einer Mutter der Fusion und Symbiose ein abwesender oder toter Vater ist. Nicht zu bewältigende Trennungsängste führen beim Sohn zu einer narzisstischen Persönlichkeitsorganisation, die den normalen Loslösungs- und Individuationsprozess verhindert und primitive Abwehrmechanismen verfestigt. Das spätere manifest perverse Sexualverhalten des erwachsenen (hetero- oder homosexuellen) Mannes ist lediglich Ausdruck dieser schwerwiegenden Persönlichkeitsstörung.

An diesen Beispielen sollte deutlich werden, dass solche gravierenden und behandlungsbedürftigen Störungen im Bereich von Sexualität und Geschlechtsidentität keinesfalls durch Vaterlosigkeit allein verursacht werden. Ich möchte nun meinen Gesprächspartner Peter vorstellen, dessen Lebensgeschichte ohne Vater zu einer sehr viel milderen Form der Verunsicherung seiner sexuellen Identität als Mann geführt hat, mit der Peter sich auf seine Weise arrangiert hat.

Peter (49 Jahre): Eine Nische in Neapel

Peter wurde in der Nachkriegszeit als zweiter Sohn einer deutschen Arzttochter und eines aus Italien geflohenen Südländers unbekannter Abstammung (Balkan) geboren. Sein Bruder ist ein Jahr älter als er. Die Eltern waren verheiratet, doch zum Zeitpunkt seiner Geburt bereits getrennt. Später wurde die Ehe geschieden. Die Mutter lebte mit beiden Söhnen im großbürgerlichen Haushalt ihrer Eltern. Als Peter vier Jahre alt war, wurde der Vater aus Deutschland ausgewiesen und lebte fortan in Süditalien. Während seiner Kindheit hat Peter nie etwas von ihm gehört oder gesehen. Die Mutter ging keine weitere Partnerschaft ein. Als Peter 15 Jahre alt war, kam der Vater, dessen Einreiseverbot inzwischen abgelaufen war, zu einem kurzen Besuch nach Deutschland. Danach hat Peter ihn erst auf dem Sterbebett wiedergesehen: Als 17-Jähriger fuhr er zusammen mit der Mutter nach Süditalien und besuchte den schwer kranken Vater in

34 Vgl. dazu die Ausführungen zur strukturalen Triade in Kap. 3.

einer Art Heilanstalt. Bei dieser Begegnung hat der Vater erstmals länger mit ihm gesprochen und von sich erzählt. Am Tag der Abreise starb der Vater.

Peter wuchs in der mütterlichen Großfamilie auf dem Lande auf; später als Jugendlicher lebte er allein mit der Mutter in der Großstadt. Er besuchte das Gymnasium und fühlte sich aufgrund seiner Vaterlosigkeit stets als Außenseiter. Nach der Schule machte er eine Lehre in der Gastronomie, zog mit 20 von zu Hause aus und arbeitete als Kellner. In dieser Zeit hatte er Alkoholprobleme und nahm auch zeitweise LSD.

In den folgenden Jahren arbeitete er jeweils eine Zeit lang und ging dann mit dem ersparten Geld auf Reisen, zunächst innerhalb Europas, später nach Indien. Seine erste intime Beziehung hatte er als 23-Jähriger mit einer verheirateten Frau. Diese Beziehung setzte er nach seiner Rückkehr aus Indien zwei Jahre später fort. Danach ging er eine Partnerschaft ein mit der Chefin des Geschäfts, in dem er inzwischen arbeitete. Als diese Beziehung endete, vergingen einige Jahre ohne Partnerschaft. Peter machte sich selbständig, scheiterte mit seinem Unternehmen und hatte die Steuerfahndung auf dem Hals. Er entschloss sich, aus Deutschland wegzugehen. Unmittelbar vorher verliebte er sich in eine Frau, die nach sechs Wochen von ihm schwanger wurde. Das Paar ging gemeinsam auf eine südeuropäische Insel und führte dort ein alternatives Aussteiger-Leben. Drei Jahre nach der ersten wurde eine zweite Tochter geboren. Nach fast neun Jahren Partnerschaft heirateten die beiden. Wenige Wochen später begann die Frau eine außereheliche Beziehung mit einem Einheimischen, woran die Ehe schnell zerbrach. Peter kehrte nach Deutschland zurück, wo er seitdem lebt und arbeitet. Zu seinen Töchtern hat er regelmäßigen Kontakt und sieht sie etwa zweimal jährlich. Er hat sich einer Selbsthilfegruppe für von ihren Kindern getrennt lebende Väter angeschlossen.

Seit kurzem hat Peter eine neue Freundin. Diese Frau hat selbst zwei Kinder, die aber bei ihrem Vater leben. Zurzeit lebt Peter in einer Wohngemeinschaft, möchte aber eventuell mit der neuen Freundin zusammenziehen. Er arbeitet in einem kleinen Geschäft in der Stadt als Lebensmittelverkäufer.

Peter meldet sich telefonisch bei mir. Er hat von meiner Untersuchung im Magazin einer Väter-Initiative gelesen. Seine Stimme ist sympathisch, er klingt sehr viel jünger, als er ist. In Bezug auf sein Alter sagt er, das sei sein Problem. Als ich mir seinen Namen, den ich nicht richtig verstehe, buchstabieren lasse, meint er, es sei ein verunglückter italienischer Name – nicht wirklich italienisch, da falsch geschrieben. Er bezeichnet sich selbst als »klassischen Fall«:

Seine Eltern waren bereits vor seiner Geburt getrennt. Zwar hatte er in den ersten Lebensjahren noch Kontakt zum Vater, dann jedoch nicht mehr. Erst mit 15 lernte er den Vater kennen; dieser sei dann gestorben, als Peter 17 Jahre alt war. Seine Mutter hatte nach der Trennung keine feste Beziehung mehr zu einem Mann. Während des kurzen Telefonats meint Peter plötzlich, mich zu kennen. Er sei derjenige mit den Töchtern auf der Insel B. Ich bin jedoch sicher, ihm noch nie begegnet zu sein.

Bereits in dieser allerersten Szene am Telefon deutet sich ein befremdender Wirrwarr von Orten, Nationalitäten und Identitäten an: Sein Name klingt italienisch, ist es aber »nicht richtig«. Seine Töchter leben auf einer südeuropäischen Insel – was sie wohl dorthin verschlagen hat? Diese verwirrende Fremdheit steht im direkten Kontrast zu Peters Vermutung, wir könnten uns kennen. Unser Kontakt ist unbefangen bis herzlich. Ich erfahre noch, dass Peter außerhalb wohnt, jedoch in der Innenstadt arbeitet. Wir verabreden uns gleich für den nächsten Tag bei mir zu Hause. Lieber würde ich ihn bei sich besuchen, doch da alles so reibungslos klappt, unternehme ich keinen Versuch in dieser Richtung. Dennoch ist mir etwas unwohl, denn es ist das erste Interview in meiner privaten Umgebung. Zum Abschied sagt Peter, er freue sich auf das Gespräch. Mir geht es auch so: Peter kommt »wie gerufen«, da ich mir gerade Sorgen gemacht hatte, wo ich weitere Interviewpartner finden könnte. Er scheint nett und offen zu sein. Nach dem Telefonat habe ich ein regelrechtes Hochgefühl, so als fielen mir die Dinge unerwartet in den Schoß. Zwei entgegengesetzte Gefühle löst der Anruf also in mir aus: Unbehagen und Freude. Aber ich bin so angetan davon, wie unmittelbar Peter auf mich zugeht, wie schnell und leicht ein Treffen zustande kommt, dass ich der Freude nachgebe und das Unbehagen beiseite schiebe.

Zum verabredeten Zeitpunkt ruft er mich in meiner Wohnung an. Er ist in einer Telefonzelle in der Nähe und findet mein Haus nicht. Ich beschreibe ihm noch einmal, wo ich wohne. Wieder erstaunt mich seine extrem jugendliche Stimme – ich hätte ihn zwischen 20 und 30 eingestuft und frage mich sogar, ob ich mich am Vortag bezüglich des Alters verhört habe. Inzwischen habe ich Kaffee und schwarzen Tee gekocht, draußen ist es kalt und ungemütlich. Als Peter kommt, sehe ich ihn bereits vom Fenster aus – auch seine Kleidung und Erscheinung sind jungenhaft. Als er schließlich vor meiner Wohnungstür steht, erblicke ich eine interessante Mischung aus jungenhaftem Körper, jugendlichem Outfit und altem Gesicht. Er ist ausgesprochen klein und eher zart, trägt einen bunten Teenie-Anorak und Jeans und hat einen kleinen Rucksack dabei. Diese auffallende Diskrepanz – fast könnte man sagen Disharmonie – erzeugt in mir wiederum ein Gefühl der Fremdheit und beschäftigt mich immer wieder während des Gesprächs und danach: Wie kommt es, dass Peters Stimme so ausgesprochen jung klingt, dass er am Telefon bereits auf das »Problem Alter« hinweist und dass an seiner Erscheinung eine fast gespenstische Spaltung zwischen jugendlicher Kleidung, jungenhaftem Körper und altem Gesicht imponiert?

In der Forschungsgruppe gab es dazu zwei zentrale Phantasien: Zuerst die des »umgekehrten Vampirs«. Vampire seien ja uralt, wirkten aber ausgesprochen attraktiv und erotisch (»verrucht«), was bei Peter so gar nicht der Fall sei. Insbesondere die Frauen in der Gruppe äußern Ablehnung; sie möchten Peter nicht in ihrem Bett haben! Die zweite Phantasie rankt sich um den mordenden Zwerg aus dem Film »Wenn die Gondeln Trauer tragen«. Dieser Zwerg trug ein Kinder-Regenmäntelchen und wurde von einem seiner Opfer für dessen kleine Tochter gehalten. Doch sein Gesicht war uralt und runzlig, und er tötete seine Opfer mit einem Messer. – Beide Einfälle deuten neben der gruseligen Nähe zu Tod und Verbrechen (dazu später mehr) auf einen zentralen Mangel bei Peter hin: Was ihm zu fehlen scheint, sind die Jahrzehnte erwachsener Männlichkeit zwischen Jugend und beginnendem Alter. Er »verkörpert« beide Extreme, doch die Mitte dazwischen fehlt, was die Frauen in unserer Gruppe eher abstößt. Bei seinem Vater war das wohl ganz ähnlich: Viel später im Gespräch berichtet Peter, sein Vater habe wie ein Zwanzigjähriger ausgesehen, als die Mutter ihn kennenlernte. Doch stellte sich heraus, dass er schon weit über dreißig war. Knapp 20 Jahre danach, bei seinem Deutschland-Besuch, wirkte der Vater dann wie ein alter, gebrochener Mann (s. u.).

Ich bitte Peter herein, biete ihm meinen gemütlichsten Stuhl und ein heißes Getränk an und schalte schließlich das Tonband ein. Als Erstes erzählt Peter, er habe seinen Vater gar nicht bewusst kennengelernt und wahrgenommen, obwohl er ihn gekannt habe. In seiner Kindheit habe er ihn letztmals zwischen seinem zweiten und vierten Lebensjahr gesehen (genauer weiß er es nicht mehr), danach sei der Vater abgeschoben worden. Ich bin über diese Information erstaunt und frage, ob der Vater doch Italiener gewesen sei.

> Ja. Italienischer Staatsbürger. Und er hat auch Einreiseverbot nach Deutschland bekommen, und, ehm, dann nach 13 Jahren war das abgelaufen, und da is er wieder… eingereist, hat dann meine Mutter besucht und auch uns… Und, ehm, ja, ich konnt mich mit ihm nicht verständigen, also er hat Italienisch gesprochen – das hab ich nicht gelernt. Und… ehm, ein Englisch mit ganz starkem amerikanischem Akzent… Also, sozusagen Slang, Slang war das für mich. Und, ehm, also ich konnt mich auch auf Englisch nich mit ihm verständigen.

Hier verdichtet sich bereits in den ersten Äußerungen über den Vater das Thema der Fremdheit, das ja für mich bei Peter von Anfang an so bestimmend geworden war. Peter hat seinen Vater nicht bewusst kennengelernt, er konnte sich mit ihm nicht verständigen, sie hatten keine gemeinsame Sprache. Auch scheint der Vater bei der Wiedereinreise nach Deutschland vor allem die Mutter besucht zu haben; zu den Söhnen gab es keine wirkliche Verbindung. Bei der Anekdote vom amerikanischen Slang des Vaters entstehen in mir Bilder von Slums, Armut und einem primitiven Leben, zu dem der Sohn als Gymnasiast und in gutbürgerlicher deutscher Arztfamilie aufwachsend keinen Zugang hatte.

Ein gebrochener Greis

Sofort als Nächstes kommt Peter auf den Tod des Vaters zu sprechen, um den sich merkwürdige Phantasien ranken. Der Vater habe »angekündigt«, dass er stirbt, so dass Ex-Frau und Sohn rechtzeitig nach Süditalien reisen konnten. Auf meine Frage, was er denn gehabt hätte, meint Peter:

> Och, ehm. Also er hatte in dem Sinne… Er hat einfach total abgebaut. Ja, also meine Mutter war auch entsetzt! Der hatte durch die Trennung hat der nie wieder… Boden unter die Füße bekommen. Also er ist halt so… zurück nach Süditalien und hat sich halt irgendwie so durchgeschlagen, wie's da viele machen, is aber eigentlich nie richtig auf die Beine gekommen.

Schuld am Tod des Vaters war also letztlich die Trennung der Eltern. Diese war in der Vorstellung von Peter (und auch in der seiner Mutter?) für den Vater ein Schlag, von dem er sich nie wieder erholt hat. Damit bekommt die elterliche Beziehung in der Phantasie des Sohnes über die Trennung der Eltern hinaus eine ungeheure Bedeutung, sozusagen eine tödliche. Aber auch die süditalienische Umgebung macht Peter für die Misere des Vaters verantwortlich, denn kaum aus Deutschland abgeschoben, wurde dieser schwer krank:

> War dann auch krank, war in 'nem Sanatorium ewig lang, weil er Knochen-Tbc hatte… Hat er sich gleich in Neapel geholt.

Der Vater wurde also nach der Trennung »schwindsüchtig« im mehrfachen Sinne des Wortes: Er war seiner Familie entschwunden, und in Süditalien schwand er dann nach und nach auch gesundheitlich dahin. Peters Beschreibung gipfelt in der Aussage: »Ja, er war einfach 'n gebrochener Greis für mich«.

Diese Äußerung erinnert mich an Peters Gesicht, das schon heute ahnen lässt, wie er als alter Mann einmal aussehen wird. Erst in diesem »gebrochenen« Zustand, unmittelbar vor seinem Tod, hat Peter seinen Vater »wirklich wahrgenommen«. Wie um dieses klägliche Bild zu kompensieren, beeilt sich Peter anzumerken, sein Vater sei in der ärmlichen Krankenanstalt, wo sie ihn besuchten, »einer der wenigen (gewesen), die aufrecht rumgegangen sind. Der also auch voll klar war geistig.« Und zu seiner Überraschung sprach der Vater plötzlich ausgesprochen gut Deutsch und unterhielt sich erstmals mit seinem Sohn. Doch bei dieser ersten und einzigen wirklichen Begegnung ist es geblieben, denn am Tag der Abreise starb der Vater. So verwundert es nicht, wenn der Sohn abschließend bemerkt: »Aber ich mein, als Mensch is er mir fremd geblieben.«

So geht es mir auch im Gespräch mit Peter. Obwohl wir relativ lange miteinander sprechen und er mir bereitwillig aus seiner Lebensgeschichte erzählt, bleibt er mir außerordentlich fremd. Das fällt mir immer dann besonders auf, wenn wir miteinander schweigen, was öfter vorkommt. Wenn er lacht, was selten geschieht, denke ich mehrmals spontan: »So muss auch sein Vater ausgesehen haben: sehr fremdländisch und irgendwie anziehend«. Als Nächstes berichtet er, wie er gemeinsam mit der Mutter im vergangenen Jahr nach Neapel reiste, um das Grab des Vaters zu besuchen. Noch einmal betont er die Fremdheit, und es wird auch wieder seine Abneigung gegen Süditalien deutlich:

> Also mein Vater liegt in so 'ner spanischen Kapelle in Neapel, etwas außerhalb, in einer Nische. Das war... In Neapel, da funktioniert nix! War alles abgesperrt, keiner hat den Schlüssel gehabt... Aber auf jeden Fall, ich hatte keinen... keinen Bezug!

Wie sollte er auch einen Bezug gehabt haben? Ihm fehlt der »Schlüssel« zum Vater, auch über dessen Tod hinaus. Ein emotionaler Zugang blieb ihm verwehrt:

> Also, ich konnt' keine Trauer und nix empfinden.

An dieser Stelle kann man sich allerdings fragen, ob die fehlende Trauer allein auf die Fremdheit des Vaters zurückzuführen ist. Eine weitere Möglichkeit bestünde darin, dass Peter seine Gefühle gegenüber dem Vater generell verdrängt hat (s. u.). Später im Gespräch deutet Peter selbst so etwas an:

> Und ich wehr das ab unterdessen, aber trotzdem. Ich spür das einfach. Und ich hab dann so'n Gefühl... hatte ich auch, wie ich meinen Vater damals gesehen habe... – vor'm Sterben – so'n Gefühl, dass er eigentlich... mich *verlassen* hätte.

Freiheit und Abenteuer

Wichtig scheint der Besuch der Grabnische des Vaters vor allem deshalb gewesen zu sein, weil seine Mutter ihm Dinge erzählte, die er vorher so nicht gewusst hat, wodurch sein Bild des Vaters und der elterlichen Beziehung korrigiert wurde. Er war erstaunt über das schlechte Gewissen, das seine Mutter zu empfinden schien. Nach und nach kristallisiert sich im weiteren Verlauf des Gesprächs folgende Geschichte heraus:

Die Großeltern mütterlicherseits waren »Freidenker«. Sie gingen nicht zur Kirche, hegten sozialistische Überzeugungen und hielten sich sozial isoliert. Sie lebten in einem großen Haus in ländlicher Gegend und hatten drei Kinder – Peters Mutter sowie deren Bruder und Schwester. Die Familie hatte einen engen Zusammenhalt und wenig Außenkontakte. Peters Mutter studierte Sprachen, ihre Lieblingssprache war Italienisch. Im Krieg lernte sie während einer Zugfahrt Peters Vater kennen. Die beiden gingen zunächst eine Brieffreundschaft ein:

> Meine Mutter war also auch immens beeindruckt, dass einer, der also seine eigene Sprache nich mal richtig schreiben konnte – mein Vater war nur ein Jahr in der Schule, unter *ärmsten* Verhältnissen – dass der das geschafft hat, nicht in den Krieg zu ziehen. Also, der is einfach abgehauen. Und dann war eben Brieffreundschaft. Und da hat meine Mutter erstmal ihm so'n bisschen die Briefe korrigiert. Weil er eben mit der Orthographie totale Probleme hatte. Für sie war das ein Riesenrespekt, dass so ein einfacher Mann aus *ärmsten* Verhältnissen, dass der das schafft, ehm, dem Krieg zu entkommen.

Der Beginn dieser Liebesgeschichte scheint mir aufschlussreich: Obwohl der südländische Mann ihr an Bildung und sozialem Status weit unterlegen war, war die junge Frau »immens beeindruckt« und hatte einen »Riesenrespekt« vor Peters Vater. Was machte diese Anziehung aus? Die weiteren Erzählungen verdeutlichen, dass es vor allem das Freiheitliche war, was die Mutter faszinierte. Dieser Mann war abenteuerlich und heldenhaft einem Krieg entkommen und lebte selbstbewusst in einer ihm fremden Umgebung. Das machte ihn zu einem möglichen Gehilfen der jungen Frau bei ihrer eigenen herbeigesehnten Flucht – dem Entkommen aus einer zu engen Familie, in der Peters Großmutter das »Kriegsregiment« geführt zu haben scheint. Psychoanalytisch gesprochen handelt es sich also um das Motiv der frühen Triangulierung, um den »Ritter in glänzender Rüstung«, der behilflich ist bei Loslösung und Individuation. Wir wissen bereits, dass diese Rettungsphantasie gescheitert ist; und bei dem gemeinsamen Neapel-Besuch mit dem Sohn bezeichnete die Mutter diese Phantasie als ihre große Lebenslüge. Mit ihrer Heirat hatte sie sich offenbar erstmals aktiv ihrer eigenen Mutter widersetzt, was dem Rest der Familie heimlichen Beifall abnötigte:

> Ja, also das muss zuerst mal – also, meine Mutter hat mir das so erzählt – hat's der Familie unheimlich imponiert, dass meine Mutter ... ehm ... einen Italiener geheiratet hat. Weil, weil ... sie sich damit aufgelehnt hat gegen die Großmutter, vor der sie alle Angst hatten. Also, sie hat ihr 'n totales Kontra gegeben und hat gesagt: »Den heirat ich, das ist mir jetzt scheißegal, was Du sagst!«

Um die Loslösung von der eigenen Mutter zu bewerkstelligen, wäre die junge Frau auch nach Italien gegangen. Doch stattdessen zog das Paar in der Nachkriegszeit in das geräumige Haus der Großeltern, womit heftige Konflikte vorprogrammiert waren und der Traum von der Befreiung durch den fremdländischen Mann platzte:

> Ja, und dann, dann kam halt... Dann mit dem Zusammenleben wurd's halt dann 'ne einzige Katastrophe.

Es lässt sich vermuten, dass Peters Vater im Zusammenhang mit der Heirat seinerseits Rettungsphantasien hatte, die sich allerdings nur schwer mit denen seiner Frau vereinbaren ließen: Er hatte in Deutschland nur eine vorübergehende Aufenthaltserlaubnis, doch durch die Heirat konnte er legal auf Dauer im Land bleiben. Er besaß keine Bildung und kein Vermögen, so dass seine Verbindung mit einer studierten Frau aus gutbürgerlichen Verhältnissen für ihn einen massiven sozialen Aufstieg bedeutet haben muss. Offenbar hatte er gar keine Ambitionen, mit seiner jungen Frau fortzugehen, schon gar nicht in das ärmliche Süditalien, von wo er einst geflohen und wo er selbst nicht wirklich heimisch gewesen war:

> Meine väterliche Linie, die gehört auch zu 'ner Minderheit, die als Zugereiste gelten – so würd' man's hier sagen. Des waren Flüchtlinge aus'm Balkan.

Ein und zwei Jahre nach der Eheschließung wurden die beiden Söhne geboren. Doch zum Zeitpunkt von Peters Geburt war die Ehe bereits zerrüttet, und Peter erzählt in diesem Zusammenhang zu meinem Erstaunen:

> Und, ehm… Da war eben noch das Problem, also, den (Bruder) hat er irgendwie angenommen… (sehr leise) Er hat *mich* aber nicht angenommen. Das kam *obendrein* noch dazu. (Immer noch sehr leise) Echt *übel*, also auch, was da meine Mutter betroffen hat.

Der Vater hielt Peter möglicherweise gar nicht für seinen Sohn, muss also angenommen haben, dass seine Frau fremdgegangen war, was so gar nicht in das Bild passen will, das Peter von seiner Mutter zeichnet. Nach seiner Schilderung war der Vater der erste Mann im Leben seiner Mutter und ist auch bis heute der einzige geblieben. Woher kann also der Verdacht des Vaters rühren? Im Gespräch gibt es dazu keine weitere Aufklärung. Im Forschungsseminar entstand die Phantasie, dass Peters Vater in der symbiotisch und fast inzestuös lebenden Familie seiner Frau niemals einen Platz bekommen hat, und dass Peters Mutter weiterhin nicht nur engstens an ihre eigene Mutter, sondern auch an ihren Vater gebunden blieb, von dem sie möglicherweise unbewusst immer noch die Befreiung von der Mutter erhoffte, die ihr der Ehemann nicht ermöglicht hat. Der Großvater wird von Peter als einzige Person innerhalb der Großfamilie beschrieben, die sich eine gewisse Autonomie und Eigenständigkeit bewahrt hatte:

> Inwieweit der überhaupt 'ne Rolle gespielt hat, mein Großvater. Der hat sich einfach *rausgehalten*. Der hat sich überhaupt aus der Familie rausgehalten und war deswegen – der hat zwar's Geld gegeben – aber der hat sich rausgehalten und war insofern nicht angreifbar. Von meiner Großmutter nicht einsteckbar. Das war eigentlich 'n *Frauenclan*.

Der weitere Verlauf der spannenden Familiengeschichte scheint die oben genannten Vermutungen zu bestätigen: Die Eltern trennten sich. Zunächst zog der Vater in die Stadt und kam hin und wieder »wie ein Onkel« zu Besuch. Doch sobald die Scheidung eingereicht war, betrieben die Großeltern aktiv die Ausweisung des ungeliebten Schwiegersohnes. Als dieser schließlich trotz passiver Widerstandsbemühungen (Hungerstreik) von der Polizei nach Italien abgeschoben wurde, soll er Rache geschworen haben. Der mütterliche Familienclan (das Wort »Clan« sollte die Mutter später selbst einführen) lebte weiterhin zusammen, hatte also ein Auseinanderbrechen der symbiotischen

Beziehungen erfolgreich verhindert und den störenden »Fremdkörper« ausgestoßen. Die Mutter ging arbeiten, während die Söhne von der Großmutter beaufsichtigt und erzogen wurden. Peter hat seine Mutter in Kindheit und Jugend als »sehr depressiv und sehr chaotisch« erlebt.

Er und sein Bruder sind mit einem ängstigenden Vater-Bild aufgewachsen, das ihnen die Großmutter vermittelt hat – dem Bild eines »alten Sacks«, der die beiden Jungen nach Italien entführen wolle, so dass sie Mutter, Oma und den Rest der Familie nie wiedersehen würden. Deswegen wartete die Großmutter nach der Schule schon »mit der Stoppuhr« auf ihre Enkel. Diese durften nur im Garten des großelterlichen Hauses spielen, der von einer hohen Mauer umgeben war. Dadurch hatten sie auch keinerlei Kontakte zu Gleichaltrigen.

Dieses Bild eines bösen, gewalttätigen Vaters wurde von der Mutter erst bei dem Neapel-Besuch im letzten Jahr wirklich korrigiert. Es kam heraus, dass sie niemals Angst vor ihrem Ex-Mann gehabt hat, sondern ausschließlich vor ihrer eigenen Familie. Daher rührt wohl auch ihr schlechtes Gewissen, da sie sich zwar von ihrem Mann hatte trennen wollen, mit den anschließenden Machenschaften ihrer Eltern jedoch nicht einverstanden gewesen war, ohne sich allerdings dagegen zu wehren.

Urszene mit Anstands-Wauwau

Während der nächsten dreizehn Jahre hat Peter seinen Vater nicht mehr gesehen und auch nichts von ihm gehört. Er betont mehrmals, wie sehr er unter seiner Vaterlosigkeit gelitten und sich als Außenseiter gefühlt habe.

> Und es gab *keinen vergleichbaren Fall*, also kein einziges Kind, was überhaupt nicht mal *wusste*, wer sein Vater is. Also, das hat mir schon sehr *zugesetzt*.

In der Grundschulzeit hatte er überhaupt keine Freunde, wohl auch wegen der durch die Großmutter erzwungenen sozialen Isolation. Erst im Gymnasium schloss er sich eng an zwei gleichaltrige Jungen an, die ebenfalls vaterlos waren. Dieses gemeinsame Schicksal hätte sie zusammengeführt, und die Freundschaften hielten über viele Jahre. Zu seinem Bruder hatte Peter von klein auf kein gutes Verhältnis. Der Bruder habe ihn stets bei der Großmutter angeschwärzt, so dass Peter zunehmend in die Rolle des bösen, aufsässigen Jungen geriet, während sein Bruder als brav und gehorsam galt. Dies habe ihn als Kind einmal so jähzornig gemacht, dass er den Bruder mit einem Messer bewarf:

> ... und dann hat man mir diese Szene immer gesagt – und ich kann mich *nicht dran erinnern* – ehm ... Dass ich ein Messer genommen hätt, ein scharfes Messer, und hätt das aus 'ner Entfernung, ehm ... vier Meter Entfernung auf ihn geworfen. Das Messer. Also umgedreht, so richtig, wie man's macht und dann – sscht – auf ihn geworfen.

Nach diesem durchaus erschreckenden Vorfall wurden die Brüder getrennt. Peter blieb weiter in der Obhut der dominanten Großmutter, während der Bruder nun von der unverheirateten Tante betreut wurde, mit der er später als Erwachsener gemeinsam ein Haus kaufte (der Bruder ist bis heute ohne Partnerin), das er immer noch bewohnt und als eine Art Museum für die inzwischen verstorbene Tante hält.

Als Peter 15 Jahre alt war, kündigte sich der Vater zu Besuch an, nachdem er wieder einreisen durfte. Dieser Besuch löste bereits im Vorfeld Panik und heftige Aktivitäten im mütterlichen Familienclan aus. Alle Familienmitglieder wurden von der Großmutter zur Beaufsichtigung der einstigen Eheleute eingeteilt. Bei einer dieser Gelegenheiten musste Peter auf seine Eltern »aufpassen«:

P: Und, die ganze Familie war in heller Aufruhr. Jetzt kommt er, und da ham sie irgendwelche ... Wie soll ich sagen? Die ham halt behauptet, mein Vater hätte meine Mutter hypnotisiert, und so wär überhaupt das alles zustande gekommen.
I: Damals, die Beziehung?
P: Ja, das sei eigentlich 'n böser Mensch, der sie hypnotisiert. Und der kam halt her ... (I: Aha.) und sie ham den *auf Schritt und Tritt* mehr oder minder bewacht. Und meine Großmutter hat die ganze Familie eingeteilt ... ehm, nach dem Motto, ehm ... dass eben immer einer dabei is und das halt kontrolliert.
I: Wo er is und was er macht.
P: Ja ja. Und wie sie zusammen sind und, und und ... Und meine Mutter war fürchterlich nervös und verlegen, und mir war irgendwo schon klar, ehm ... dass da noch was war zwischen beiden.
I: (begreift jetzt erst) *Aufpassen sollten sie auf die beiden* praktisch.
P: Ja. (beide reden aufgeregt gleichzeitig)
I: Und die ...
P: Also, auf meine Mutter, dass mein *böser Vater* ihr nix tut also.
I: ... Großeltern wollten halt nicht, dass ... Ja, oder ... oder sie zurückgewinnt vielleicht auch?

P: Ja. (I: mh.) Ja, sie hatten eben Befürchtungen. (I: ja.) Also, weil meine Mutter, die war… Naja, also ich mein, sie wusste schon… Also, der hat also ’n Bild dann geschickt kurz vorher, da wusste sie eben, dass er… alt geworden war und es ihm schlecht ging. Und, ehm… Na ja, okay… (räuspert sich). Ich hab halt dann… das gesehen, und hab ich g’sagt: »Ja, okay. Ich hab nichts gesehen, nichts gehört, mich interessiert das nicht.« Hab also meine Stones und Beatlesschallplatten an… (lacht laut), und… meine Eltern, die ham halt miteinander geschlafen…

I: (laut) Während Sie dabei waren?

P: Ja, im Nebenzimmer. (I: ja, mh.) Und, ehm, danach is meine Mutter… Also, hat noch mal gesagt, dass ich auf keinen Fall was sagen soll. Ich hab gesagt: »Ja, klar.« (I: ehm.) Und da war so ’n bisschen plötzlich ’ne *Verbindung* da. Wir ham uns also verschworen.

I: Mh. Zu dritt praktisch. Mh. Ihr Vater…

P: Ja! Und mein Vater, der war ja für mich ’n *Fremder*. Aber, sagen wir mal, es kam ein total enger Kontakt zustande. Zwischen meiner Mutter und mir.

In dieser Geschichte, die mir eine Schlüsselszene in Peters Leben zu sein scheint, verschränken und verdichten sich präödipale und ödipale Motive. Auf der präödipalen Ebene der frühen Triangulierung scheinen sich im Moment der elterlichen »Wiedervereinigung« sowohl der Traum der Mutter als auch ein wichtiger Entwicklungsschritt des Sohnes zu erfüllen: Der Ehemann und Vater ist zurückgekehrt, und wenigstens für den Moment sind alle der Kontrolle und Vereinnahmung durch die »böse Mutter« (Großmutter) entronnen, was spontan eine intensive Solidarität und Verschworenheit erzeugt. Wie heftig nach wie vor der Wunsch der Mutter nach Befreiung aus dem Familienclan gewesen sein muss, zeigt sich daran, dass sie nach dieser Begegnung felsenfest (aber irrtümlich) davon überzeugt war, schwanger zu sein. Doch auch für den Sohn ist etwas Bedeutendes passiert: Die phantasmatische Repräsentanz eines bösen Entführer-Vaters wich dem Bild eines älteren Mannes, der die Mutter offenbar immer noch liebte und der den Sohn keineswegs bedrohte, sondern ihn zum Verbündeten der elterlichen Beziehung gegen die Großmutter machte.

Auf der ödipalen Ebene ist Peter aus dieser Szene gleichzeitig als Verlierer und Sieger hervorgegangen. Einerseits muss es ihn schockiert haben, dass der fremde Vater nach so langer Zeit bei einem einzigen Besuch seine Ex-Frau wieder eroberte. Nicht nur aus der »Urszene« – dem Geschlechtsverkehr der Eltern – blieb er ausgeschlossen. Auch sprachlich gab es eine intensive Verbindung zwischen den Eltern (die Mutter sprach ja fließend Italienisch), während er sich mit dem Vater überhaupt nicht verständigen konnte. Dieser scheint im Übrigen ohnehin nicht an ihm interessiert gewesen zu sein und hatte ihn ja seinerzeit auch als Sohn gar nicht anerkannt. So klingt Peters »Ja, okay. Ich hab nichts gesehen, nichts gehört, mich interessiert das nicht« nach Verdrängung der durchaus heftigen Gefühle, die ihn in dieser Szene bewegt haben müssen. Andererseits hatte er in diesem Geschehen eine ungeheure Macht: Er war der von der Großmutter eingesetzte »Aufpasser« und hätte die Mutter verraten können, wovor diese sich sehr fürchtete. Doch stattdessen nutzte er das gemeinsame Geheimnis für einen »total engen Kontakt« mit der Mutter, von dem nun wiederum der Vater ausgeschlossen war, denn dieser kehrte ja nach dem kurzen Besuch ins süditalienische Exil zurück.

Diese Ereignisse führten in der Folge nun tatsächlich zu einer Loslösung der Mutter aus der eigenen Familie. Doch nicht ihr Ex-Mann, sondern Peter übernahm dabei die Funktion des rettenden Dritten. Nachdem die Mutter ihm ihre Schwangerschafts-Phantasie und die Angst vor dem Zorn der Großmutter anvertraut hatte, schafften Mutter und Sohn den Absprung in die Großstadt:

> Und dann ham wir beide beschlossen, dass wir uns absetzen. Dass wir uns das nich mehr gefallen lassen vom Clan. Und plötzlich hat meine Mutter von dem Clan gesprochen, der sie immer unterdrückt hat … Und dann hab ich gesagt, wir lassen uns das nicht gefallen, wir beide ziehen nach L. Und ich war ja noch in der Schule … Und ich kümmer mich um das Kind, und sie kann ja dann arbeiten gehen. Und von dem Moment war ein echtes Vertrauensverhältnis da, das vorher nicht da war.

Peter geht also letztlich doch als strahlender Held aus dieser Geschichte hervor – um den Preis einer erschwerten Loslösung von der eigenen Mutter, die ihn ab diesem Zeitpunkt als Partnerersatz missbrauchte. Für diese Loslösung hätte er wiederum die Hilfe des Vaters benötigt, und tatsächlich suchte er den Kontakt zu ihm, indem er einige Brocken Italienisch lernte und dem Vater schrieb. Doch dieser reagierte ablehnend. Er antwortete, der Sohn solle doch lieber eine vernünftige Sprache lernen, und so brach der Kontakt wieder ab:

> Hab ich dann, hab ich zurückgeschrieben und hab paar italienische Worte – plötzlich hatt ich dann Lust, meinen Vater, meine väterliche Linie kennenzulernen … hab dann ’n paar italienische Worte gelernt, hab’s ihm geschrieben. Und dann hat er mehr oder minder zurückgeschrieben, ich

> soll doch lieber gescheit Englisch lernen oder sonst eine Sprache, aber bloß nicht Italienisch, weil… Weil's er nich will, dass wir nach Italien kommen.

Der Vater scheint also nicht wirklich an einer Zusammenführung der Familie interessiert gewesen zu sein. Im Forschungsseminar vermuteten wir, dass er sich des ärmlichen Lebens schämte, das er als Fremdenführer in Süditalien führte – in einer Umgebung, aus der er einst voller Hoffnung geflohen war und wo er nun seinem Tod entgegensah.

Im Gespräch erzählt Peter diese ganze Geschichte keineswegs chronologisch. Immer wieder vermischen sich die Geschichte der elterlichen Ehe und die seiner eigenen. Sie wechseln einander ständig ab, und schon allein dadurch treten zahlreiche Übereinstimmungen und Wiederholungen sehr deutlich hervor.

Weitere Dreiecke

Um der Kürze willen sei hier zunächst der Fortgang der Familiengeschichte knapp zusammengefasst: Mutter und Sohn blieben nicht lang allein – der Bruder der Mutter »nistete sich ein«, nachdem er offenbar mit einem eigenen Lebensentwurf gescheitert war. Er zog mit in die Stadtwohnung und vereinnahmte nun seinerseits Peters Mutter, wogegen diese sich wiederum nicht wehren konnte. Peter ging zunehmend eigene Wege. Er machte seine Ausbildung in der Gastronomie und zog mit 20 Jahren von zu Hause aus. Es folgte eine chaotische Zeit mit Drogenproblemen, während der die Mutter sich große Sorgen um ihn machte.

Vor allem hatte er wohl Schwierigkeiten mit seiner Identität und seinem Selbstwertgefühl als Mann. Mit 23 lernte er eine verheiratete Frau kennen, die seine erste Liebesgefährtin wurde. Dazu bedurfte es einer ausdauernden und aktiven Initiative seitens der Frau, so dass im Seminar der Ausdruck der »Bett-Therapie« aufkam:

> Und ich hab mit 23 Jahren hab ich 'ne Frau kennengelernt, und ehm… Ja, also die Konstruktion bei ihr war ideal. Die war verheiratet seit 14 Jahren. Sie hatte zwei Kinder, und, ehm… Das hat mich *immens*… immens hat das mein Selbstbewusstsein… gehoben. Weil ich hatte vorher den Eindruck, ich kann net mit Frauen. Aber die hat mich irgendwie vom Gegenteil überzeugt. Und, ehm… Also, ganz ehrlich g'sagt… Also, wir waren sechs Wochen im Bett gelegen, ohne dass da viel möglich war. Und die hat das mit unheimlich viel Liebe, hat sie das halt dann… ist sie mit mir umgegangen. Und dann schließlich ging des. Von dem Moment an war ich *offen* für Frauen.

Auffällig an dieser Geschichte ist vor allem die »ideale Konstruktion«: nämlich eine Dreieckskonstellation. Die Partnerin war in festen Händen, was Peter einerseits wieder einmal den ödipalen Triumph ermöglichte (den er weiter unten geradezu genüsslich schildert), ihn aber andererseits nicht der Gefahr aussetzte, eine feste Bindung eingehen zu müssen. Nach wie vor scheint seine Mutter die beherrschende Frau in seinem Leben gewesen zu sein. Die Nähe-Distanz-Bewegungen zwischen ihm und der Mutter in dieser Zeit erinnern stark an die frühkindliche »Wiederannäherungsphase« (siehe drittes Kapitel). Nach dem Einzug des Onkels wandte sich Peter zunächst enttäuscht von der Mutter ab und der Rockmusik und den Drogen zu. Er unternahm die ersten langen Reisen, unter anderem für drei Monate in den nahen Osten.

> Und sie wusste halt, dass ich eben sehr gefährdet war... Und da hab ich eben gesagt, ich fahr jetzt nach Istanbul, schau mir die Stadt an. Da hab ich total Probleme gekriegt – lange Geschichte! – Da ham sie mich in Persien festgehalten. Und da hat sie auch... Also, da hab ich zum ersten Mal gespürt, dass so 'ne empathische Verbindung da war. Weil... sie nichts wusste, aber sie hat regelrecht hat sie... meinen Lebensfaden gespürt. Als ich kam, da hat sie genau auf den Tag und auf die Stunde mir sagen können, wie sie mich abgeschoben haben in die Türkei. In dem Moment wusste sie, dass ich auf dem Rückweg war.

Der »Lebensfaden« scheint wie ein Symbol der Nabelschnur zwischen Mutter und Sohn, die immer noch nicht durchtrennt ist. Als wäre er noch in ihrem Bauch, spürt die Mutter empathisch, wann der Sohn in Lebensgefahr ist und wann nicht mehr. Doch diese symbiotische Seite hat auch ein Gegenstück: die Tausende von Kilometern große Distanz, die Peter zwischen sich und die Mutter legt, immer wieder. Dabei scheint er nicht nur eigene Individuationsschritte vollziehen zu wollen, sondern auch einen heimlichen Auftrag der Mutter zu erfüllen: ihr endlich vorzuleben, wie man das macht – sich lösen, sich entfernen. Es ist als würde die Mutter dadurch selbst freier und eigenständiger:

> Da kam ich wieder zurück, und... ehm. Dann, ja... Da war sie verändert. Noch mehr als ich! Da hat sie sich dann begonnen zu wehren irgendwo gegen meinen Onkel.

Wieder dient hier der Sohn als rettender Dritter. Ein Jahr später tritt Peter seine Reise nach Indien an. Und wieder entsteht in der großen Distanz eine heftige innere Nähe zwischen Mutter und Sohn:

P: Und, ehm... Dann hat meine Mutter... Also, da ist ein *ganz intensiver Kontakt* entstanden. Also, sie hat mir Briefe geschrieben, hat mir viel erzählt aus ihrem Leben... Viel mehr als vorher! Und ich hab ihr halt von meinen Erfahrungen, von meinem Leben dort erzählt. Ich hab also so'n Projekt... wo ich dabei war. Und da hat meine Mutter unheimlich, sagen wir mal, sich *reingefühlt.* Sich sofort 'n Buch gekauft von X. (Guru-Autor?) und hat dann auch nachgelesen... Und, ehm, da kam ich zurück, und da war irgendwo dann einfach... so in zwei Stufen war da einfach... so 'ne *echte Verbindung* entstanden. Also das Vertrauen war durch dieses Erlebnis, wo mein Vater da war. Wo wir uns sozusagen verschworen haben. Aber dann... da gingen unsere Wege doch plötzlich wieder auseinander.

I: Ja, vielleicht ham Sie ja da auch was gelebt, ehm... wonach sie 'ne geheime *Sehnsucht* hatte!?

P: Ja ja, sie hat dann 'ne Riesen-Bewunderung gehabt, und ich kam dann zurück, und sie hat sofort auch gespürt, dass ich *ganz anders* drauf bin. Dass ich irgendwo mein Leben *in der Hand* habe.

Die »Riesen-Bewunderung« erinnert an die Gefühle, die Peters Mutter einst dem fremdländischen Kriegsflüchtling entgegengebracht hat. Der Kreis der Generationen scheint sich hier zu schließen, und ab diesem Zeitpunkt scheint den Beteiligten ein eigenständigeres Leben möglich zu sein:

> Ja, meine Mutter hat – wollte ich noch sagen – die hat in dem Zusammenhang mit Indien hat sie halt dann meinen Onkel, ihren Bruder, rausgeschmissen.

Auch Peter hat nach seinem Indien-Aufenthalt offenbar mehr Boden unter den Füßen. Er hat keine Drogen-Probleme mehr und nimmt nun in Deutschland einen etwas beständigeren Lebenswandel auf. In Liebesdingen bleibt er nach wie vor ein »Softie«, der sich eher passiv verhält und darauf wartet, erobert zu werden, wobei ihm der Zeitgeist der 70er Jahre entgegenkam. Die Dreieckskonstellationen scheinen ihn weiterhin anzuziehen, was an dem erneuten Zusammentreffen mit seiner ersten Geliebten deutlich wird:

> Und ich bin nach zwei Jahren wiedergekommen, und ehm... Also, sie war ja mit einem Typen zusammen, verheiratet. N richtiger *Frauentyp.* Das völlige Gegenstück (unverständlich, irgendwas mit ›sexy‹)... Also, es war so, ich war grad hier, da ruft die mich an. Bin ich zu ihr hin. Da sitzt auch er da,

> so ganz locker irgendwo, Bier eingeschenkt … Das war ja zwei Jahr her! Und dann … hat die mich dermaßen angemacht vor seinen Augen. Hat also eine einzige Kleidershow … Und am Ende kam sie total … im verführerischen Mini daher. Und, ehm … Also, sie hat ihn so *provoziert* (schmunzelnd), und er hat irgendwann … saß er da, kopfschüttelnd … und steht dann auf, wusst nich, was er machen soll, zieht seinen Mantel an, geht zur Tür raus, und die hat mich also wirklich, kaum dass er zur Tür raus war … *hochkarätig* verführt. Und das hat mir so ein *wahnsinniges* Ding gegeben … Push! Ja ja. Und das ist irgendwo so 'ne Sache, die ist mir geblieben. Und von dem Moment an hab ich des Gefühl gehabt: Aha!

Es ist an dieser Stelle schwierig zu beurteilen, ob das männliche Selbstwertgefühl von Peter in erster Linie dadurch gestärkt wurde, dass eine Frau ihn begehrte, oder mehr dadurch, dass er einen anderen Mann (allerdings passiv) besiegte. Ganz ähnlich verhält es sich bei seiner nächsten Liebesbeziehung:

> Und das war dann so 'ne Zeit, da hab ich 'ne feste Beziehung gesucht … Und, ehm … Ja, dann hab ich eben 'ne Firma gegründet. Und das war Teil von einem Projekt, und da hatte ich dann auch wieder ein immenses Erfolgserlebnis. Weil, die Chefin, die das eigentlich aufgebaut hat, die hat sich mit mir eingelassen! Also nicht nur für ne Nacht, sondern wir hatten 'ne richtige Beziehung. Alle haben geguckt … Weil das keiner für möglich gehalten hat.

Doch die Stärkung seiner Männlichkeit durch die Beziehungen zu verheirateten oder vorgesetzten Frauen war nicht anhaltend. Immer wieder sei er in die alte Rolle des ängstlichen, asexuell lebenden Mannes gefallen, und sehr verständig zieht er die Parallele zu seinen Verwandten aus dem mütterlichen Familienclan (Tante, Onkel, Mutter, Bruder), die alle mehr oder weniger durchgängig von einem Beziehungs- und Sexualtabu belegt zu sein schienen. Im Vergleich zu diesen konnte und kann er bis heute immer wieder das Wagnis einer Liebesbeziehung eingehen.

Die Aussteiger

Nach einigen beziehungslosen Jahren ging die Firma, in der Peter arbeitete, pleite. Er bekam massive Probleme mit dem Finanzamt und fasste den Plan, vor diesen Problemen aus Deutschland zu fliehen und auf eine südeuropäische Insel zu gehen. Unmittelbar vorher lernte er Paula, seine spätere Frau, kennen. Sie verliebten sich ineinander, Paula wurde nach wenigen Wochen schwanger und entschloss sich, mit Peter zusammen in den Süden zu ziehen.

Hier verdichten sich gleich mehrere Elemente aus Peters Familiengeschichte in einer auffälligen Wiederholung: Paula wird von Peter als selbstunsichere Frau beschrieben, die noch bei ihren Eltern lebte und offenbar große Probleme hatte, sich aus der Herkunftsfamilie zu lösen. Dies erinnert stark an Peters Mutter. Wie dereinst sein Vater gerät Peter in die Rolle des bösen, bedrohlichen Schwiegersohnes, der die Tochter zu rauben droht. Aber im Gegensatz zur Geschichte seiner Eltern gelingt hier die Flucht. Das Paar bricht alle Zelte in Deutschland ab und baut sich auf der Insel im Süden eine gemeinsame Existenz auf. Wieder hat Peter die Rolle des Befreiers übernommen, die ihm von der Mutter einst übertragen worden war. Dahinter könnte man auch eine zumindest teilweise Identifikation mit dem Vater vermuten. Dieser war dereinst dem Krieg entkommen und in ein fremdes Land gegangen; Peter flieht erfolgreich vor der Steuerfahndung in die Fremde. Auch die Wahl des Fluchtortes – eines südländischen nämlich – könnte mit der mediterranen Herkunft des Vaters zusammenhängen.

Die ersten Jahre auf der Insel scheinen für das Paar gut verlaufen zu sein. Es wurden im Abstand von drei Jahren zwei Töchter geboren. Die wirtschaftliche Existenz sicherte sich das Paar durch den Verkauf verschiedenster Produkte auf öffentlichen Märkten, allerdings waren sie immer nahe am Rande der Pleite. Später mieteten sie von einem Freund eine Finca und bauten selber biologische Lebensmittel an. Peter übernahm dabei mehr die Rolle des Hausmannes, während seine Lebensgefährtin den Verkauf auf den Märkten besorgte. In sozialer Hinsicht waren die beiden misstrauisch beäugte Zugereiste, hatten aber offenbar gute Kontakte zu anderen Alternativen, die ähnlich lebten. Doch durch die Kinder wurde der Anpassungsdruck vonseiten der Einheimischen immer größer. Das Paar war nicht verheiratet, die Kinder nicht getauft – beides für die streng katholische Bevölkerung ein Grund, Anstoß zu nehmen. Als die Kinder in die Schule kamen, wurden sie vom Religionsunterricht ausgeschlossen, worunter sie sehr litten. Schließlich beschloss das Paar, zu heiraten und die Kinder taufen zu lassen, was von der Bevölkerung mit Wohlgefallen aufgenommen wurde.

Diese sozial isolierte Position erinnert sowohl an die mütterliche Herkunftsfamilie (sozialistische Freidenker) als auch an die väterliche (Balkan-Flüchtlinge). Peter kennt die Position des Außenseiters, und er weiß vor allem um das kindliche Leiden daran. Deshalb scheint es auf den ersten Blick wie ein Entwicklungsfortschritt, wenn er sich für seine Kinder entschließt, durch Heirat und Taufe eine stärkere soziale Integration mit der umgebenden Gemeinschaft anzustreben. Doch dieser Schritt war der Anfang vom Ende des gemeinsamen Lebens.

Der äußere Anlass für das Scheitern der Beziehung war die Tatsache, dass seine Frau kurz nach der Hochzeit eine intime Beziehung zu einem Einheimischen einging, der noch dazu ein guter Freund von Peter war. Dies war für Peter nicht nur ein innerseelischer Affront, musste er doch nun einmal die Verliererseite innerhalb einer Dreieckskonstellation schmerzlich erfahren. Auch äußerlich geriet er sehr stark unter Druck. Denn in den Augen der einheimischen Bevölkerung und auch seiner eigenen Kinder (die ja dort geboren und aufgewachsen sind) geriet er in die Rolle des gehörnten Versagers, der sein Gesicht verloren hat, wofür es in dieser Umgebung nur eine einzige adäquate Antwort gibt: die Messerstecherei, ein Massaker. Peter wird an dieser Stelle des Gesprächs sehr vage, doch zwischen den Zeilen wird deutlich, dass er gar nicht so weit davon entfernt gewesen sein kann, zum Gewalttäter zu werden. Seine Frau muss jedenfalls hastig und in panischer Angst die Finca verlassen und bei anderen Frauen Zuflucht gesucht haben, wobei sie die Kinder zurückließ.

> Und sie hatte tatsächlich Angst, weil ich plötzlich unberechenbar geworden war. Also, ich hab des gespürt, also ich hab so … das Gefühl, als erstes … ham die schon gewartet die Leute – das kommt auch noch dazu –, dass ich mir das gefallen lass. Und ich hab des gespürt, dass die von mir erwarten, dass ich 'n Messer zieh. Gegen sie. Dass ich sie zumindestens verstümmele und das Gesicht zerschneide, und so … Und das hab ich auch gespürt, das war wie so'n Dämon, der das von mir verlangt. Das kam natürlich auch noch dazu. Und, ehm … Ja, wie soll ich sagen? Also, es wär fast schiefgegangen, fast!

Seine Frau schaltete Polizei und Behörden ein, erwirkte eine 48-Stunden-Notfalltrennung, und Peter musste die Finca verlassen. Die Kinder wurden seiner Frau zugesprochen, wenn auch zunächst vorübergehend. Wirtschaftlich war er mit dieser Trennung ebenfalls am Ende, da sowohl die Geschäftslizenz als auch das gemeinsame Auto auf den Namen seiner Frau angemeldet waren. Er versuchte zunächst in einem anderen Teil der Insel wieder Fuß zu fassen, was jedoch nicht gelang. Schließlich kaufte er sich vom letzten Geld ein Ticket nach Deutschland und brach zunächst den Kontakt zu Frau und Kindern ab. Erst nachdem er sich hier einer Väter-Initiative angeschlossen hatte, nahm er die Verbindung wieder auf. Er lebt inzwischen seit vier Jahren in Deutschland, hat aber regelmäßigen Kontakt zu seinen Töchtern, die er etwa zweimal jährlich sieht.

Diese Beziehungsgeschichte und vor allem ihr abruptes Ende hinterlassen viele Ungereimtheiten. Es ist schwer nachvollziehbar, dass eine Trennung nach neun Jahren gemeinsamen Lebens so blitzartig und wie aus heiterem Himmel erfolgt. Doch auch bei genauerem Nachfragen bleibt Peter an dieser Stelle vage. Immerhin wird deutlich, dass beide Partner Probleme mit der Sexualität und ihrem jeweiligen Selbstwertgefühl als Mann bzw. Frau hatten. Peter sagt über seine Frau:

> Also, ich seh schon das Problem. Also meine Ex-Frau, die hatte halt Komplexe. Sie hat sich selber als nicht hübsch genug empfunden, begehrenswert genug. Sie hatte darunter gelitten, dass sie zu kleine Brüste hat. Sie ist ne total kräftige Frau, sie kommt vom Land. Wenn Sie sich vorstellen, wie eine Bauersfrau. Kräftig, aber dass sie zu kleine Brüste hätte. Und, ehm, deswegen auf die Männer, die sie will, nicht wirkt. Und dort plötzlich, als blonde Frau, war sie halt total begehrt. Das war 'ne gefährliche… 'n gefährlicher Reiz. Über Jahre hinweg. Und, ehm… Ja, dann irgendwo wurde das Leben halt einfach… Alltag. So, jetzt nicht, dass nix mehr war, also es wurd irgendwie langweilig. Für sie… dafür, dass eigentlich 'ne ganze Menge Männer sie begehren. Und irgendwann ist sie halt einfach irgendwie schwach geworden. Das ist zum Ausbruch gekommen.

Gerade die Selbstunsicherheit war es wohl gewesen, die Peter an Paula angezogen hatte. Er konnte ihr »Retter« sein, und zwar sowohl in präödipaler Hinsicht (Loslösung von den Eltern) als auch in sexueller, wie man allmählich erahnt. Er, der ja stets die Initiative starker, älterer und sexuell selbstbewusster Frauen benötigt hatte, um sich auf eine sexuelle Begegnung einzulassen, fand in Paula erstmals eine Partnerin, die er erobern konnte, die in erotischer Hinsicht unsicher war, die nicht an ihre Ausstrahlung als Frau glaubte. Über sich selbst bemerkt Peter in diesem Zusammenhang:

> Also, das eine, wie ich's mir jetzt vorstell, das ist im Laufe der Jahre halt einfach abgelaufen. Das wär ja andersrum auch der Fall gewesen sehr wahrscheinlich, wenn… 'ne Möglichkeit gewesen wäre, dass ich da mich mit 'ner Frau einlasse. Das ging ja nich. Da kriegst du ja gleich ein Messer an die Kehle!

Hier wird deutlich, dass Peter nicht nur Opfer ist, sondern durchaus nicht ungern selber »Täter« geworden wäre. Doch die vermeintliche äußere Gefahr hielt ihn davon ab, sich sexuell aktiv anderen Frauen anzunähern. Überhaupt deutet vieles darauf hin, dass Peter eigene sexuelle und aggressive Impulse und damit verbundene Konflikte nach außen projiziert. Er, der ja bereits mit sechs Jahren den eigenen Bruder mit einem Messer attackiert hatte, sucht letzten Endes immer äußere Ursachen für sein Missgeschick, bleibt in der Rolle des Opfers, unfähig, eigene »böse« oder auch sexuell aktivere Seiten zu integrieren. So nennt er als Hauptursache für das Scheitern seiner Ehe allen Ernstes die Anwendung »schwarzer Magie« durch einige missgünstige Einheimische.

Sein Beziehungsleben besteht bis heute in einer Aneinanderreihung von Dreiecken, aus denen stets einer ausgeschlossen wird: Im Dreieck mit Mutter und Vater ist Peter die Rolle des vertriebenen Vaters zugefallen, den er doch selbst so dringend benötigt hätte. Stattdessen musste er Partnerersatz der Mutter sein und dieser den Schritt in ein eigenes Leben ermöglichen. Im Dreieck mit Mutter und Bruder hat er den Bruder besiegt. Denn während er als Jugendlicher mit der Mutter zusammen in L. lebte, musste der Bruder bei der Tante bleiben, in deren Haus er bis heute wohnt, nahezu »autistisch«, wie Peter bemerkt. In diesem Zusammenhang erzählt er noch eine interessante Begebenheit: Als er auf der Insel eine eigene Familie gegründet hatte, erwog die Mutter ernsthaft, ebenfalls dorthin auszuwandern. Über Jahre hinweg besuchte sie ihren Sohn und dessen Familie jeweils für ein halbes Jahr. Der Bruder war darüber so erzürnt, dass er jeglichen Kontakt abbrach und versuchte zu verhindern, dass die Mutter dereinst im Grab der Familie bestattet werden dürfte! Im eigenen Familiendreieck mit Frau und Töchtern scheint Peter durchaus bis heute zu hoffen, seine Ex-Frau zu besiegen. Dabei scheint es ihm allerdings nicht wirklich um seine Kinder zu gehen. Die folgende Begebenheit, die sich noch auf der südländischen Insel abspielte, hinterließ in mir diesen Eindruck und machte mich ziemlich wütend auf ihn:

> Und da hab ich halt dann auch so mein Erfolgserlebnis gehabt. Ich hatte ihr eben erzählt von diesem Aussteiger-Ort, und da sind wir dann hin. Und da kannte ich eben noch andere Leute, die waren noch weiter weg. In Y. Der einzige Strand, der noch unberührt ist. Und ich hab einen sehr starken Hang zur Natur. ... die Bergwelt. Und um mich zu provozieren, hat sie immer gesagt: »Da nimm deine beiden Töchter und geh nach Y.!« Und so hat sie mich provoziert: »Mit der Jasmin wirst Du das nie schaffen!« Das ist die zweite. Und wir sind dann eben hingefahren zu diesem Ort, wo man losgeht. Ehm, dreieinhalb bis vier Stunden. Für einen Erwachsenen. Und sie war tatsächlich vier Jahre. Die Jüngere. Und da hab ich gesagt: »So, wir gehen jetzt nach Y. Und das geht jetzt über die Berge. Und die Mia (ältere

Tochter) ist ja sowieso… Ja. Die ist – wusch! – vorausgelaufen (lacht), und irgendwo bleibt sie dann stehen, und da sag ich: »Ja. Ich hab das Gefühl, die Mama packt das nich, die will da nicht mitgehen.« Und da hat sie gesagt: »Ja, das macht nix.« (Lacht) »Wir kommen auch nimmer zurück.« So nach dem Motto, dann bleiben wir dort. (Lacht) Sie war ganz begeistert. Dass sie da loslaufen kann und da mitgeht. Und die Jasmin hin und her und weiß überhaupt nich, was sie machen soll, und da sag ich so: »Ja, also, wir gehen jetzt los.« Die wollte immer dabei sein, die Kleinere. Und da hat sie da geguckt, und da hat sie geheult und geschrien. Und ich bin halt immer weiter weggegangen, hab ich gesagt: »Jasmin, Jasmin, komm doch!« – Und Jasmin guckte immer zurück irgendwo noch zur Paula, und auf einmal fängt sie tatsächlich an loszulaufen. Und da ist sie dann hinter uns hergelaufenen, sie kam dann hinter uns, alleine. Und alle haben gesagt, so auf Spanisch, so »Jetzt komm!« Ganz laut schreiend »Jasmin, Jasmin!« Und wie sie dann kam, da haben sie alle gelobt, dass sie das jüngste Kind is, was je in Y. war.

Bis letztes Jahr hoffte Peter sehr, dass seine Töchter eines Tages zu ihm nach Deutschland kommen würden. Doch nun hat er eine neue Freundin, und die Situation hat sich für ihn geändert. Auch diese Frau ist eine eher schwache, wenig durchsetzungsfähige Person und weckt in Peter männliche Beschützerinstinkte. Sie hat zwei Kinder, für die jedoch der Vater das Sorgerecht hat. Peter hofft, dass es ihm gemeinsam mit der Freundin gelingt, diesem Vater die Kinder wegzunehmen. Dabei hätten seine eigenen Kinder dann keinen Platz mehr in der neu entstandenen Familie:

P: Und da is 'ne ähnliche Konstellation wie bei uns. Nur in dem Fall war der Mann, aufgrund dessen, weil er Arzt war und Beziehungen hat, hat der total schnell reagiert. Und sie ist eher 'ne Vorsichtige, Langsame in ihrer Art. Und da hat er die Kinder ihr in 'nem Handstreich weggenommen, was rechtlich gar nicht geht. Und, ehm. Jetzt ist das auch so, dass sie die Kinder regelmäßig sehen kann, und er hat eigentlich was gemacht, was nicht geht. Er arbeitet als Arzt und hat das Sorgerecht weitergegeben an seine neue Frau, die aber auch arbeitet, halbtags auch. Aber in Wirklichkeit kümmern sich die Großeltern drum. Jetzt, wenn die geregelte Verhältnisse hätte… Angenommen, wir würden heiraten, dann kommt der total ins Schleudern. Das würd mich irgendwo auch reizen.

I: Ja. Warum?

P: Ja, weil ich das unverschämt finde. In dem Moment übernehm ich so 'ne Solidarität mit ihr, weil … weil sie für mich eigentlich 'ne Frau is, wie ich relativ wenig immer noch kenne. Die meisten Frauen sind frech, selbstbewusst … Und bei ihr hab ich das Gefühl, so … dass die Männer sie verteidigen müssen. Und das ist außerdem, sagen wir mal, 'n zarteres Gewächs … In ihrer Art. Ja, also es kommt natürlich auch noch dazu, dass ich was mit ihr mach, und dass sie mich auch mit einbezieht in die Kinder, die mir total sympathisch sind. Also, auch sehr ruhig und sehr (unverständlich). Und das wär natürlich 'ne neue Situation. Also, da würden da meine Kinder … etwas … im Abseits stehen. Das weiß ich schon.

Hier wird meines Erachtens die nicht integrierte »Täter«-Seite von Peter sehr spürbar, die ja im Forschungsseminar bereits so früh in Phantasien über Vampire und mordende Zwerge aufgetaucht war. Es geht um Rivalität und Rache, und die Motive dazu sind ja aus seiner Lebensgeschichte sehr verständlich: Die Rache an dem Arzt-Ehemann der Freundin könnte als unbewusste Rache an den eigenen Großeltern (Arztfamilie) gedeutet werden, die ihm dereinst durch Beziehungen den Vater genommen haben. Auch die Kinder der Freundin leben ja bei den Großeltern, was Peter unverschämt findet. Aber auch an seiner Ex-Frau und deren Freund möchte Peter sich vermutlich rächen, die ihn so schändlich aus der eigenen Familie vertrieben haben. Die jeweiligen Kinder und die Beziehungen zu ihnen scheinen dabei eher in den Hintergrund zu treten. Es geht nicht wirklich um Zusammensein mit ihnen:

> Also, wir überlegen uns jetzt … Es war jetzt offen geblieben, aber irgendwie hat meine Ex-Frau das so gesehen, na ja, im Urlaub übernehm ich halt die Kinder. Und jetzt ham wir beschlossen, dass … dass das nicht so is! Sondern dass ihr Mann gefälligst in den Ferien die Kinder von ihr nehmen soll, und meine Ex-Frau die anderen Kinder, und wir fahren allein zusammen nach Griechenland.

Bei all dem bleibt Peter in seinem Selbsterleben der friedliebende »Softie«, ein alt gewordener Junge, der seine beste Zeit vielleicht in der Flower-Power-Zeit der 70er Jahre hatte. Mein Ärger auf ihn, der sich vor allem in den zuletzt genannten Episoden mit den Kindern regte, scheint mir fast unerlaubt und gemein. Dies könnte ein Hinweis darauf sein, wie schwer es Peter selbst bis heute fällt, »böse« zu sein. Die Aggression in ihm ist offenbar so archaisch und vehement (siehe die verschiedenen Messer-Episoden), dass er sie nicht bei sich behalten und annehmen kann. Das Böse ist immer draußen (die Großmutter, Süditalien, die Steuerfahndung, die schwarze Magie, der Mann der Freundin usw.), und am besten entzieht man sich durch Fortgehen. Hier schließt sich meines Erachtens der Kreis zum Vater, der vor den bösen Mächten (Großmutter, deutscher Staat) kapitulieren musste, ihnen nicht gewachsen war und als armer, gebrechlicher Greis in einer süditalienischen Heilanstalt starb, mit einer kleinen Grabnische als letzter Ruhestätte.

11 Aggression und Vaterhunger

Sind vaterlose Jungen aggressiver oder weniger aggressiv als Jungen, die mit Vater aufwachsen? Dieser Frage wurde in einer Vielzahl mehr oder weniger gescheiter psychologischer Untersuchungen nachgegangen, doch auch hier sind die Ergebnisse ebenso widersprüchlich wie die Wirklichkeit. An manchen Vaterlosen ist ein gesteigertes Ausmaß an aggressivem Verhalten zu beobachten, das Müttern, Lehrern oder anderen Bezugspersonen zu schaffen macht. Andere vaterlose Jungen scheinen eher zurückhaltend und sanftmütig oder wirken gar aggressiv gehemmt, was wiederum Besorgnis hervorrufen kann. Wird ein Sohn, der ohne Vater aufwächst, zum »Waschlappen«? Und auch im Hinblick auf die Durchsetzungsfähigkeit und das aggressive Auftreten gibt es eine dritte Gruppe vaterloser Jungen, nämlich jene, die gar nicht auffallen. Auch hier gilt also, dass psychologische Aussagen nur dann sinnvoll und verwertbar sind, wenn die Komplexität der Zusammenhänge berücksichtigt wird.

Zunächst einmal müssen wir fragen, wer welches Verhalten unter welchen Umständen als »aggressiv« oder gar »übermäßig aggressiv« einschätzt. Manche Mutter oder Erzieherin kann es schon nicht dulden, wenn ein Junge mit seinem Kameraden um ein Spielzeug rangelt oder rauft. Durch entsprechendes Eingreifen wird dem Jungen vermittelt, dass sein Verhalten »böse« oder »schlecht« ist. Bei einem Kindergartenfest wurde ich Zeuge folgender Szene: Ein etwa fünfjähriger Junge hatte sich aus dem Gebüsch einen größeren Stock besorgt und machte sich nun einen Spaß daraus, andere Kinder damit zu erschrecken, ohne ihnen jedoch wirklich etwas zu tun. Die Mutter des Jungen wollte dieses Spiel unterbinden, und nach mehreren strengen Ermahnungen lief sie zu ihrem Sohn, entriss ihm auf höchst aggressive Weise den Stecken, zerbrach ihn und warf ihn schimpfend und schreiend weg. Der Junge weinte zunächst und wirkte sehr gedemütigt, erholte sich jedoch nach einiger Zeit und besorgte sich im Gebüsch ein neues »Schreckensinstrument«, was mir ein befreites Schmunzeln entlockte. Väter und andere Männer sind in der Regel gelassener und auch in ihrem eigenen Verhalten aggressionsbereiter, wie wir bereits im dritten Kapitel gesehen haben. Auch hier spielt also das Geschlechterthema eine Rolle.

Ist tatsächlich ein scheinbar unmotiviertes, gesteigert aggressives Verhalten zu beobachten, so müssen wir als Nächstes fragen, woher das Aggressionspotential stammt und auf wen oder was es sich richtet. Aus der beliebten Diskussion um den Zusammenhang zwischen der Gewaltbereitschaft von Kindern und Jugendlichen und der Darstellung von Gewalt in den Medien wissen wir, wie schwer es ist, kausale Zusammenhänge herzustellen und wie unterschiedlich auch die Meinungen von Fachleuten zu diesem Thema sind. Ebenso schwierig erscheint es, klare und eindeutige Ursache-Wirkungs-Verhältnisse zwischen Vaterlosigkeit und erhöhter Aggressivität bei Jungen herauszuarbeiten. Manchmal sind es vor allem die äußeren Lebensumstände, die ein verstärktes Ausmaß an Gewalttätigkeit hervorrufen: Vaterlose Familien sind oft materiell schlechter gestellt und dadurch sozial benachteiligt, wodurch auffälliges, antisoziales oder gar kriminelles Verhalten begünstigt werden kann. So kommt beispielsweise die Beschädigung fremden Eigentums häufiger bei Vaterlosen vor als bei Jungen oder jungen Männern aus vollständigen Familien. Auch in Gruppen delinquenter männlicher Jugendlicher und Erwachsener ist der Anteil an Vaterlosen überproportional hoch. Doch es lohnt in jedem Fall, nicht nur die äußeren sozialen, sondern auch die inneren psychodynamischen Zusammenhänge ein bisschen genauer anzuschauen.

Das Verlassensein durch einen Elternteil verursacht nicht nur eine Kränkung und Verletzung des Selbstwertgefühls, sondern in der Folge auch heftige Aggressionen sowohl auf den abwesenden als auch auf den anwesenden Elternteil. Mit diesen Aggressionen können Kinder jedoch in der Regel nicht umgehen. Der Ärger ist für das Kind deswegen sehr schwer auszudrücken und zu bewältigen, weil er die inneren liebenden Bande zu seinen Eltern zu überwältigen und negative Konsequenzen in der äußeren Welt nach sich zu ziehen droht. Es ist in der Tat schwer für das Kind, das volle Ausmaß der eigenen Wut zu äußern. Gegenüber dem einzigen verfügbaren Elternteil kann das Kind es nicht wagen, weil es ihn so dringend braucht; und gegenüber dem ganz oder teilweise nicht verfügbaren Elternteil auch nicht, weil er nicht erreicht werden kann und/oder seine herbeigesehnte Rückkehr dadurch gefährdet sein könnte. Die heftigen, nicht integrierbaren Aggressionen werden verdrängt, um die innere Beziehung zu beiden Eltern nicht zu gefährden, und führen in der Folge häufig zur Symptombildung (z. B. Schlafstörungen, Bettnässen usw.). Es kommt erschwerend hinzu, dass die Kinder sich in ihrer Phantasie oft selbst verantwortlich machen dafür, dass ein Elternteil nicht mehr da ist.

Der amerikanische Psychiater und Psychoanalytiker James Herzog ist in umfangreichen Untersuchungen an Scheidungskindern im Alter zwischen anderthalb und sieben Jahren dem Schicksal der aggressiven Impulse und ihren Auswirkungen auf die kindliche Entwicklung nachgegangen. Bei der

Untersuchung von Phantasie, Spiel und Träumen fand er ein Vorherrschen aggressiver Themen und Inhalte bei vaterlosen Kindern. Er fand heraus, dass der Vater in dieser Entwicklungsspanne eine außerordentlich wichtige Bedeutung für den Umgang mit aggressiven Trieben und Phantasien hat (vgl. Kapitel 3.2). Wenn seine diesbezügliche Funktion durch eine Trennung ausfällt, hat dies zuweilen gravierende Folgen. Interessanterweise sind negative Konsequenzen und Symptombildungen in der Altersgruppe zwischen anderthalb und fünf Jahren praktisch ausschließlich bei Jungen anzutreffen, während ab dem fünften Lebensjahr Kinder beiderlei Geschlechts gleichermaßen betroffen sind.[35]

Bei Jungen im Alter zwischen anderthalb und zweieinhalb Jahren fand Herzog eine Symptomatik, die er als Erlkönig-Syndrom bezeichnete.[36] Es handelt sich um eine Schlafstörung, die innerhalb kurzer Zeit nach der Trennung vom Vater auftauchte und die mit heftigen Angstträumen verbunden war. Die Jungen erwachten weinend und schreiend aus diesen Alpträumen und waren von ihren Müttern oder anderen weiblichen Bezugspersonen nicht zu beruhigen. Sie verlangten nach dem Vater, der allein sie vor den schrecklichen Ungeheuern beschützen könnte, die sie im Traum verfolgten. Herzog interpretiert die Alpträume als phobische Transformation: Die eigenen aggressiven Impulse des Jungen werden im Traum als feindliche und erbarmungslos attackierende Außenfeinde erlebt. Der Vater oder ein männlicher Vaterersatz könnten in der Vorstellung des kleinen Jungen diese Panik bekämpfen und das nächtliche Schreckenssymptom durchbrechen, indem sie zurückkehren und ihn beschützen würden. Bleibt die Hilfe durch den Vater oder einen anderen verlässlichen Mann dauerhaft aus, geraten die Jungen in einen emotionalen Zustand der Sehnsucht, die Herzog als *Vaterhunger* bezeichnet hat.

Ira, ein 28 Monate alter Junge, spielt in der Therapiesituation die nächtlichen Alpträume nach, beginnt zu weinen und ruft nach dem Vater. Herzog fragt: »Warum der Papa? Wie kann er helfen?« Ira antwortet: »Er ist wie der Junge. Er kann es, weil er weiß, wie der Junge ist. Er ist keine Mami.«[37]

Ältere Jungen entwickeln nach der Trennung vom Vater häufig ein sozial auffälliges und manifest aggressives Verhalten, so wie der fünfjährige Joey, der die Kinder in seinem Kindergarten und auch seinen kleinen Bruder laufend schlug. In der Therapie malt er einen Mann mit riesengroßen

---

35 Herzog 1982
36 Herzog 1980
37 Herzog 1982, S. 165, Übersetzung Lothar Schon.

Händen, die dieser zum Schlagen brauche. Herzog fragt, warum, und der Junge antwortet: »Weil ein Junge sehr ungezogen sein kann und geschlagen werden muss. Ein Junge braucht seinen Papa dafür. Eine Mutter kann das nicht. Ich schlage Anthony. Er mag, dass ich es tue, weil unser Papa nicht da ist. Ich bin wie mein Papa.« Herzog wollte wissen, was passieren könnte, wenn diese strafende Kontrolle ausfiele. »Dann könnte der Junge jemandem weh tun. Er könnte der Mutter weh tun«, antwortete Joey.[38] – Hier wird die Funktion des Vaters auch darin gesehen, den Jungen vor heftigen Aggressionen gegenüber der Mutter zu schützen, sie in Schach zu halten. In einer Identifikation mit dem Vater hat Joey nun diese Funktion in einer grotesken Karikatur übernommen und hält es für seine Aufgabe, den kleinen Bruder zu schlagen.

Herzog fand in zahllosen vergleichbaren Fällen, dass der Vater durch seine Abwesenheit im Erleben des Kindes verbunden ist mit dem Auftauchen bedrohlicher Aggression, und dass seine Rückkehr als Rettung und Wiederherstellung phantasiert wird. Das große Ausmaß an aggressiven Impulsen geht zu einem Teil auf das Konto der Trennung der Eltern, der ja in der Regel aggressive eheliche Auseinandersetzungen vorausgehen und häufig auch noch folgen. Der Zustand des Vaterhungers ist dagegen weniger ausgeprägt, wenn der Vater durch Tod oder in Zeiten des Krieges abwesend ist, aber auch in seiner Abwesenheit als ein wichtiges und geschätztes Familienmitglied angesehen wird. Mit diesem Verständnis der Dynamik lässt sich auch die Beobachtung erklären, dass durch Scheidung vaterlos gewordene Jungen sich häufig wesentlich aggressiver verhalten als solche Vaterlose, deren Vater verstorben ist. Das außerordentliche Übergewicht von psychischen Problemen wie verstärkter Aggression bei vaterlosen Jungen im Vergleich zu den Mädchen begründet Herzog mit den Besonderheiten der frühen Vater-Sohn-Beziehung (vgl. Kapitel 3): Die Erkenntnis von Gleichheit mit dem Vater und der damit verbundene Wunsch, von ihm gezeigt zu bekommen, wie man als Junge bestimmte Probleme löst, ist ein Gütesiegel der Vater-Sohn-Beziehung der ersten Lebensjahre. In dieser Hinsicht erleben vaterlose Jungen also offenbar einen gravierenderen Mangel als vaterlose Mädchen. Ein sehr anschauliches Beispiel für den erschwerten Umgang mit Aggression in vaterlosen Familien bietet die Familie A. Ich habe Janosch und David im Rahmen meiner eigenen Untersuchungen kennengelernt und möchte sie im Folgenden ausführlich vorstellen.

---

38 A. a. O., S. 166.

Familie A.

Frau A. bewohnt mit ihren beiden Söhnen Janosch und David sowie ihren Eltern eine Doppelhaushälfte in einem Dorf auf dem Land. Mutter und Söhne leben im Erdgeschoss, die Großeltern haben eine Wohnung im ersten Stock. Frau A. ist seit drei Jahren geschieden; ihr Ex-Mann lebt mit seiner Freundin zusammen in der Stadt.

Die Eheleute waren bereits zehn Jahre verheiratet, als Frau A. erstmals schwanger wurde. Schon während der Schwangerschaft sei die Ehe schwierig geworden, nach der Geburt von David habe es laufend Reibereien gegeben, und die sexuelle Beziehung schlief nahezu ein. Dennoch wurde Frau A. erneut schwanger und verheimlichte diese Tatsache zunächst, weil die eheliche Situation so schlecht gewesen sei. Der Mann reagierte dann auch negativ auf die Nachricht. Sofort nach der Geburt von Janosch zog er aus dem gemeinsamen Schlafzimmer aus; zu diesem Zeitpunkt hatte er bereits eine Freundin, wie sich später herausstellte. Zwei Jahre danach reichte Frau A. die Scheidung ein, und der Mann zog zu seiner Freundin.

Seit der Trennung der Eheleute gibt es ununterbrochen Auseinandersetzungen um Unterhalt und Besuchsregelung. Zum Zeitpunkt des Interviews steht gerade wieder ein Gerichtstermin bevor. Nach der Trennung war der Kontakt zwischen Vater und Söhnen sporadisch. Schließlich gab es eine erste juristische Regelung: Die Kinder sollten den Vater alle 14 Tage tagsüber ohne dessen Freundin sehen. Der Mann habe sich daran nicht gehalten (die Freundin war immer dabei) und wurde von Frau A.s Rechtsanwalt an die Regelung erinnert. Danach habe er ein halbes Jahr die Jungen überhaupt nicht gesehen. Ein Gerichtstermin führte zu einer neuen Regelung: Alle 14 Tage sollten die Söhne den Vater über das ganze Wochenende besuchen. David und Janosch wollten das aber nicht; jedes zweite Wochenende gab es Auseinandersetzungen an der Haustür. Die Spannungen eskalierten nach einem Zwischenfall, bei dem der Vater versucht haben soll, David gegen seinen Willen im Auto mitzunehmen. Zum Zeitpunkt des Interviews hatten David und Janosch ihren Vater trotz der geltenden Regelung seit einem Jahr nicht mehr besucht. Beide Jungen bezeichnen den Vater als »Arschloch« und wollen mit ihm nichts mehr zu tun haben. Der Vater hingegen will vor Gericht die vereinbarte Regelung durchsetzen. Sowohl Frau A. als auch die Söhne wollen das verhindern. Der Konflikt erscheint auch drei Jahre nach der Scheidung vollkommen ungelöst.

David besucht die zweite Klasse der Grundschule, Janosch geht in den Kindergarten. Frau A. war seit vielen Jahren nicht berufstätig, hat aber gerade eine Anstellung in einem Büro angenommen und beginnt, sich einzuarbeiten. Die Großmutter kümmert sich viel um die Kinder. Der Großvater, zu dem die Jungen ein herzliches Verhältnis hatten, ist seit einer Operation vor zwei Jahren zunehmend pflegebedürftig, hat geistig abgebaut und ist zeitweise selbstmordgefährdet. David und Janosch haben auch sonst keine stabile männliche Bezugsperson.

Nach einer Fernsehsendung über »Liebe, Treue und Verrat« ruft mich Frau A. im Rundfunk an, wo ich als einer von mehreren Fachberatern am Telefon sitze. In der Sendung ging es um Betrüger und Betrogene in Liebesbeziehungen. Frau A. sagt, ihr Problem sei nicht aktuell. Vor der Geburt ihres zweiten Kindes habe der Ehemann eine außereheliche Beziehung begonnen. Sie habe nach anderthalb Jahren davon erfahren. In der Zwischenzeit hatte der Mann das gemeinsame Vermögen heimlich beiseitegeschafft. Das Ehepaar sei seit Längerem geschieden, er lebe bei seiner reichen Freundin. Der Mann verhalte sich jedoch auch nach der Scheidung hasserfüllt und führe eine Klage um das Besuchsrecht bei den Kindern. Die beiden Söhne seien fünf und sieben Jahre alt. Frau A. erweckt am Telefon zunächst den Eindruck, mit der Trennung eigentlich abgeschlossen zu haben und nicht zu verstehen, warum ihr Ex-Mann sie weiterhin terrorisiert. Sie sucht offenbar eine psychologische Antwort auf diese Frage, was der Grund ihres Anrufes ist. Ich erzähle Frau A. von meiner Untersuchung und frage sie, ob sie mit ihren beiden Söhnen daran teilnehmen möchte. Sie ist ganz begeistert, und wir vereinbaren schließlich einen Wochenendtermin bei den A.s, die weit außerhalb der Stadt wohnen: Freitags abends will ich ein Gespräch mit Frau A. führen, um von ihr die wichtigsten Informationen über die Familiengeschichte zu erhalten. Samstags und sonntags möchte ich die Jungen näher kennenlernen.

Frau A. wirkt am Telefon lebendig, unkompliziert und entgegenkommend. Im Nachhinein denke ich aber, dass bereits durch die Umstände unseres ersten Telefonats Rollenvorgaben definiert sind, die von ihr ausgehen: Sie ist eine betrogene Ehefrau, die unter dem Handeln ihres Ex-Gatten leidet und deswegen psychologischen Rat und Unterstützung bei mir sucht. Es stellt sich rückwirkend die Frage, wie dieses Anliegen mit meinem Vorhaben zusammenpasste (oder kollidierte), etwas über das Leben zweier derzeit vaterlos aufwachsender Jungen zu erfahren. Ich bin jedoch erfreut, dass mir der Zufall diese vaterlose Familie beschert hat.

Ich bin bei meiner Ankunft an der Bahnstation, wo mich Frau A. und die Jungen abholen, leicht aufgeregt. Frau A. ist älter, als ich sie mir vorgestellt hatte (nämlich 47 Jahre alt). Die Jungen sind mir sofort sympathisch, sie strahlen mich an und gehen sehr auf mich zu. Darüber bin ich erstaunt. Ich hatte eher erwartet, dass sie einem fremden Psychologen mit Zurückhaltung und Ängstlichkeit begegnen würden. Frau A. wirkt dagegen befangener und auch etwas reglementierend. Auf der Fahrt rede ich abwechselnd mit ihr und den Jungen. Janosch, der Jüngere, ist sehr lebhaft; David scheint etwas stiller zu sein. Er geht am folgenden Morgen zum Skilaufen und muss deshalb früh ins Bett.

Frau A. erzählt mir auf der Fahrt von Problemen mit ihrem Vater, der seit einiger Zeit krank, geistig verwirrt und suizidal ist. Im Haus der A.s angekommen, lerne ich gleich die Großmutter kennen, die jedoch bald nach oben verschwindet. Sie wirkt resolut, aber sehr sympathisch. Wir essen zu viert zu Abend. Beide Jungen wollen mir nach dem Essen ihre Zimmer zeigen. Danach gehen wir alle drei in den Keller an den »Computor«. Janosch übernimmt ganz selbstverständlich die Regie und bedient das Gerät, David gibt kluge Anweisungen im Hintergrund, und ich schaue zu. David muss nun ins Bett. Einen Moment bleibe ich noch mit Janosch am Computer, dann muss auch er ins Bett. Er zeigt mir noch sein Zimmer, ich zeige ihm mein Notebook – wir können gar nicht voneinander lassen! Mit mehrmaligem Winken verschwindet Janosch in seinem Zimmer, während David wohl schon schläft.

Vereinnahmt

Während eines langen und anstrengenden Gesprächs mit Frau A. erfahre ich von ihr viel über die Geschichte ihrer gescheiterten Ehe und verspüre dabei ihren enormen Druck, sich die Wut über den Ex-Mann einmal von der Seele zu reden. Ganz deutlich möchte sie mich auf ihre Seite bringen. Ich fühle mich in den Clinch zwischen den Ex-Partnern hineingezogen. Über die beiden Jungen erfahre ich viel weniger als über den Mann, der auf extrem negative Weise noch sehr präsent in der Familie zu sein scheint.

Die Vereinnahmung meiner Person ist ein Bestandteil der Szene, der sich durch das ganze Wochenende hindurchziehen wird. Janosch hat mich bereits an diesem ersten Abend mehrmals bittend gefragt, ob ich nicht bei ihnen übernachten könne. Abgesehen davon, dass ich das natürlich nicht möchte, frage ich mich beklommen, welche Phantasie der Kleine wohl darüber hat, wo ich denn schlafen solle (im Schlafzimmer der Mutter?). Es wird für mich also bereits an diesem ersten Abend eine große Bedürftigkeit in der Familie A. spürbar. Es fehlt ein Mann im Haus, und alle Familienmitglieder stürzen sich nahezu gierig auf mich.

Nachdem wir zunächst ein wenig über meine Arbeit und die Fernsehsendung geplaudert haben, geht Frau A. in medias res: Sie erzählt von der bevorstehenden Gerichtsverhandlung um das Besuchsrecht des Vaters. Es wird nun deutlich, dass sie sich von mir nach diesem Wochenende ein Gutachten erhofft, das sie bei Gericht vorlegen kann. Ein Besuchsrecht des Vaters soll verhindert oder so gering wie möglich gehalten werden, und Frau A. gibt sich Mühe, mich davon zu überzeugen, dass das auch für die Jungen das Beste sei. Sie ist neugierig, zu welchem Ergebnis ich kommen werde, nachdem ich mir ein Bild der Familiensituation gemacht habe.

Zunächst erzählt sie ausführlich von den Dramen um die Besuchsregelung. Die derzeit geltende Regelung wurde zunächst von David boykottiert, der meistens nicht zu seinem Vater wollte. So besuchte Janosch den Vater manchmal allein, doch schließlich sträubte auch er sich gegen die Besuche. Jedes zweite Wochenende habe Frau A. die Kinder zur Haustür herausschieben müssen – sie selbst wechselt kein einziges Wort mehr mit ihrem Ex-Mann. Im gesamten Gespräch bezeichnet sie ihn als »Herr S.« oder als »der Ex-Mann« (nicht etwa »mein Ex-Mann«). Schon nach kurzer Gesprächsdauer bin ich mitten im Verwirrspiel der früheren Eheleute und ihrem erbitterten juristischen Streit um die Besuchsregelung gefangen und blicke nicht mehr durch. Es befremdet mich, dass angesichts des von Frau A. geschilderten Verhaltens ihres Ex-Mannes und der Wünsche der Jungen jede bisherige juristische Vereinbarung jedes Mal ein Stück mehr zugunsten des Vaters ausfällt. Trifft auch hier zu, dass die Gerichte zunehmend dahin tendieren, blindlings zugunsten der Väter zu entscheiden, was in einer aktuellen Untersuchung eindrucksvoll belegt werden konnte?[39] Oder zeichnet Frau A. ein verzerrtes Bild, das von ihrer Abneigung gegen den Ex-Mann geprägt ist? Sehr schnell entsteht in mir das Bedürfnis nach Schwarz-auf-Weiß-Informationen und der Wunsch nach einem Gespräch mit dem Vater. Das ist ein ganz klares Bedürfnis nach einer dritten Instanz, die etwas Abstand ermöglichen würde. Möglicherweise deutet sich hier an, dass die Dreieckssituation in der Familie A. sehr konfliktbeladen war.

Der Vater: Entführer und rachsüchtiger Narzisst?

Frau A. berichtet nun über den Höhepunkt der bisherigen Auseinandersetzungen: Herr S. hatte sich eines Tages angekündigt, um noch einige Sachen abzuholen. Frau A. war nicht zu Hause, David spielte vor dem Haus, und seine Großeltern waren im ersten Stock. Herr S. kam mit dem Auto vorgefahren. Er habe eine kurze Unterhaltung mit David geführt. Plötzlich habe der Junge laut um Hilfe geschrien; die Großmutter stürzte aus dem Haus und holte den Jun-

---

39 Benard und Schlaffer 1996.

gen herein. Nach Davids Schilderung habe der Vater versucht, ihn zu entführen, während Herr S. behaupte, der Junge habe mit ihm mitfahren und mit ihm etwas trinken gehen wollen. David sagt dazu: »Der lügt!« Er malte im Anschluss an die Szene ein Bild, das Frau A. mir nun im Gespräch zeigt. Auf dem mit schwarzem Filzstift angefertigten Bild ist ein Haus zu sehen, dessen Schornstein so aussieht, als sei er abgebrochen worden. In dicken kindlichen Buchstaben steht da: »Ich brauche Policei, Policei, 10 Polizisten. David«. Seiner Oma schenkte David nach diesem Vorfall eine Medaille mit den Worten: »Du hast mir das Leben gerettet!«

Die Schilderung dieser dramatischen Szene wühlt mich sehr auf. Ich frage mich, was da in Vater und Sohn vorgegangen sein muss. Ob ein Vater, der ernsthaft am Kontakt mit seinen Kindern interessiert ist, nicht versuchen würde, diesen Kontakt so positiv und vertrauensvoll wie möglich zu gestalten, anstatt permanent mit juristischen Waffen zu kämpfen und möglicherweise Gewalt anzuwenden? Ich kann nicht mehr neutral sein, bin nun gegen Herrn S. eingenommen und dennoch skeptisch gegenüber Frau A.s Darstellungen.

Seit diesem Vorfall wollen David und Janosch überhaupt nicht mehr zum Vater. Per Gerichtsbeschluss wurde vor einem Dreivierteljahr noch einmal ein Besuch erzwungen. Doch die Kinder wollen sich nicht mehr zwingen lassen. Ein Brief Davids an seinen Vater lautet: »Für Papi. Papi warum hast du uns am Telefon nicht gefragt ob wir zu dir mögen. Wir wollen nicht mehr zu dir nicht mal Janosch.« In den juristischen Streitigkeiten behauptet Herr S., seine Söhne würden aufblühen, wenn sie ihn in der Stadt besuchen. Die Jungen dagegen sagen, der Vater knutsche nur die ganze Zeit mit seiner Freundin herum. Frau A. meint, ihrem Ex-Mann gehe es nicht um die Kinder, sondern darum, sie zu verletzen. Auch in finanzieller Hinsicht hat das Ex-Paar heftige Kämpfe hinter sich. Ganz geschickt habe Herr S. das gemeinsame Vermögen verschwinden lassen und lebe offiziell von Arbeitslosenunterstützung und dem Geld seiner reichen Freundin. Dennoch hat es Frau A. geschafft, in aufwendigen Gerichtsverhandlungen 200 000 Mark zu erstreiten. Dafür zahle ihr Ex-Mann nie den Unterhalt in festgesetzter Höhe. Er selbst sage dazu: »Ihr könnt auf der Straße landen!« Frau A. fragt mich: »Was veranlasst einen Menschen dazu, so gemein zu handeln?« Ich frage, ob sie selbst eine Idee hat, und sie antwortet, ihr Mann sei wahnsinnig von sich eingenommen und wolle über allen anderen stehen. Dabei habe sie ihm einen Strich durch die Rechnung gemacht. Es handelt sich also aus ihrer Sicht um ein narzisstisches Rache-Motiv, das Herrn S.' Handlungen zugrunde liegt. Vieles von dem, was sie über ihn erzählt, lässt das plausibel erscheinen.

Ich frage, wie denn früher ihre Beziehung gewesen sei. Frau A. sagt, sie habe Herrn S. als »charmanten Ideal-Mann« erlebt. Dieser Ausdruck lässt an eine narzisstische Partnerwahl denken, in der Frau A. vom guten Aussehen, dem Charme und dem beruflichen Erfolg ihres Mannes geblendet war und sich in seinem Glanz badete, während er es genoss, von ihr bewundert zu werden. Herr S. war bereits dreimal verheiratet. Auch aus den ersten beiden Ehen gibt es Söhne. Frau A. meint: »Sobald Kinder da sind, geht es nicht mehr. Er will die erste Rolle spielen«. Hier deutet sich eine Bestätigung für meine Hypothese an, dass eine Dreieckskonstellation bei den A.s höchst konflikthaft war und vermutlich auch ein Problem für die Entwicklung der beiden Söhne darstellt.

In der Ehe mit Frau A. bestand Herr S. darauf, dass sie aufhörte zu arbeiten, obwohl er selbst ständig beruflich unterwegs sein musste und kaum Zeit mit ihr verbrachte. Frau A. beschreibt ihr Leben im gemeinsamen Haus in einer Gegend, wo sie auch keinerlei Freunde oder Bekannte hatte, als sehr einsames Dasein. Zehn Jahre lang blieb die Ehe kinderlos, denn Herr S. habe keine Kinder gewollt. Als Frau A. sich ein Stück befreite und begann, das Abitur nachzuholen, wurde sie dann doch schwanger. Ihr Mann habe plötzlich ein Kind gewollt, und sie habe sich sehr gefreut. Dennoch reagierte er betreten auf die Nachricht. Auf der Fahrt zu einem Seminar über natürliche Geburt gab es einen Eklat. Herr S. brüllte seine Frau an: »Ich habe ein Scheißleben! Immer nur für Andere! Wenn das mit unserer Ehe schiefgeht, dann gehst du den Bach runter!«

Der geschilderte Verlauf der Ehegeschichte scheint mir sehr aufschlussreich. Es ist, als habe Herr S. nicht wirklich eine Beziehung zu seiner Frau gesucht, sondern sie sich in einer Art goldenem Käfig gehalten. Es scheint wichtig gewesen zu sein, dass Frau A. kein eigenständiges Leben führte und von ihm abhängig blieb. Als Frau A. einen autonomen Schritt wagte, entstand plötzlich der Kinderwunsch, möglicherweise in der Hoffnung, Frau A. auf diese Weise wieder in den Käfig sperren zu können. Gleichzeitig muss für Herrn A. die Anwesenheit eines Kindes eine große Bedrohung darstellen, wie auch die Geschichte seiner ersten beiden Ehen zeigt. So ließe sich die Zunahme der ehelichen Spannungen ab dem Zeitpunkt der Schwangerschaft erklären.

Ein Hauskauf in Süddeutschland, wo Herr S. berufstätig war, führte dazu, dass das Paar nun erstmals ein gemeinsames Alltagsleben hatte. Die Beziehung war jedoch miserabel, und die Eheleute haben mehr als ein Jahr lang nicht miteinander geschlafen. Dann plötzlich sei Herr S. über sie »hergefallen«, und Frau A. wurde erneut schwanger. Da sie dies eine Zeit lang verheimlichte, warf Herr S. ihr später vor, sie habe es ihm nicht gesagt, um den möglichen Termin für einen Schwangerschaftsabbruch verstreichen zu lassen. Von diesem Zeitpunkt an brach die eheliche Beziehung vollkommen auseinander. Später stellte sich heraus, dass Herr S. während der zweiten Schwangerschaft seiner Frau eine neue Liebesbeziehung aufnahm. Als Janosch geboren wurde, zog er aus dem gemeinsamen Schlafzimmer aus.

Ich frage nach der frühen Beziehung zwischen Herrn S. und seinen Söhnen. Frau A. antwortet, auch da seien Schein und Glanz wichtiger gewesen als die Wirklichkeit. Sonntags sei er mit David im Kinderwagen spazieren gegangen, um sich den Leuten als fürsorglicher Vater zu präsentieren. Vom Spaziergang zurück, ließ er den Kinderwagen vor der Haustür stehen und kümmerte sich nicht weiter um das Kind. Nach Janoschs Geburt sei Herr S. meistens erst so spät nach Hause gekommen, dass er die Jungen nicht sah. Auch am Wochenende war er oft weg, und wenn er nach Hause kam, sei er stets gereizt gewesen.

Krieg mit allen Waffen

Nach und nach dämmerte es Frau A., dass ihr Mann eine feste außereheliche Beziehung haben musste. Während dieser Zeit schaffte er nach und nach unbemerkt das gemeinsame Vermögen beiseite und ließ den Schlüssel zu einem gemeinsamen Banksafe verschwinden. Frau A. begann, ihrem Mann mit Hilfe ihres Bruders nachzuspionieren, und fand die Wahrheit heraus. Als sie ihn damit konfrontierte, habe er sich reumütig gezeigt, doch Frau A. reichte nun die Scheidung ein. Inzwischen waren ihre Eltern in die Nähe gezogen, und Frau A. lebte ein paar Wochen mit den Kindern bei ihnen, bis Herr S. ausgezogen war. Damals begann der juristische Krieg der Eheleute, zunächst ums Geld. Frau A. sagt über ihren Mann, es gehe ihm darum zu gewinnen, und dazu benutze er alle Tricks. Als sie ihm in materieller Hinsicht eine Niederlage verschaffte, verlagerte sich der Krieg auf die Besuchsregelung für die Kinder. Ich frage Frau A., ob sie mit den Kindern manchmal über den Vater spreche. Sie sagt: »Ja. Aber ich kann über ihn nichts Gutes sagen«. David und Janosch sagen: »Der ist ein Arschloch!«, und Frau A.s Rechtsanwalt formuliert seine Haltung gegenüber Herrn A. mit den Worten: »Den machen wir fertig!«

Ich bin von den Schilderungen des Kriegsszenarios zwischen Herrn S. und Frau A. vollkommen erschöpft, zwischendurch habe ich es kaum ausgehalten. Ich frage Frau A., ob sie sich vorstellen kann, eine neue Partnerschaft einzugehen, was sie dezidiert verneint. Ich spreche dann den Wunsch der Kinder an, ich solle bei den A.s übernachten. Ob die Kinder vielleicht möchten, dass Frau A. wieder einen Mann hat? Sie bestätigt das und meint, Janosch hätte in diesem Zusammenhang zu ihr gesagt: »Dann hast Du auch mal ’nen Freund.« Dann frage ich nach anderen männlichen Bezugspersonen der Kinder. Frau A. erwähnt den Opa, der früher wichtig für die Jungen gewesen sei, jetzt aber keine Rolle mehr spiele. Er scheint häufig selbstmordgefährdet zu sein, wolle der Familie nicht zur Last fallen und vom Balkon springen. Frau A.s Bruder besucht ab und zu die Familie. Janosch freue sich immer sehr, wenn er kommt. Dem Bruder selbst sei es aber wohl zu viel, er habe kein Interesse an einem näheren Kontakt mit den Jungen. Dann gibt es noch einen Fußballtrainer, den David sehr mag.

Noch einmal kommt zur Sprache, dass die Jungen sich einen Mann auch für die Mutter wünschen. Sie meint, wenn sie einen Mann hätte, würden die Kinder weniger von ihr haben. Es stellt sich heraus, dass Janosch und David abwechselnd in ihrem Bett übernachten! Frau A. meint, die Kinder stellten sich wohl mehr einen Kumpel und Kameraden für sich vor, und sie würden eifersüchtig werden auf ihre Beziehung zu einem Mann. Abschließend sagt sie: »Ich hab auch gar nicht das Bedürfnis«. Eine Lösung der Dreieckskonflikte, die hier wiederum deutlich werden, scheint in der Familie A. unvorstellbar zu sein.

Nach dem Gespräch bin ich froh über den Abstand, den ich auf der Nachhausefahrt und über Nacht gewinnen kann. Auch diese wohltuende Distanz hat ja eine triangulierende Funktion – ich kann mich aus der dyadischen Vereinnahmung befreien und eine andere Perspektive gewinnen. Doch trotz meiner Erschöpfung freue ich mich auf den morgigen Nachmittag mit Janosch!

Janosch (5 Jahre): Ein Spiel mit dem Feuer

Am nächsten Morgen kaufe ich zwei Bilderbücher für die Jungen. Frau A. und Janosch holen mich an der Bahn ab. Frau A. verwickelt mich gleich in ein lebhaftes Gespräch, während Janosch im Vergleich zu gestern auffallend schweigsam ist. Frau A. erzählt wieder von aktuellen Problemen mit ihrem Vater. Er wolle in ein Heim, um der Familie nicht länger zur Last zu fallen. Ich frage mich, wie die Jungen mit dieser zusätzlichen familiären Belastung umgehen, die ihre wichtigste männliche Bezugsperson betrifft. Wir kommen im Haus an. Frau A. erklärt noch einige Dinge, gibt mir einen Hausschlüssel und fährt dann zu ihrer neuen Arbeitsstelle, wo sie heute ihre Computerkenntnisse erweitern soll. David ist seit morgens beim Skilaufen, und so bin ich mit Janosch allein. Er ist deutlich weniger offen und zugänglich als gestern. Nachdem die Mutter weg ist, wird es zwischen uns schwierig. Er ist ganz versessen darauf, dass ich rauche, und hat seit gestern geübt, ein Feuerzeug zu betätigen, um meine Zigaretten anzünden zu können. Das Thema Rauchen und Feuer soll uns den ganzen Tag beschäftigen. Janoschs Opa raucht auch, aber er darf es nur draußen, während Frau A. mir am Vorabend erlaubt hat, drinnen zu rauchen. Bei dieser Verbannung des rauchenden Opas in die winterliche Kälte stelle ich gedanklich eine Verbindung her zu seinem Wunsch, in ein Heim zu kommen oder sich gar das Leben zu nehmen. Ist in dieser Familie Männliches (das durch die Zigaretten symbolisiert sein könnte) unerwünscht? Und wie empfindet es Janosch, dass ich (per mütterlicher Erlaubnis) etwas darf, was dem Opa von den Frauen verboten ist? Werde ich dadurch zu einem starken Mann, der sich mit seinen Bedürfnissen durchsetzt?

Allein mit dem fremden Mann

Ich frage Janosch, was er gern machen möchte: Zuerst mit mir die Bildtafeln anschauen oder etwas spielen, das er aussucht. Er scheint unentschlossen. Ich gebe ihm sein Bilderbuch. Janosch scheint nervös und zappelig. Ich frage ihn, ob ich das Buch vorlesen soll. Er kann aber gar nicht richtig zuhören, spielt vor allem mit dem Feuerzeug. Ich habe das Gefühl, dass alles sehr schwierig werden wird. Er möchte gern Computer spielen, aber ich sage, dass ich dazu keine Lust habe.

Bei diesen Eingangsszenen fällt auf, dass trotz beiderseitiger ursprünglicher Vorfreude der Kontakt zwischen Janosch und mir ganz anders ist als am Vortag. Schon im Auto wirkt er lethargisch und abwesend, und nachdem die Mutter uns verlassen hat, wird es ganz angespannt zwischen uns. Janosch scheint Angst zu haben. Diese Angst ist zum einen erklärbar dadurch, dass wir nun allein miteinander sind, denn ich bin für ihn ja ein Fremder. Doch da ich mich freundlich und herzlich verhalte und auch die Mutter mir vertraut (sie gibt mir einen Schlüssel und lässt uns allein), muss noch etwas Anderes dahinterstecken. Da ist zum einen die Testsituation: Janosch kennt Psychologen aus anderen, unerfreulichen Zusammenhängen (dem juristischen Streit zwischen den Eltern) und fragt sich vielleicht, auf wessen Seite ich bin. Aber möglicherweise bildet sich hier auch etwas Atmosphärisches aus der Beziehung zwischen Sohn und Vater ab. Jedenfalls wird es von Anfang an ein Spiel mit dem Feuer. Das Feuerzeug, das Janosch sich extra besorgt hat, um meine Zigaretten anzünden zu können, ist das wichtigste Verbindungsstück zwischen uns. Und Feuer hat etwas Faszinierendes, aber auch höchst Gefährliches.

Janosch will dann doch den Test machen, den ich vorbereitet habe. Doch zunächst beschäftigt ihn mein Aufnahmegerät. Er möchte gerne »Kacke« reinschreien und lacht. Als ich darauf freundlich-erlaubend reagiere und auch lache, tut er es aber doch nicht. Stattdessen ruft er »Eichkätzchen« in das Mikrophon. Eine interessante kleine Szene: Das lustvoll-aggressive »Kacke« gefällt mir, und dennoch traut sich Janosch nicht. Ob das mütterliche Verbot hier stärker wirkt als die Erlaubnis des erwachsenen Mannes? Das niedlich-harmlose »Eichkätzchen« ist fast wie die Verkehrung des aggressiven Wunsches in sein Gegenteil.

Ich zeige Janosch die erste Karte. Auch dabei ist er unkonzentriert, zappelig, scheint nicht bei der Sache. In seiner Version der abgebildeten Geschichte spielt ein weibliches Wesen die Hauptrolle, doch alle anderen Figuren sind männlich, hier holt sich Janosch eine Menge Verstärkung. Er hat aber nach wie vor keine Lust auf den Test, mag keine Geschichte zu den Bildtafeln erzählen, ihm falle nichts ein. Er ist ganz versessen darauf, dass ich rauche. Also gehe ich mit ihm auf die Terrasse, setze mich in die Sonne und lasse mir eine Zigarette anzünden. Vorher muss ich allerdings Janosch auch eine Zigarette drehen. Er möchte ebenfalls rauchen. Hier deutet sich ein Wunsch nach Identifikation mit dem erwachsenen Mann an. Da ich ihm das richtige Rauchen natürlich verbiete, will er wenigstens eine unangezündete Zigarette in den Mund stecken. Während ich in der Sonne sitze und er auf der Zigarette herumlutscht, spielt Janosch mit einem leeren Einwegfeuerzeug, das ich ihm geschenkt habe. Er will alles Mögliche anzünden und fragt mich jeweils, wie gut die Sachen brennen würden. Noch drinnen im Esszimmer hatte er eine Phantasie entwickelt, wie das Haus in Flammen aufgehen könnte. Ich sagte ihm, dass ich sofort löschen würde, wenn etwas Feuer fängt, und er fragt mich genau, wie ich das machen würde.

Was bedeutet für Janosch diese Gefahr einer unkontrollierten Feuersbrunst? Ich glaube, dass es hier um männliche Aggression und ihre Kontrolle geht. Janosch will wissen, was ich machen würde, wenn mein Haus brennt, und ich beschreibe es ihm ganz genau. Dabei habe ich das sichere Gefühl, mit einem solchen »Feuer« umgehen zu können (damit fertig zu werden) und möchte diese Sicherheit dem kleinen Jungen vermitteln. So als wollte ich ihm sagen: Mach dir keine Sorgen. Wenn ich da bin, passiert nichts Schlimmes. Wir bekommen das in den Griff. Janosch traut mir das aber nicht sofort zu (»Das kannste nicht löschen!«). Schließlich erhebt er einen letzten Einwand: »Wenn Du jetzt mal 'n kleines Kind wärst« … Als ich darauf eingehe und sage, dass ein kleines Kind *nicht* weiß, was es dann tun soll, widerspricht er mir vehement: »Ja, Feuer. Weiß ich eben *schon*. – Wasser!« – Also kennt auch er sich aus.

Später frage ich ihn, ob er vielleicht Angst hat, mit seinem Feuerzeug Blödsinn zu machen, und er sagt: »Du bist doch dabei.« Als ich erwidere, ich ginge ja später auch wieder weg, sagt er spontan: »Da geh ich mit«. Und sofort entwickelt er eine Phantasie, was wir beide dann zusammen machen könnten, nämlich Kühe erschrecken, indem wir so tun, als wollten wir den Weidezaun abbrennen. Da kriegen die Kühe einen Schreck und rennen weg. Hier zeigt sich deutlich, dass sich die gefährliche männliche Aggression gegen weibliche, mütterliche Wesen (Kühe) richtet. Und zwar gegen die Grenzen der weiblich-mütterlichen Welt (Weidezaun). Die sollen abgebrannt werden, zumindest im Spiel. Doch auf einer anderen Ebene gibt es die »Brandgefahr« auch zwischen uns: Wie werde ich damit umgehen, wenn es zwischen Janosch und mir gefährlich wird?

Ein echtes Feuer
Janosch bleibt ganz auf das Feuer fixiert. Nach einiger Zeit, während der er sich von diesem Thema absolut nicht ablenken lässt, schlage ich vor, dass wir spazieren gehen und einen Platz suchen, wo wir ein richtiges Feuer machen können. Ich habe das Gefühl, dass das notwendig ist, um Janoschs Wunsch nach Feuer zu befriedigen, und hoffe, dass das Thema dann in den Hintergrund treten kann. Wir sagen der Oma Bescheid, die sich im ersten Stock aufhält. Janosch erzählt ihr, dass wir Feuer machen wollen. Sie ruft aus: »Das ist lebensgefährlich! Dann kommt die Polizei!« Als ich ihr ruhig entgegne, dass wir eine sichere Stelle suchen und nur ein kleines Feuer machen werden, sagt sie: »Ihre Verantwortung!« Dann erzählt sie, wie sehr sie selbst als Kind vom Feuer fasziniert war. Dabei macht diese eher strenge Frau plötzlich einen lustvollen, spitzbübischen Eindruck. Ich glaube, dass es für Janosch eine erstaunliche Erfahrung ist, dass ich der Oma meinen Willen entgegengesetzt und damit gewonnen habe. Und dass die Oma dann sogar selber Lust auf Feuer bekommt ...

Janosch und ich gehen los. Bei einer Viehweide nehmen wir etwas Stroh mit, unter einer Hecke finden wir trockenes Laub, mit dem ich mir die Taschen vollstopfe. Janosch ist ungeduldig und will an allen erdenklichen Stellen Feuer machen. Ich bestehe jedoch darauf, dass wir einen wirklich geeigneten Ort finden. So laufen wir ein Stück, finden auch noch ein paar trockene Zweige und kommen schließlich auf eine winterliche Weide an einem Bach. Dort häufen wir alles Brennmaterial auf, und nun beginnt das Anzünden. Wir haben beide ein Feuerzeug, aber der Wind bläst es immer wieder aus. Schließlich gelingt uns ein erstes Feuer, indem ich einen dürren Zweig entflamme und damit das Feuer anzünde. Doch es ist noch nicht genug. Wir sammeln weiteres Material, zünden das Feuer wieder an, diesmal wird es größer. Ich habe ebensolchen Spaß an der Sache wie Janosch. Immer wieder legen wir nach: dürres Gras und kleine Äste, die wir am Bach finden. Nachdem das Feuer heruntergebrannt ist, löschen wir es mit Schnee, Janosch tritt dann die Reste platt, und wir gehen. Auch auf dem Rückweg spielt er mit dem Feuerzeug und sagt, er würde gern die ganze Wiese anzünden. Hier bringt Janosch zum Ausdruck, dass ihm das kleine Feuer längst nicht genügt hat, er will mehr! »Die ganze Wiese anzünden« ist ein starkes, fast erschreckendes Bild für das Ausmaß an in der Phantasie grenzenloser Aggression, die in ihm steckt. Auf dem Rückweg entwickelt sich ein verwirrender kleiner Dialog:

I: Vielleicht kannst Du ja auch mal mit Deinem Onkel Feuer machen.
J: Opa?
I: Nein, mit Deinem Onkel. Dem Bruder von Deiner Mama. Wie heißt der?
J: Klaus-Dieter. (Das ist der Name des Vaters)
I: Ist Klaus-Dieter nicht Dein Papa?
J: Nein. Opa. Opa ist unser Papa.

Meinerseits kommt hier der Wunsch zum Ausdruck, es möge auch andere Männer geben, die mit Janosch zusammen Feuer machen. Ich spüre sehr stark das diesbezügliche Bedürfnis des Jungen und weiß, dass ich es nicht werde befriedigen können. Doch erschreckenderweise scheint die ganze männliche Objektwelt von Janosch durcheinandergeraten zu sein. Wer ist Opa, wer Onkel und wer Vater? In jedem Fall scheint keiner zuständig fürs Feuermachen: Opa ist schwach und krank und von den Frauen beherrscht. Der Onkel hat kein Interesse, und der Vater wird gar nicht mehr als Vater wahrgenommen, sondern mit seinem Vornamen benannt.

Wieder zu Hause angekommen, erzählt uns die Oma, dass sie unser Feuer gesehen hat. Sie ist jetzt ganz lebhaft und angeregt. Wir trinken zusammen Kaffee und essen Kuchen. Janosch ist dabei albern, aufgedreht und ungezogen. Ich habe das Gefühl, dass er seine Oma provozieren will, die auch prompt jeweils mit Schimpfen und Drohungen reagiert. Einmal meint sie sinngemäß, Janosch habe jetzt wohl männliche Verstärkung. In mir bekräftigt das den Eindruck, dass in der Familie das Männliche nicht besonders geschätzt wird. Ich fühle mich einerseits mit Janosch solidarisch, andererseits geht er mir auch auf die Nerven. Nach dem Kaffee geht die Oma eher widerwillig nach oben. Ich will nun mit Janosch den Test machen und vereinbare mit ihm, dass wir anschließend »Computor« spielen. Doch wie zu Beginn ist Janosch wieder angespannt, unkonzentriert und lustlos. Zwar schaut er die Karten an, doch zu jeder Karte liefert er nur einen kargen Kommentar, legt sie schnell zur Seite und nimmt die nächste. Wieder ist es anfangs schwierig, ihn zum Geschichten-Erzählen zu bewegen. Mehrmals sagt er »Ich weiß nix«, und zunehmend ist mein Eindruck, dass er Angst hat, etwas falsch zu machen. Doch nachdem ich alle Karten auf dem Tisch ausgebreitet habe, siegt schließlich doch seine kindliche Neugier.

Nach dem ersten Durchgang schaltet Janosch meinen Kassettenrekorder aus, was er schon bei der vorletzten Karte tun wollte. Er will endlich fertig werden, aufhören, und mich macht das zunehmend aggressiv. Ich habe das Gefühl, er boykottiert den Test. Als alle Karten im Telegrammstil bearbeitet sind, will er die Kassette hören, die ich aufgenommen habe. Ich sage: »Ach so. Deswegen hast Du Dich so beeilt. Du wolltest einmal hören, was ich aufgenommen habe.« Ich spule zurück, gebe ihm den Kopfhörer und mache mir inzwischen ein paar Notizen. Während des Hörens passiert etwas Eigenartiges: Janosch sagt plötzlich »Klaus-Dieter« (das ist der Name des Vaters) und später noch zwei oder dreimal »Papi«. Ich bin davon sehr betroffen. Nachdem Janosch das Band gehört hat, will ich den zweiten Teil des Tests mit ihm machen. Er will aber nicht und lässt sich nur ganz kurz darauf ein.

Im ersten Teil hatte er bevorzugt Themen von oraler Versorgung ausgewählt, doch er erlebt sich außerhalb dieser Versorgungssituation – es gibt nicht die richtige Nahrung für ihn. Er ist ausgeschlossen von einer vollständigen und harmonischen Familiensituation. Die Mutter hat nicht mehr die richtige Nahrung für ihn, er ist kein Baby mehr. Aber einen versorgenden Vater gibt es in seinem realen Leben auch nicht. In der Testsituation erfindet er schließlich einen Nährvater. Sich bei ihm etwas zu holen ist allerdings mit Schuldgefühlen und Angriffen von dritter Seite (Mutter, Bruder?) verbunden. Bei Bildkarten, in denen es um aggressive Auseinandersetzungen geht, wird deutlich, dass für Janosch keine Hilfe zu erwarten ist. Auf der Ebene der Geschwisterrivalität zeigt sich, dass er das Gefühl hat, zu kurz zu kommen. Die permanente Unterversorgung macht ihn wütend, und zwar offenbar in erster Linie auf die Mutter. Aber sofort macht diese Aggression auch Angst und Schuldgefühle, denn die Mutter wird in der Phantasie zur bestrafenden Angreiferin. Ganz schnell wird eine Ersatzmutter gefunden, bei der man endlich mal in Ruhe trinken kann, und das findet Janosch lustig. Doch die aggressive Auseinandersetzung mit der Mutter ist dadurch nicht beendet. Das Schweinchen Schwarzfuß muss weglaufen, um ihr zu entkommen, denn sie will ihn schimpfen. Noch einmal wird Nahrung benötigt, und Janosch holt sich diese beim Nährvater. Doch die Bestrafung folgt auf dem Fuße, denn im nächsten Bild kriegt Schwarzfuß nichts, weil er immer so frech ist. Bleibt wieder einmal nur, sich wegzuschleichen, um neue Abenteuer zu erleben, doch dabei besteht die Gefahr, sich zu verlaufen. Schwarzfuß träumt von einer Ersatz-Mutter und einem neuen Vater – er schafft sich in der Phantasie die Eltern, die er braucht. Noch einmal taucht das Motiv des Weglaufens und der Abenteuersuche auf, immer sofort auch bedrohlich, denn da könnte man ja plötzlich mitgenommen und vielleicht nicht mehr gerettet werden.

Dieses letzte Motiv ist das der Entführung, das ja in der Familie A. schon einmal bedrohliche Realität angenommen hat. Loslösung von der Mutter und das Austragen aggressiver Auseinandersetzungen mit ihr sind gefährlich: Es gibt keinen verlässlich guten Vater, auch der Kontakt mit ihm kann plötzlich durch heftige, unvorhersehbare Aggression kippen. Und dann könnte es passieren, dass der Kleine – zurück von seinen Abenteuern – auch zu Hause bei der Mutter nichts mehr kriegt. Sein Ausbüchsen wird bestraft – er könnte Liebe und Zuwendung der Mutter verlieren. Aggressionen können nicht in der Beziehung bewältigt und integriert werden. Entweder kommt es zu deren Durchbruch, wodurch sofort die Beziehung gefährdet wird, oder sie werden unterdrückt um der Sicherheit der dyadischen Bindung willen. So steht die Gefahr von (in der Phantasie) äußerst bedrohlichen Aggressionen (Feuer) nicht nur im Vordergrund der Testaussagen, sondern sie wird nun auch in der Situation zwischen Janosch und mir immer konkreter.

Krach

Die Sehnsucht nach dem nährenden, Sicherheit gewährenden Vater muss durch den Test in Janosch sehr stark aktiviert worden sein, denn aus »Klaus-Dieter« wird beim Abhören der Aufzeichnung plötzlich ein fast flehentliches »Papi, Papi!«. Doch obwohl mich das anrührt und erschüttert, werde ich in der nachfolgenden Situation nicht zum guten, verständnisvollen Vater, sondern zum strengen, sturen und bedrohlichen, den man dann eigentlich nur noch loswerden mag. Dabei signalisiert Janosch mir noch die Gefahr, weil er eine Testkarte auswählt, in der er das Opfer heftiger Aggression ist. Zugleich bringt er seinen Wunsch nach Harmonie und Gefüttertwerden zum Ausdruck. Doch auch ich fühle mich zu kurz gekommen (so wie Janoschs Vater?) und klage meine Rechte ein. Ein böser Machtkampf entsteht:

Janosch fragt, ob er das Tonband abschalten darf, und möchte an den Computer. Ich beharre auf meinem Wunsch und der Abmachung, zuerst den Test zu beenden und dann Computer zu spielen. Janosch stellt auf stur. Ich werde immer ärgerlicher. Obwohl mir das bewusst ist und ich mich eigentlich bremsen will, eskaliert unsere Auseinandersetzung. Janosch lässt mich total abblitzen. Ich müsse ja nicht Computer spielen, dann mache er es eben alleine. Ich: »Dann kann ich ja nach Hause fahren.« Er: »Ja.« Und dann: »Wie willst Du denn nach Hause fahren? Du hast ja gar kein Auto!« Ich: »Ich kann mir ein Taxi bestellen.« Er: »Ja, dann bestell Dir ein Taxi.«

Ich habe mich blindlings auf diesen Machtkampf eingelassen und ärgere mich maßlos über mich selbst. Ich bin zornig und gleichzeitig ratlos. Ich sage Janosch, dass ich mich über ihn ärgere und gehe eine Zigarette rauchen. Während ich draußen sitze, schleicht er drinnen herum und wirkt sehr unglücklich und traurig. Draußen kann ich mich wieder beruhigen und rufe ihn. Er will meine Zigarette anzünden, aber die ist schon an. Er geht wieder nach drinnen. Nach einiger Zeit rufe ich ihn und sage: »Ich habe mir was überlegt. Du hast jetzt mit mir was gemacht, worauf Du gar keine Lust hattest. Da kann ich ja jetzt mit Dir auch Computer spielen. Wollen wir uns wieder vertragen?« Janoschs Augen leuchten, und auch ich bin ganz erleichtert, dass unser Streit beigelegt ist.

Als ich wieder hereinkomme, fragt Janosch mich, ob er nach draußen darf, mit den anderen Kindern spielen. Obwohl wir gerade ausgemacht hatten, an den Computer zu gehen, sage ich: »Na klar kannst Du raus. Ich setze mich so lange an den Tisch und lese etwas.« Janosch geht und ich lese. Ich frage mich, was diese erneute Wendung bedeutet, aber ich habe Verständnis dafür, dass Janosch mich nach unserem gefährlichen Streit erstmal sitzen lässt. Ich habe nun das Gefühl, viel gewährender und geduldiger mit ihm umgehen zu können. Ich bin froh, dass meine heftige Wut »verraucht« ist. Im Nachhinein verstehe ich, dass ich kurzfristig die Position des bösen, bedrohlichen, gewalttätigen Vaters übernommen habe. Er ist sicher oft ebenso zornig gewesen und hat sich mit den Söhnen auf einen Machtkampf eingelassen, aus dem er nur noch mit immer heftigerer Gewaltanwendung heraus zu können glaubte. Diese Spirale von Macht und Gewalt ist nun zwischen Janosch und mir durchbrochen. Der Junge tut mir leid, und ich bin wieder einfühlsam und offen.

Schon nach zwei Minuten kommt Janosch an die Terrassentür. Ich rufe: »Soll ich aufmachen?«, und er sagt »Ja«. Ich: »Willst Du schon wieder rein?« Er: »Ja, es waren keine anderen Kinder da«. Ich frage ihn, was er nun machen möchte, und er sagt: »Das haben wir doch schon ausgemacht«. Also gehen wir in den Keller an den Computer und spielen dort einige spannende Spiele. Wir sind zusammen ein Team und kämpfen gegen einen bedrohlichen Totenkopf, der uns auffressen will. Das Spiel macht uns beiden großen Spaß. Nun ist es spät geworden. Janoschs Mutter kommt zurück.

Im Moment der größten Gefahr ist es uns doch noch gelungen, wieder zueinanderzufinden. Die nahezu grenzenlose Erleichterung, die das auf beiden Seiten auslöst, zeigt die Intensität des Wunsches, Aggression möge nicht die Beziehung zerstören, so wie Janosch es nicht nur zwischen seinen Eltern, sondern auch zwischen sich, David und dem Vater erleben musste. Nachdem es uns durch mein Abstand-Nehmen und Zur-Besinnung-Kommen gelungen ist, wieder Frieden zu schließen, können wir nun gemeinsam (am Computer) böse Mächte bekämpfen. Das stärkt die Zusammengehörigkeit und ist lustvoll. Als die Mutter wiederkommt, sind wir ganz entspannt und haben viel Freude gehabt.

Zusammen essen wir zu Abend, und es wird Zeit für mich, nach Hause zu fahren. Janosch fragt mich wie gestern schon, ob ich nicht übernachten kann. Er will auch dauernd wissen, wann ich wiederkomme. Ich bin sehr betroffen, weil ich weiß, dass unser Kontakt morgen enden wird. – Ich muss Janosch den Schmerz eines Abschieds zufügen, spüre, wie stark die Sehnsucht des Jungen nach einem Mann ist, der sich ganz viel um ihn kümmert, und leide darunter, dass ich diese Sehnsucht nicht erfüllen kann. Auf der Rückfahrt zur Bahn erzähle ich Frau A. auf ihren Wunsch von meinen Eindrücken. Ich berichte, wie es mir mit Janosch ergangen ist und empfehle ihr, eine männliche Bezugsperson für Janosch und David zu suchen; vielleicht einen Jugendlichen oder jungen Mann, der ab und zu mit den Jungen etwas unternimmt. Zuhause angekommen bin ich traurig und erschöpft. Ich wünsche mir, Janoschs Eltern wären in der Lage, um der Jungen willen wieder miteinander zu reden und eine vernünftige, einvernehmliche Regelung in Bezug auf die Kinder zu treffen, anstatt einander vor Gericht zu bekriegen. Ich nehme mir vor, Frau A. zumindest auf diese Möglichkeit anzusprechen.

David (7 Jahre): Der Rebell im schwarzen T-Shirt

Am Sonntagmorgen bin ich erschöpft von den beiden vorangegangenen Tagen. Ich verstehe das zum einen als Reaktion auf das anstrengende Vereinnahmt-Werden in der Familie A., zum anderen aber auch als Abwehr der heftigen Traurigkeit und Hoffnungslosigkeit, die mich in Identifikation mit den Jungen angesichts ihrer Vaterlosigkeit erfasst.

Frau A. und Janosch holen mich ab. Ich frage mich, wo David ist, und erfahre, dass Mutter und Sohn vor der Abfahrt einen Streit über Kleidung hatten: David wollte nicht anziehen, was die Mutter ausgesucht hatte, und die Mutter wollte nicht dulden, wie David sich anziehen wollte. Also durfte er nicht mitkommen, um mich abzuholen. Das ist ein sehr konkretes Beispiel für den schwierigen Umgang mit Autonomiebestrebungen und daraus resultierenden Aggressionen zwischen Mutter und Sohn.

Auf der Fahrt fragt Frau A. mich wieder um Rat wegen ihres Vaters. Janosch ist lebhaft wie vorgestern und will alles Mögliche mit mir machen. Unsere bedrohliche Auseinandersetzung von gestern hat offenbar sein Verhältnis zu mir nicht getrübt. Im Haus angekommen empfängt uns David in der von ihm favorisierten schwarzen Freizeitkleidung. Wir begrüßen uns, und ich merke, dass ich auch David sehr gern mag. Es gefällt mir, dass er sich so stur gegenüber der Mutter durchgesetzt hat, obwohl ich mich auch in die Situation von Frau A. einfühlen kann. Die Oma hat gekocht, aber das Essen ist noch nicht ganz fertig. Also gehe ich mit David in sein Zimmer und nehme auch gleich das Buch mit, das ich ihm als Geschenk mitgebracht habe. Er liest mir daraus vor und erzählt, dass er bei einem Lesewettbewerb in der Schule Fünfter in seiner Klasse war. Er liest auch wirklich sehr gut und flüssig, scheint mir aber etwas unter Leistungsdruck zu stehen. Dann ist das Essen fertig, und wir gehen ins Esszimmer.

Janosch belagert mich wieder mit der Frage, wann ich eine Zigarette rauche (die er mir anzünden kann), und David äußert alle möglichen Wünsche, was er mit mir machen möchte. Wir vereinbaren Folgendes: Zuerst meine Bildergeschichte (Test), dann ein Feuer machen gehen zusammen mit Janosch; danach möchte David mit mir seine Hausaufgaben machen. Nach dem Essen überlassen Frau A. und Janosch uns das Esszimmer, und ich mache mit David den Test. Er ist interessiert, macht gut mit, und alles klappt reibungslos. Auch David will nach dem ersten Durchgang hören, was er gesprochen hat, und ich gebe ihm den Kopfhörer.

Zunächst einmal fällt auf, dass David sich sehr viel williger und braver der Anforderung stellt, mit mir den Test durchzuführen. Er ist kooperativ und phantasievoll, und es gelingt ihm, eine vollständig zusammenhängende Geschichte zu entwickeln. Dabei steht in meiner Wahrnehmung seine Bravheit im Vordergrund. Ich fühle mich wie ein Lehrer mit einem besonders angenehmen Schüler.

Auch David wählt, ebenso wie gestern sein Bruder, bevorzugt Bilder oraler Versorgung, die auch ihn besonders anzusprechen scheinen. Doch auch bei ihm überwiegen Gefühle des Ausgeschlossen-Seins und Zu-kurz-Kommens. Wie bei Janosch sind Äußerungen von Aggression über diese Enttäuschung unmittelbar mit Schuldgefühlen und Angst vor Bestrafung verbunden. Auch das Thema der Geschwisterrivalität ist nicht zu übersehen. Doch David reagiert nicht etwa wütend auf die Konkurrenzsituation, sondern traurig. Mir scheint, als habe sich bereits ein depressiver Verarbeitungsmodus bei dem Siebenjährigen verfestigt, der auch später immer wieder deutlich wird.

Es taucht die Phantasie auf, dass man als Mädchen ein besseres Verhältnis zum Vater hätte. Die reale Lebenssituation, in der David sich mit seinem Bruder die mütterliche Versorgung teilen muss, spielt immer wieder eine große

Rolle. Schöner wäre es, die Mutter für sich allein zu haben. Doch zur Strafe für diesen Wunsch wird man verjagt und muss Trost bei einer Ersatzmutter suchen. Doch bei der darf es einem nicht so gut gehen wie bei der Mutter. In Situationen der Unterversorgung, Enttäuschung oder aggressiven Rivalität scheint es auch für David schwierig zu sein, sich von einer anderen Frau trösten und verwöhnen zu lassen. Hat er ein schlechtes Gewissen gegenüber der Mutter?

Immer wieder deuten sich recht geschlechtsstereotype Vorstellungen von Jungen und Mädchen an: Mädchen raufen nicht, machen sich nicht schmutzig, sind nicht so stark wie die Jungs und können gut mit dem Vater. Erschreckend empfinde ich eine Stelle im Test, als David zum Ausdruck bringt, dass das kleine Schwein vor lauter Erschöpfung nicht mehr schlafen kann.

Nach dem Test wird neu verhandelt, was wir nun machen. David möchte plötzlich lieber Fußballspielen. Ich bin damit einverstanden, und zusammen mit Janosch gehen wir zu einem Fußballplatz bei der Schule. Wir spielen eine ganze Zeit lang und haben alle drei Spaß daran. Obwohl ich ein eher schlechter Fußballer bin, findet David, dass ich »fast so gut wie Lothar Matthäus« spiele. Nach dem Fußball haben wir noch Zeit, und David und Janosch wollen mit mir noch ein Feuer machen. Also brechen wir auf zur Feuerstelle, sammeln Stroh und Äste und entzünden ein Feuer, das größer ist als das gestrige. Beide Jungen sammeln eifrig Material und können gar nicht genug bekommen. Nach einer guten halben Stunde brechen wir auf nach Hause, weil ich bald fahren muss.

Nun kommt ganz vehement das Thema Abschied. Beide Jungen bombardieren mich mit Fragen, wann wir uns wiedersehen und was wir alles zusammen machen. Ich bin in meinen Antworten sehr ehrlich und zunächst entschlossen, dass dies unsere letzte Begegnung ist. Aber als Janosch weint und auch David sehr geknickt wirkt, schlage ich vor, dass wir zusammen mit der Mutter und mit meiner Tochter im Frühling einmal alle in den Zoo gehen könnten. Danach reden wir noch über Männer und über den Vater. Es besteht wirklich ein tiefer Bruch zwischen den Jungen und ihrem Vater, und David sagt: »Der ist für uns gestorben«. Dennoch spüre ich auch die Sehnsucht hinter diesen Worten, aber zu einer Versöhnung wäre es ein weiter Weg. Mit dem Onkel haben die Jungen kein gutes Verhältnis, und der Opa ist schon so alt. Auch ich werde ganz traurig und verzweifelt bei dem Gedanken, dass es für diese Jungen keinen verlässlichen Mann gibt, der sich für sie interessiert. Nach Kaffee und Kuchen bringen mich Frau A. und beide Jungen zur S-Bahn. Es ist ein rührender Abschied.

Ich bin danach ganz erschöpft und traurig. Am Abend rufe ich Frau A. noch einmal an und vereinbare mir ihr einen Einzeltermin in München, da sie meinen Eindruck erfahren möchte. Ich will sie fragen, ob es nicht doch vorstellbar wäre, mit dem Ex-Mann gemeinsam eine akzeptable Vereinbarung zu treffen. Ich will auch noch einmal nachdrücklich darauf hinweisen, wie wichtig für die Jungen der Kontakt zu einer männlichen Bezugsperson ist.

12 Vaterlosigkeit als narzisstische Wunde

Fast alle von mir befragten vaterlosen Männer berichteten über Gefühle von Unzulänglichkeit, Minderwertigkeit, Außenseiter-Dasein und mangelndem Selbstbewusstsein während ihrer Kindheit, und sie brachten dieses Erleben in unmittelbaren Zusammenhang mit ihrer Vaterlosigkeit.

Aus der Perspektive der Entwicklung des Selbst kann das Verlassensein durch einen Elternteil als einzigartige Form des Verlusts und narzisstische Wunde betrachtet werden, konstatiert Mishne (1979). Unterschiedliche Phänomene wie der Tod eines Elternteils oder sein Verschwinden durch Trennung der Eltern können zusammengefasst werden als traumatische Erlebnisse des Verlassenwerdens, die häufig eine narzisstische Pathologie nach sich ziehen. Die massive Kränkung des Selbstwertgefühls verhindert einen gesunden Trauerprozess. Die verbliebenen Bezugspersonen (vor allem die Mütter) werden in der Folge häufig erlebt und behandelt, als wären sie ein Teil des Kindes und nicht etwa eigenständige Menschen mit eigenen Bedürfnissen (s. u.).

In einer sehr umfangreichen und langjährigen Untersuchung hat sich eine Gruppe von Psychoanalytiker/innen um Erna Furman aus dem Raum Cleveland mit den Effekten der Ein-Eltern-Familie auf die Persönlichkeitsentwicklung befasst. Bei den Ein-Eltern-Familien handelte es sich natürlich meist um alleinerziehende Mütter mit ihren Kindern. Die Forschungsgruppe stellte zahlreiche Vergleiche an: zwischen Kindern mit ähnlichen Verlusterlebnissen; zwischen Fällen von Verlust durch Tod und solchen, wo Eltern aus anderen Gründen abwesend waren; zwischen Kindern, die Zugriff auf elterliche Ersatzpersonen hatten, und solchen, die das nicht hatten; und schließlich zwischen diesen Individuen bzw. Gruppen und solchen Kindern, die mit beiden Eltern in vollständigen Familien aufgewachsen sind. Daten aus Kindertherapien wurden ergänzt und bereichert um Beobachtungsmaterial aus einem Kindergarten in Cleveland (Furman 1989).

Auch Furman und ihre Kollegen fanden Hinweise auf eine narzisstische Beeinträchtigung. Viele der Kinder aus Ein-Eltern-Familien waren überzeugt, dass jeder andere größer und besser sei als sie. Die Folgen dieses geringen Selbstwertgefühls sind unterschiedlich: Manche Kinder meiden aus Angst vor Minderwertigkeit den Kontakt mit Gleichaltrigen, andere imitieren im Kampf um Anerkennung ständig beliebtere Kinder und wieder andere wehren ihre

Unzulänglichkeitsgefühle ab, indem sie angeberisch werden und ihre Kameraden herabsetzen. Die Tendenz zu rascher *narzisstischer Kränkbarkeit* scheint jedenfalls ein hervorstechendes Charakteristikum von Kindern aus Ein-Eltern-Familien zu sein. Die Schwierigkeiten zeigen sich jedoch selten oder nur in geringerer Ausprägung in der häuslichen Umgebung, wo die betroffenen Kinder auf die Sicherheit der engen Bindung an den anwesenden Elternteil zurückgreifen und diesen häufig überstark vereinnahmen. Die Wertschätzung durch den verbliebenen Elternteil wird in exzessivem Ausmaß benutzt, um den versteckten Mangel an Selbstwert zu kompensieren. Diese Beobachtungen konnten bei allen Kindern aus Ein-Eltern-Familien gemacht werden, doch sie waren stärker bei solchen Kindern, die einen Elternteil durch Trennung und Scheidung verloren hatten als bei jenen, deren Vater oder Mutter verstorben war. Erklärbar ist dies mit der Tatsache, dass die Abwesenheit im Falle der Trennung nicht schicksalhaft ist, sondern von einem oder beiden Eltern aktiv herbeigeführt wurde und vom Kind umso stärker als kränkende Zurückweisung erlebt werden muss.

Die narzisstische Kränkung des Verlassenwerdens ist zunächst einmal unabhängig vom Geschlecht des jeweiligen Kindes und Elternteils. Dennoch gibt es natürlich Besonderheiten bei der Konstellation eines durch seinen Vater verlassenen und ganz von der Mutter abhängigen Sohnes, die nun an einem weiteren Fallbeispiel aufgezeigt werden sollen. Ich glaube, die Geschichte von Alexander vermag auf sehr eindrückliche Weise zu vermitteln, wie verheerend sich der Verlust des Vaters (und hier zeitweise auch der Mutter) auf die Entwicklung des Selbstwertgefühls auswirken kann.

Alexander (41 Jahre): Meinem Vater verzeihe ich alles!

Alexander ist 41 Jahre alt und von Beruf Schauspieler. Er wurde als einziges Kind eines Schauspieler-Ehepaars in einer mittelgroßen Stadt geboren. Die Eltern heirateten, als Alexanders Mutter bereits schwanger war. Infolge der Geburt musste die Mutter mehrere Wochen im Krankenhaus liegen; Mutter und Sohn waren in dieser Zeit in getrennten Kliniken untergebracht. Alexander war von Geburt an ein anfälliger Säugling. Auch nach der Heimkehr von Mutter und Sohn blieb er kränklich und wurde nach kurzer Zeit erneut für zwei Monate ins Krankenhaus eingewiesen. So verbrachte er seine ersten Lebensmonate hauptsächlich in der Klinik, meist von der Mutter getrennt. Der Vater war wegen seiner beruflichen Engagements als Schauspieler kaum zu Hause. Als Alexander 4 Jahre alt war, ließen sich die Eltern scheiden. Alexander wurde in eine ihm fremde Pflegefamilie gegeben, die mehrere hundert Kilometer entfernt lebte. Dort blieb er die nächsten beiden Jahre. In dieser Zeit sah er Vater und Mutter nur sehr selten. Zur Einschulung nahm die Mutter ihn wieder zu sich, gab ihren Beruf als Schauspielerin auf und arbeitete fortan ganztags in einem Geschäft. Alexander sah sie nach Schule und Kinderhort nur am Abend vor dem Schlafengehen. In der Schule entwickelte er sich unauffällig und war ein wegen seiner Selbständigkeit von vielen Erwachsenen bewundertes Schlüsselkind. Als er neun Jahre alt war, ging die Mutter eine neue Partnerschaft zu einem Mann ein, den sie zwei Jahre später heiratete. Auch der Stiefvater war ganztags berufstätig, so dass Alexander weiterhin tagsüber als Schlüsselkind lebte. Der Kontakt zu seinem leiblichen Vater blieb darauf beschränkt, dass Alexander einmal jährlich in den Ferien in das Heimatdorf des Vaters zu dessen Verwandten fuhr und dann auch hin und wieder seinen Vater zu Gesicht bekam.

Alexander hatte als Schüler einige homosexuelle Kontakte, in denen er die passive Rolle einnahm. Danach und bis heute hat Alexander ausschließlich heterosexuelle Beziehungen gelebt. Mit Anfang 30 heiratete er eine Frau, die zu diesem Zeitpunkt bereits von ihm schwanger war und eine Tochter zur Welt brachte. Nach drei Jahren wurde die Ehe geschieden. Alexander zahlte einige Jahre lang Unterhalt und betätigte sich als Wochenend-Vater. Nachdem seine frühere Frau eine neue Ehe eingegangen war, brach der Kontakt zur Tochter jedoch ab. Das Mädchen wurde inzwischen vom Stiefvater adoptiert. Seit vier Jahren lebt Alexander in einer festen Beziehung mit einer Frau, die ihrerseits zwei Kinder hat. Das Paar hat jedoch niemals zusammen gewohnt, und die Beziehung steckt derzeit in einer tiefen Krise. Alexander glaubt, dass er sich bald von dieser Frau trennen wird.

Er arbeitet momentan als Lehrer an einer Schauspielschule und lebt allein in einem kleinen Appartement. Zu seinem Vater hat er seit etwa zehn Jahren regelmäßigen Kontakt: Er besucht ihn ein- bis zweimal jährlich. Der Vater, der seine erfolgreiche Bühnenlaufbahn beendet hat, lebt inzwischen als alter Mann in dritter Ehe in seinem Heimatdorf. Alexander hat drei Stiefgeschwister: Einen Bruder und eine Schwester Ende 20 aus der zweiten Ehe des Vaters sowie eine 12-jährige Schwester aus dessen dritter Ehe. Die zweite Ehe seiner Mutter brachte keine Kinder hervor und ist seit einigen Jahren geschieden.

Über eine gemeinsame Bekannte erfahre ich von Alexander: Er sei ein vaterlos aufgewachsener Mann und vielleicht daran interessiert, über das Thema zu reden. Ich bitte die Bekannte, ihn zu fragen, ob er ein Interview machen möchte. Eine Woche später gibt sie mir seine Telefonnummer. Ich erfahre von ihr noch, dass Alexander Schauspieler ist, aber auch alles mögliche andere mache und wenig Zeit habe. Außerdem erwähnt sie, Alexander sei nicht völlig vaterlos, aber über viele Jahre vaterlos aufgewachsen. Außerdem sei er selber Vater, lebe aber von Frau und Kind getrennt und habe mit dieser Situation Probleme.

Einige Tage später rufe ich Alexander an und hinterlasse eine Nachricht auf seinem Band. Seine Stimme ist klar, fest und forsch. Ich stelle ihn mir interessant vor, mit dem etwas exzentrischen Flair eines Künstlers. Er fordert den Anrufer mit seiner Ansage auf, ihm eine »schöne Nachricht« zu hinterlassen. Ich sage, ich wisse nicht, ob meine Nachricht schön für ihn sei, trage kurz mein Anliegen vor und hinterlasse meine Telefonnummer.

Noch am selben Abend ruft Alexander mich an. Unser Kontakt ist sofort locker und unkompliziert. Es verstärkt sich mein Eindruck, dass Alexander eine eigenwillige und interessante Persönlichkeit sein muss, vor allem durch die Art, wie er spricht: selbstbewusst, gekonnt, sicher. Ohne jegliche Komplikationen finden wir einen Termin und verabreden uns bei Alexander zu Hause.

Auf dem Fußweg zu Alexanders Wohnung stimme ich mich auf das Gespräch ein. Ich bin zu früh und gehe darum noch ein paar Blocks spazieren. Pünktlich klingele ich dann an der Tür eines hässlichen Apartmenthauses, das ich schon beim ersten Vorbeigehen betrachtet hatte. Dabei dachte ich: »Oh je, der Ärmste. Ein erfolgreicher Schauspieler scheint er nicht zu sein«. Die Bekannte hatte ja bereits angedeutet, dass Alexander auch anderen Arbeiten nachgehe, so dass ich mir nun einen brotlosen Künstler vorstelle. Zunächst öffnet Alexander nicht. Ich klingele ein zweites Mal, und wiederum vergeht ein längerer Zeitraum, bis der Türöffner betätigt wird. – Ob er geschlafen hat? Im ersten Stock empfängt mich ein Mann, der ganz anders aussieht, als ich ihn mir vorgestellt habe: Er ist eher klein, wirkt etwas ungepflegt, und ich habe den Anflug einer Phantasie von psychischem Elend und Depression.

Wir begrüßen uns, und im sehr kleinen, engen Flur ziehe ich umständlich meine Jacke aus, während Alexander mir mit einigem Abstand zuschaut. Relativ unvermittelt sagt er dann, er sei heute nicht gut drauf und deutet Partnerschaftsprobleme an. Er bittet mich in ein ungemütliches Zimmer, das sich als karge Wohnküche entpuppt. Ein kleiner Tisch mit zwei unbequemen Stühlen ist der Platz für unser Gespräch. Alexander kocht sich einen löslichen Kaffee und bietet mir auch etwas zu trinken an. Ich stelle das Tonband auf, lege mir etwas zu schreiben zurecht, während Alexander Wasser heiß macht und wir bereits munter miteinander plaudern. Alexander hat ein scharfgeschnittenes

Gesicht, das weder schön noch besonders einladend auf mich wirkt. Ich bin insgesamt irgendwie enttäuscht von seiner Erscheinung und seiner Wohnung und denke noch, dass ich hier nicht lange bleiben möchte. Dennoch weiß ich von Anfang an, dass es ein intensives und interessantes Gespräch werden wird.

Nach kurzen einführenden Bemerkungen zu meiner Untersuchung frage ich Alexander, ob er Fragen an mich hat, bevor wir in das Thema einsteigen, da ich ihm ja ganz fremd sei. Er antwortet:

> Eigentlich nich. Also, ich mach die Sachen immer nach Gefühl und fang dann einfach an. Also, ich brauch nichts über Sie zu wissen, also... Das ist für mich – ich geh immer nach meinem Gefühl zu Menschen. Das... Von mir aus können wir auch sofort anfangen.

Das kommt zunächst an wie ein Kompliment und Vertrauensbeweis, doch später erscheint es mir eher so, dass Alexander sich in der Tat für mich als Mensch nicht im Geringsten interessiert, was durchaus auch etwas Kränkendes hat. Im weiteren Gesprächsverlauf erlebe ich mich oft »an die Wand geredet«, ganz in die Rolle des ausschließlich Zuhörenden gedrängt, ein anonymes Publikum, das man im Rampenlicht nicht sehen kann.

Ein schauspielender Vater...

Alexander erzählt, dass seine Eltern während seiner ersten vier Lebensjahre verheiratet waren. Dabei ist zweierlei auffällig: Zum einen äußert er sofort Zweifel und Misstrauen, was denn nun seine Erinnerungen seien und was die Erzählungen seiner Mutter. Zum anderen betont er, dass seine Mutter sich habe scheiden lassen, nicht etwa die Eltern. Aus beidem erspüre ich eine negative und ablehnende Einstellung gegenüber der Mutter, die er später auch ganz konkret äußert. Der erste Satz über seinen Vater ist eigenartig:

> Aber vom, von meinem Gefühl her war mein Vater Schauspieler, so wie ich auch... Er war halt sehr oft weg.

Zunächst einmal verwirrt die Auskunft über den väterlichen Beruf: Warum »von meinem Gefühl her«? Neben der Sachebene klingt hier vielleicht ein eher unbewusstes Gefühl von Alexander an, dass sein Vater immer geschauspielert, gespielt hat, also nicht echt und authentisch war. Spätere Auskünfte über den Vater bestätigen diese Ahnung. Wichtig erscheint mir als Nächstes die Betonung des »so wie ich auch«. Hier wird Ähnlichkeit, wenn nicht sogar

Gleichheit mit dem Vater schon in der allerersten Äußerung angedeutet. Aber »er war halt sehr oft weg«... Zu keiner Zeit seines Lebens hatte Alexander einmal einen längerfristigen, kontinuierlichen oder gar alltäglichen Kontakt mit seinem Vater, auch nicht in den ersten vier Lebensjahren. Er sagt:

> Wenn er da war, war es immer ein Fest, weil er wahnsinnig toll und gern mit mir gespielt hat. Also das war... Ich hab' ne ganz tolle Erinnerung... an die Momente, wo er da war.

Hier klingt bereits etwas an von einer Idealisierung des Vaters. Den Kontakt zu ihm hat Alexander stets als etwas Kostbares, Exklusives, Aufregendes erlebt – ein Fest eben. Hinter dieser Aufregung verblasst die Traurigkeit über die fast durchgängige Abwesenheit des Vaters, an die Alexander sich aber durchaus erinnert, vor allem aus der Zeit seines Aufenthaltes in der Pflegefamilie:

> Und da weiß ich – das sind so jetzt die ersten Erinnerungen, wo ich wahnsinnig traurig war, als er nach zwei Tagen oder einem Tag wieder weg ist. Das war ganz schlimm für mich.

Dass Alexander seinen Vater bis heute einseitig positiv erlebt, ist ihm verstandesmäßig durchaus bewusst. Aber dieses Bewusstsein hat keinen Einfluss auf sein Gefühl:

> Und ich liebe ihn... also, ich liebe ihn sehr! Und... mir ist durchaus klar,... dass ich ihn sehr hochhebe... und... da ich nie den Alltag mit ihm verbracht habe – zumindest nicht bewusst – musste ich ihn auch, seine Schwächen und die negativen Anteile nie ertragen, und deswegen ist es leicht, ihn zum König zu machen. Das ist mir alles klar, aber das ist mir wurscht, ich... Ich verzeih ihm, ich... Es gibt eigentlich kaum einen Menschen, dem ich so viel verzeihe wie ihm.

Dieses Bekenntnis wird auch gleich erhärtet, wenn Alexander sagt, dass er seiner Freundin nicht so viel verzeihen würde, und seiner Mutter sowieso nicht! Seine Gefühle gegenüber dem Vater fasst er folgendermaßen zusammen:

> Und er macht mich... Es is so ne Mischung aus Liebe und immer noch Traurigkeit, also auch heute noch... Ich bin jetzt 41, wenn ich von ihm wegfahr, der wohnt in der Nähe von X... Wenn ich ihn besucht hab, dann könnt ich heulen, ja? Das ist nach wie vor ganz stark.

An dieser Stelle des Gesprächs, bereits nach etwa fünf Minuten, wird es offenbar uns beiden etwas zu viel, und es wird zunächst einmal ganz sachlich. Ich lasse mir noch einmal stichpunktartig die Stationen der ersten Lebensjahre aufzählen und schreibe sie mir mit Altersangaben auf. Seine »Abschiebung« in die Pflegefamilie betrachtet Alexander rückwirkend als das entscheidende Trauma seiner Kindheit, das sein Lebensgefühl bis heute beeinflusse:

> Da hab ich weder meinen Vater noch meine Mutter … gesehen. Da hab ich mich vollkommen komplett allein gelassen gefühlt von beiden. Also, das ist auch … (seine Stimme wird etwas tiefer) bis heute nicht gelöst, das ist also 'n Trauma, also dieses Gefühl, verlassen zu sein, das is … is leider das Urgefühl von meiner Kindheit … vom Inneren her, das merk ich auch in allen meinen Beziehungen, ehm … fühl ich mich … kein Heimatgefühl, nicht das geringste. Das ist eigentlich so mein Kindheitsmuster, sag ich jetzt mal.

Doch ebenso wie die Scheidung der Eltern schreibt Alexander auch dieses traumatische Verlassenheitsgefühl nicht beiden Eltern oder dem Vater, sondern der Mutter zu:

> Das hängt aber vom Gefühl mehr mit meiner Mutter zusammen, diese Heimatlosigkeit, als mit meinem Vater.

Sofort relativiert Alexander die Gefühle von Verlassenheit und Heimatlosigkeit, indem er ein wunderschönes Bilderbuch-Szenario der Pflegefamilie zeichnet: Mit einer gemütlichen, vorlesenden und häkelnden Oma und lauter Menschen (Frauen), die ihm ganz viel Liebe gegeben haben. Das fehlende Heimatgefühl habe er dort bekommen. Mehrmals gebraucht er das Wort »wunderschön«, während mir gleichzeitig ganz leer und elend zumute ist. Nicht nur die Trennung der Eltern musste der 4-Jährige verarbeiten, sondern auch die Trennung von den Eltern und der gewohnten Umgebung.

… und ein schauspielender Sohn

Doch selbst wenn die wiederum idealisierend anmutende Erinnerung an die Pflegefamilie dem realen Erleben des Kindes von damals entspricht, dann muss das erneute Herausgerissen-Werden aus diesem Lebensumfeld nach zwei Jahren für Alexander eine weitere traumatische Erfahrung gewesen sein. Nach dem Aufenthalt in der ländlichen Großfamilie wartete nun das einsame, sehr viel Selbständigkeit erfordernde Leben eines Schlüsselkindes in der Stadt auf ihn: Schon morgens um sieben wurde Alexander von seiner Mutter in den Kinderhort gebracht, wo er auch nach der Schule wieder hin musste. Nachmittags ging er allein nach Hause. Erst am Abend um sechs kam die völlig erschöpfte Mutter von der Arbeit, und gemeinsam verbrachten sie noch ein bis zwei Stunden, bevor der Junge ins Bett musste.

Über die psychische Verfassung der Mutter kann man nur Vermutungen anstellen. Sie hatte eine gescheiterte Ehe hinter sich und ihren Beruf aufgegeben, um ihr einziges Kind zu sich nehmen zu können. Sie war partnerlos, musste ganztags arbeiten und konnte mit ihrem Sohn nur wenig Zeit verbringen. Später wird sie es aushalten müssen, dass Alexander sie für die gesamte Misere seiner Kindheit (und auch seines Erwachsenenlebens) verantwortlich macht, während er seinem Vater alles verzeiht. Die zahlreichen massiven Entbehrungen seiner Kindheit hat Alexander in der äußeren Entwicklung offenbar progressiv verarbeitet:

> …war damals schon… bis heute auch die Prägung: »Ich schaffe alles, ich komm alleine klar«. Ich war das bewunderte, ehm, von allen Nachbarn bewunderte, starke, sag ich jetzt zynisch, Schlüsselkind, das immer…Ich war der Sonnenschein. Ich war auch immer gut drauf. Ich war der Stolz meiner Mutter, weil ich so gut alleine klarkam.

Als ich im Gespräch diese progressive Entwicklung zusammenfasse, wird jedoch deutlich, wie wenig die vermeintliche Stärke einer inneren Stabilität entspricht und wie fragil Alexanders Selbstwertgefühl ist. Er kann das sehr klar ausdrücken:

> Also, ich hab schon das Gefühl, dass ich sehr große Kraft hab – auf der einen Seite. Auf der anderen Seite bin ich sehr gefährdet, wenn da irgend… Also, das wirkt zwar nicht so, und da kann ich auch viele mit täuschen… Man glaubt immer, ich wüsste genau, was ich wollte, und dass ich sehr sicher bin. Aber im Grunde… Ich möchte Anerkennung, sonst nichts. Im Grunde, wenn ich ganz ehrlich bin. Und wenn ich die nicht kriege, bricht mein Bild sehr schnell zusammen. Also, ich hatte auch schon Krisen in meinem Leben, wo… wo ich… als ob ich wieder in dieses, ehm, »meine-Mutter-und-mein-Vater-sind-nicht-da-Verhalten«, ehm also… wie so ein kleines, wartendes, hilfloses Kind, wo absolute Depressions-Phasen waren, wo nichts mehr war. Wo ich fast, von heute aus gesehen, wie gestorben… Also, wo ich dachte, ich sterbe, nicht?

In dieser differenzierten Schilderung wird deutlich, dass die vermeintliche Stärke nur eine *zur Schau gestellte* ist. Alexander berichtet hier erstmals eine Diskrepanz zwischen Selbst- und Fremdwahrnehmung, die er später noch deutlicher machen wird: Niemand weiß, wie gefährdet er ist, wie schnell sein »Bild« zusammenbricht. Er kann andere gut täuschen, man merkt ihm nichts an. Kein Mensch hat einen Zugang zu seinen wahren Empfindungen. Selbst wenn er depressiv ist und sich verlassen fühlt, halten andere ihn für stark, selbstbewusst und »gut drauf«. Schon als Kind hat er für seine Mutter den »Sonnenschein« gespielt, und bis heute fällt es ihm schwer, Schwäche, Traurigkeit und andere eher regressive Gefühle zuzulassen oder gar mitzuteilen.

Auch in der Gesprächssituation wird das für mich sehr deutlich. Wenngleich Alexander von vielen Gefühlen redet und sie jeweils auch mit gekonnter Intonation schildert, scheint er sie nicht zu empfinden. Jedenfalls kommen sie bei mir nicht an; er wirkt gleichbleibend lebhaft und irgendwie von seinen eigenen Berichten unberührt. Wenn ich im Gespräch zuweilen traurig werde, mich leer oder hilflos fühle, dann sind das Empfindungen, die ich für mich allein habe, während Alexander munter weiterredet, mit starken Gesten und ohne jemals innezuhalten. Mache ich eine nachdenkliche Pause, lacht er unvermittelt. Wenn ich mich von all den schrecklichen und traurigen Schilderungen aus seinem Leben erschlagen fühle, hängt er schnell noch eine weitere Episode an oder wechselt das Thema. An mehreren Stellen, die ich emotional als besonders »dicht« erlebt habe, springt er unvermittelt auf, um sich noch einen Kaffee zu kochen oder sich mit anderen Verrichtungen in der Küche zu schaffen zu machen. Insgesamt wirkt er getrieben, fast gehetzt, und ist bemüht, mir eine gute Vorstellung zu geben, ohne sich mir wirklich zeigen zu können.

Wie stark dieses Bollwerk an Selbstdarstellung ist, wird für mich erst im Nachhinein deutlich: Während des Gesprächs lauschte ich Alexander überwiegend fasziniert und unternahm nur selten den Versuch, das Gespräch zu beeinflussen. Als ich später das Tonband abschrieb, wurde ich aggressiv und fühlte mich als »Behälter« benutzt und als Mensch und Person wie ausradiert. Erst bei der Auswertung des Gesprächs kann ich im ganzen Ausmaß empfinden, wie sehr Alexander das verlassene Kind ist, das tapfer mit allem fertig werden musste und um Anerkennung und Liebe rang, indem es die eigene Verzweiflung überspielte und bestens funktionierte.

Abenteuer, Erlebnis, Alleinsein

Nach etwa einer Viertelstunde nehme ich erstmals das Gespräch in die Hand, indem ich konkreter nach dem Vater frage und wissen will, wie Alexander ihn erlebt hat. Er antwortet:

> Mein Vater ist 'n sehr, 'n sehr lebendiger, jugendlicher auch – der ist jetzt 72 – aber damals, ein sehr unruhiger, feuriger, lustiger, ununterbrochen Quatsch machender kleiner Junge, im Grunde. Der ständig Grimassen zieht und Leute zum Lachen bringt, auch manchmal nervt, wenn er fünfmal hintereinander den gleichen Witz erzählt ... Aber, das war 'n Typ, mit dem also, vom Gefühl her die ersten 4 Jahre ... Er kam, hat 'n Spruch gemacht, ehm (laut, exaltiert): »Hallo, da bist Du ja, mein Schatz!« und Kuss und Umarmung und was machen wir denn jetzt? Und dann bin ich mit ihm rausgerannt und Fußball gespielt und ... Er hat stundenlang mit mir gespielt und hat sich verhalten wie 'n Kind, also, mit dem konnt man alles machen. Und das war, glaub ich, wunderbar, also des ... des, ehm ... (Pause) Wir ham Reporter gespielt, wir ham Theater gespielt, wir ham Stimmen verstellt, also so ... Singen – wir ham unheimlich gern zusammen gesungen auch, und ... (bricht ab).

Auch dieses Szenario wirkt rastlos und getrieben, ebenso wie Alexander in unserem Gespräch. Ich stelle mir einen strahlenden Schauspieler-Vater vor, der nach wochenlanger Abwesenheit kurz zu Hause auftaucht, sich seiner Vater-Rolle erinnert und für einen Moment voll und ganz in diese Rolle eintaucht. Für den kleinen Sohn war es völlig unberechenbar, ob und wann der Vater kam und wann er wieder ging. Er selbst hatte keinen Einfluss darauf. So nahm er, was er bekommen konnte, jederzeit abrufbereit, um dann – nach heftigem Spiel und Spaß – wieder in die Requisitenkammer verbannt zu werden bis zum nächsten »wunderbaren« Vater-Auftritt. Auch das kann Alexander zumindest verstandesmäßig erkennen, wenn er sagt:

> Also, was ich glaube ... Mein Vater ist eher, so schön das alles war ... Er ist das Gegenteil von einem beruhigenden Vater. Unberechenbar und sehr unruhig auch. Also, als Kind ... Ich glaube, ich war ständig in ... (mit hoher, kindlicher und erschreckter Stimme) »Wie? Was?« – also, so ... in ... nie so mal ankommen. Und, und auch eben immer dieses kurze Kommen und wieder weg. Das war ja auch so ... (I: ... so wie hochgepusht und ...) ... hochgepusht und wieder ... Und das ist ... auch grad jetzt mit meiner Freundin ... Das ist ja geradezu klassisch, wenn ich meine Beziehungen seh, das ist ja

> eine einzige Wiederholung. (Laut, aggressiv) Abenteuer, Erlebnis, Alleine-Sein. Abenteuer, Erlebnis, Alleine-Sein! – Alltag, Ruhe, Heimat… bis heute mein größtes Problem, auch mit jeder Frau, ne?

Alexander zieht nicht nur Parallelen zu seinen heutigen Partnerschaften, sondern auch zu seinem eigenen Vater-Sein. Er habe sich der eigenen Tochter gegenüber sehr ähnlich verhalten wie sein Vater ihm gegenüber.

Ich frage nach, wie denn wohl die Beziehung der Eltern zueinander gewesen sei in den ersten vier Jahren. Alexander erzählt, die Beziehung sei schon vor seiner Geburt praktisch beendet gewesen; da sei die Mutter mit ihm schwanger geworden. Eine Abtreibung wurde in Erwägung gezogen, doch das Paar entschloss sich dann doch zu heiraten. Von der Mutter, deren Schilderungen er jedoch misstraut, weiß Alexander, dass sein Vater sie ständig betrog. Alexander scheint das nicht schlimm zu finden und fragt sich stattdessen, »warum mein Vater eigentlich meine Mutter genommen hat«. Der Vater erscheint hier als attraktiver, bewunderungswürdiger Mann, der eine tollere Frau verdient hätte. Aus dieser Perspektive muss Alexander Schuldgefühle haben, dass der Vater sich seinetwegen noch weitere vier Jahre mit dieser unpassenden Frau gequält hat. Sein ganzer Hass richtet sich auf die Mutter, die ihn in seiner Vorstellung möglicherweise benutzt hat, um den Vater an sich zu binden, während er Verständnis für den Vater aufbringt und ihm verzeiht, dass er fortgegangen ist.

Keine Wut?

Im folgenden Gesprächsabschnitt schildert Alexander viele Eigenschaften des Vaters, die diesen als egozentrischen, desinteressierten und ausschließlich seiner Lust frönenden Menschen erscheinen lassen.

> Oder, er is'n Typ, zum Beispiel… Das ist ja auch geradezu – ich wunder mich selber! Ehm, er hört mir auch nie zu! Er ist so… er ist so ein Egomane auch. (…) Und er erzählt nur von sich. Er ist allerdings ein begnadeter Erzähler. Das heißt, ich hör ihm auch gern zu. Aber er ist der absolute Alleinunterhalter. Und wenn er sich abschottet, setzt er sich 'n Kopfhörer auf und guckt Fernsehen, stundenlang. Nach Monaten begegnet man ihm, und er sagt, ehm… (Stimme klingt wieder aufgekratzt) »Na? Wie geht's? Geht's Dir gut? Was machst'n so?« – »Ja, ich mach jetzt den Kurs …« – »Ja, ich mach übrigens diesen …« Also, er fragt Dich überhaupt nicht, was du tust.

Dennoch ist Alexander dem Vater niemals böse, wird niemals wütend auf ihn. Diese bemerkenswerte Tatsache greife ich im Gespräch auf:

I: Das sind ja beides Sachen, die einen, ehm... wahnsinnig wütend machen können...
A: Mh. Ich weiß.
I: Wo man auch das Gefühl haben könnte, schlecht behandelt zu werden.
A: Ich weiß!
I: Mh.
A: Ja.
I: Und Sie sind ihm aber nie böse.
A: (nach einem kurzen Schweigen) Wenn, werd ich traurig. Aber auch nur kurz.

Hier werden erstaunliche Parallelen zwischen der Vater-Sohn-Beziehung und der Interviewsituation deutlich: Auch Alexander ist in diesem Gespräch ein begnadeter Erzähler, der nur von sich erzählt und sich für mich nicht interessiert. Auch ich höre ihm gern zu und werde niemals böse, obwohl er mich in gewisser Weise schlecht behandelt. Allenfalls verspüre ich zwischendurch Traurigkeit, aber nur kurz, denn schon wartet Alexander wieder mit neuen, spannenden Episoden auf.

Immer deutlicher wird die starke Identifikation Alexanders mit seinem Vater und die Ähnlichkeit, ja Gleichheit zwischen beiden. Dabei scheint es nicht so zu sein, dass Alexander sich mit positiven wie negativen Eigenschaften des Vaters emotional auseinandergesetzt hat, sondern dass er wie unter Zwang Wesen und Leben des Vaters nachlebt, während er alles, was von seiner Mutter kommt, ablehnt und verachtet. Durch den fehlenden Ärger über den Vater kommen wir nun allgemeiner zum Thema Aggression. Alexander schildert seine generellen Schwierigkeiten damit, jemandem zu zeigen, dass er sich über ihn ärgert (Ausnahme: seine Mutter!). Wenn er dennoch einmal wütend wird, bekommt er Schuldgefühle und macht es gleich wieder gut, so zum Beispiel im Kontakt mit seinen Schülern. Alexander sucht im Gespräch Gründe für diese Eigenart:

> Also, ich möchte Menschen... ich möchte Menschen eigentlich nicht weh tun. Ich glaub, um... Ja. Ich hab, ich hab ganz große... Ich hätte ganz große Probleme damit, wenn ich jemand wäre, der von vielen Menschen abgelehnt würde. Damit kann ich gar nicht... Ich tu im Grunde alles dafür, dass mich alle toll finden.

Aggression ist also automatisch verbunden mit der Angst davor, abgelehnt zu werden. Damit ihn jeder »toll« findet, tut Alexander keinem weh. Dem Vater gegenüber ist diese Angst nur allzu verständlich: Als Kind hätte er vermutlich die ohnehin spärlichen Kontakte zum Vater aufs Spiel gesetzt, wenn er ihm Wut, Ärger oder Verzweiflung gezeigt hätte. Der ständig nach Applaus heischende Vater wäre dann ja in seiner Rolle als strahlender Papa infrage gestellt und angegriffen worden. Auch heute noch würde das beim Vater vermutlich einen narzisstisch gekränkten Rückzug hervorrufen. So wehrt Alexander negative Gefühle gegenüber seinem Vater so sehr ab, dass er sie gar nicht mehr spürt. Das, was er immer wieder als »Verzeihen« bezeichnet, erscheint mir eher wie eine ganz generelle Verleugnung all dessen, was der Vater ihm angetan hat und immer noch antut. Wie stark dabei die Sehnsucht nach wirklichem Kontakt mit seinem Vater und das Bedürfnis, mit ihm über die Vergangenheit zu reden, auch bei dem Erwachsenen noch ist, und wie wenig sich diese Sehnsucht in etwas Reales umsetzen lässt, wird deutlich, nachdem ich ihn gefragt habe, wie sich seine Liebe gegenüber dem Vater äußert:

> Ein Gefühl, es ist ein körperliches Gefühl wie Zärtlichkeit oder wie … Es is auch, je älter er wird, da is natürlich … Klar mach ich mir Gedanken, wie lange lebt er noch? Je … je näher der Tod rückt, sag ich jetzt mal so, desto mehr lieb ich ihn eigentlich. Desto zarter werd ich, desto versöhnlicher werd ich. Ich hatte mal ne Phase – das fällt mir jetzt grad ein – genau! Das war vor sieben, acht Jahren oder so. Da wollt ich ihm näher kommen und endlich mal wirklich mit ihm reden. Über meine Kindheit. Wie das denn aus seiner Sicht … Das hat mich sogar ziemlich lang beschäftigt. Und ich hab mir echt überlegt, ob ich ihn mal anspreche, ob wir nich mal zusammen zwei Tage alleine … wegfahren, nur wir zwei. Das hab ich aber … weiß noch, das hab ich mich ne Zeit lang nicht getraut. Und irgendwann war's auch wieder weg. Ich hab dann vorsichtige Versuche auch gemacht, ehm, ihn anzusprechen: »Sag mal, wie war das eigentlich? Und wieso hast Du uns eigentlich verlassen?« und so in der Art … Und da hab ich halt gemerkt, dass er unheimliche Panik davor hat. Da isser immer abgehauen vor dem Thema. Das ist der Verdränger, mein Vater ist der Verdränger schlechthin. (Hektisch, laut, »ätzend«, den Vater imitierend) »Ja, ehm. Mit der Sine …« – das is also meine Mutter – »ja … Das war … – Ja, das weißte ja, wie das war! Sag mal, ist Fußball schon?« – So.

Als ich frage, ob Alexander sich seinerseits vom Vater geliebt fühlt und wie der Vater diese Liebe ausdrückt, sagt er:

> Er verwechselt ab und zu die Namen. (Den Vater nachmachend) »Hallo, Klaus!« – Dann sag ich: Du, Papa, Du weißt schon, dass ich Alexander heiße? (Laut, hektisch) »Au, ja, ja!« – Da merk ich schon manchmal... – Weiß der... Meint der überhaupt mich? Das kommt mir jetzt. Das is, ehm... Also, ich... Wenn Sie mich so fragen, glaube ich, dass er mich nicht so liebt wie ich ihn. Da bin ich manchmal 'n bisschen misstrauisch, ob ich ihm auch so viel bedeute. Vermutlich nicht, weil ich bin einer von Vieren, und er is mein einziger...

An dieser Stelle springt Alexander hektisch auf, will Licht machen und äußert, der Tag heute sei äußerst komisch. Als er sich wieder gesetzt hat, frage ich ihn leise, wie das für ihn jetzt sei, das so zu sagen.

> Tja. (Lange Pause) Ja, schon... schade. Macht mich traurig. Wütend nich! Traurig.

Der verlassene Säugling

An dieser Stelle kann ich den Mangel an Wut oder Ärger auf den Vater kaum noch ertragen! Ich provoziere Alexander, indem ich sage, in der Entwicklungspsychologie habe man herausgefunden, dass kleine Kinder auf Entbehrungen und Verlassenheit zunächst mit heftiger Wut reagieren. Erst wenn die Aggression nicht ankomme und zu keiner Veränderung führe, würden die Kinder depressiv und apathisch. Diese Gesprächswendung fördert nun spontan und unmittelbar das erste und wohl ursprüngliche Kindheits-Trauma Alexanders zutage: seine Verlassenheit als Säugling. Er erzählt die Geschichte seiner ersten Lebensmonate, und dabei entsteht in mir zum ersten Mal ein Verständnis seiner einseitigen Abwertung der Mutter und Idealisierung des Vaters. Sehr reflektiert und eindrucksvoll schildert er, wie er sich als Säugling gefühlt haben muss:

> Und das war für mich Tod! Und meine Mutter war nicht da – das geht jetzt vor allem auf meine Mutter. Und da weiß ich noch sehr gut, dass ich, um nich... um den Schmerz... – Ich möchte nicht wissen, was ich da für Aggressionen hatte! Als Baby. Um das auszuhalten, nein, um mich und den Schmerz und das Verlassensein nicht zu spüren, hab ich Folgendes gemacht... Das war das! (hat seine Hände zu Fäusten geballt, den ganzen Körper zusammengezogen.) Ich hab Embryo... so! (I: Mh. Festgehalten.) Und genau aus dieser Haltung hab ich 'n großen Teil meines Lebens verbracht (mimt eine Explosion aus der zusammengekauerten Haltung mit-

> samt Explosionsgeräusch.) Das ist mir ziemlich klar inzwischen. Und ich glaube das, weil ich... Ich möchte nicht wissen, wie oft ich da geschrien habe! Irgendwann nur noch gewimmert, und irgendwann hab ich überhaupt nichts mehr gesagt. Ja! Und ich könnte mir vorstellen, dass das der Grund ist, warum bei mir dieser erste Impuls, ehm... ja, wie abgetötet, Sie wissen schon... Wie abgetötet oder gar nicht mehr zugelassen wird, weil es könnte mich ja daran erinnern, was damals war. So, wie gesagt, das war wie Sterben, das weiß ich.

Es folgen etliche nahezu hasserfüllte Episoden über die Mutter, der er auch die Schuld daran gibt, mit drei Monaten nochmals ins Krankenhaus gemusst zu haben. Die Ärzte hatten für den kränklichen Säugling einen Ernährungsplan aufgestellt, doch die Mutter hätte ihm aus Versehen immer zu wenig gegeben. Wie um zusammenzufassen, dass es der Mutter gegenüber niemals ein Verzeihen geben wird, während die Liebe zum Vater ungebrochen ist, sagt er wenig später:

> Das ist meine Mutter. Das ist nur Mutter, Mutter, Mutter. Ich sage bezeichnenderweise auch bis heute... Ich hab noch nie Mama gesagt. Also es ist mir undenkbar bis heute, und ich kann's mir nicht vorstellen bis zum Schluss, also bis meine Mutter stirbt, dass ich jemals das Wort »Mama« oder »Mami« zu meiner Mutter sagen könnte. Undenkbar! »Papa« dagegen is wunderbar. Und allein, dass ich zu meinem Vater »Papa« sage, allein das ist schon... Da ist schon alles mit ausgedrückt. Nur zu dem kann ich Papa sagen – das ist genau das Gefühl.

Alexander ist nun sehr aufgewühlt und vielleicht auch nahe an einer schwer erträglichen Traurigkeit. Er springt auf, fragt, ob ich noch etwas trinken will, obwohl mein Glas noch halb gefüllt ist, und stöhnt dann laut auf. Als ich frage, ob es zu viel sei im Moment, versichert er aber gleich, es tue ihm gut, darüber zu reden. Das wiederholt er mehrmals, wie um es sich selbst zu versichern. Im Nachhinein scheint es mir, als hätte er an diesem Punkt des Gesprächs von mir irgendeine Hilfe, einen Trost erwartet. Ich bin jedoch ganz erschlagen, und außer »Mh« und »Ja« bringe ich nicht viel zustande. Ich glaube, dass Alexander enttäuscht von mir ist und mich (und die Psychologie) im nächsten Atemzug erstmal ganz gewaltig abwerten muss:

> So lange hab ich mich damit rumgeschlagen, und... Ich lass mich davon nicht mehr beeindrucken. Und wenn ich das ärmste Waisenkind der

> Welt wär – vorbei! Ich habe keinen Bock mehr, mich von meiner Kindheit bestimmen zu lassen. Ich muss dazu sagen, dass ich … ehm, dass ich wirklich zehn, zwölf Jahre damit verbracht habe, meine Kindheit als Grund dafür zu nehmen, dass in meinem Leben Dinge scheiterten oder auch klappten … Ich war total – wie sagt man das psychologisch: kindheits-Dingsbums-bezogen … Und inzwischen – das hat viel mit meiner Arbeit zu tun – habe ich für mich, ich sag für mich, andere Wege entdeckt und halte diese ständige Reduzierung auf »Aha, was hast Du in Deiner Kindheit erlebt? Deswegen!« für mich … Erstens tut's mir nicht gut, es hat mir nichts gebracht. Und ich entdecke andere … Ich entdecke Dinge, die mir da helfen … Ich glaube, dass es möglich is, sag ich jetzt mal … – ein Leben is sehr kurz –, sich von der Kindheitsprägung nicht völlig unabhängig, aber ziemlich weit zu entfernen. Daran glaube ich inzwischen, und daran arbeite ich auch. Weil sonst sitze ich ja in fünf Jahren noch da mit … – Wie lange hab ich gejammert? Und immer wieder: »Weil ich als Kind verlassen wurde, kann ich keine Beziehung aufbauen« … Blabla! Ich hab keinen Bock, zum hundertsten Mal zu überlegen, warum ich nich wütend war … oder warum ich mich verlassen fühlte.

Hier kommt meines Erachtens eine massive Enttäuschung darüber zum Ausdruck, wie wenig ihm jahrelange Selbsterfahrungsversuche geholfen haben, ein glücklicheres Leben zu führen und mit Beziehungen besser umgehen zu können. In einem heftigen Befreiungsschlag meint Alexander plötzlich, man könne sich weitgehend freimachen von Kindheitsprägungen, während er doch zuvor und auch später immer wieder Beispiele dafür nennt, wie sehr sein Leben ein Wiederholen traumatischer Beziehungserfahrungen aus seiner Kindheit ist. Ich erlebe Alexander an dieser Stelle aggressiv mir gegenüber und fühle mich in die Defensive gedrängt als einer von diesen Psychomenschen, die alles auf die Kindheit reduzieren, ohne einem helfen zu können. Ab diesem Moment wird der Kontakt zwischen ihm und mir noch distanzierter, Alexanders Schilderungen sind noch weniger von spürbaren Affekten begleitet, und seine Darstellungen wirken noch unechter, im Sinne von gespielt.

Süchtig nach Leben

Alexander ist ein Mensch der heftigen Extreme: Seine Mutter hasst er, während er seinen Vater zu lieben und ihm alles zu verzeihen glaubt. Mit Psychologie und Psychotherapie hat er sich jahrelang intensiv und voller Hoffnung beschäftigt, um nun zu sagen, dass das gar nichts bringt. In privaten Liebesbeziehungen erlebt er zunächst geradezu berauschende Glücksgefühle, um sich nach einiger Zeit nur noch gelangweilt, bedrängt und eingeengt zu fühlen. So geht es ihm auch in seiner jetzigen Beziehung, auf die wir nun zu sprechen kommen. Diese Freundin hat er als »die Frau seines Lebens« bezeichnet, und er beschreibt eine symbiotisch anmutende, vollkommen harmonische Beziehung in den ersten zwei bis drei Jahren, die er aber heute geradezu unerträglich empfindet. Er überlegt sich, auf welche Weise er sich am besten von dieser Frau trennen kann, denn weh tun möchte er ihr natürlich nicht... Er erlebt sich als jemand, der in einer Beziehung keinen Alltag leben kann und das auch gar nicht will. Regelrecht wütend fragt er:

> Will ich das? Also, ich will doch mehr, ich will in der Gegenwart leben. Ich will im Augenblick leben. Muss ich durch irgendwas durchgehen? Muss ich mich langweilen? Gehört das zu 'ner Beziehung dazu? ...) Ich bin so süchtig nach Leben, nach Neuem, nach immer wieder... Dass ich mich frage, ob ich überhaupt irgendwas durchhalten kann (laut) und ob ich es muss? (Sehr laut) Muss ich's denn? Muss ich?

Aber es wird auch deutlich, dass das nur eine Seite von Alexanders Erleben ist. Auf der anderen Seite sehnt er sich geradezu nach Alltag, Beständigkeit und einem Zuhause. In seiner Ehe hat er sich für ein bis zwei Jahre intensiv in das Gefühl gestürzt, ein »ganz normales Leben« zu führen, eine Familie zu haben, Vater zu sein:

> Ich wollte die Heimat. Darum geht's nämlich. Ich wollte einer von allen... Ich hab es nicht mehr ausgehalten, dass ich so anders bin. Ich heirate jetzt. Auch verheiratet, ich hab jetzt auch ein Kind, ich bin jetzt auch bürgerlich. Das funktioniert bei mir nur nich. Das war ja klar!

Seine Frau begann ihn bereits ein halbes Jahr nach der Geburt der Tochter zu langweilen. Doch dafür hatte er jetzt eine intensive Beziehung zu seinem Kind, die ihn noch zwei weitere Jahre durchhalten ließ. Doch dann kam es zu Trennung und Scheidung, und seine innere Beziehung zu seiner Ex-Frau ist bis heute total hasserfüllt. Er erzählt, dass sie die Tochter gegen ihn aufgebracht habe, bis diese schließlich gar keinen Kontakt mehr zu ihm wollte und gesagt habe: »Du bist nicht mein Papa, Du Arschloch!« Seitdem ist der Kontakt abgebrochen, und es erschüttert mich, als Alexander sagt: »Die ist inzwischen adoptiert, ist wurscht!«

Als Psycho-Mensch ziehe ich natürlich wieder einmal Parallelen zu seinem

Vater, der ja auch stets Intensität und Wechsel gebraucht habe, bereits zum dritten Mal verheiratet ist und zwischendurch wohl auch ständig noch andere sexuelle Beziehungen zu Frauen gehabt hat. Das wird von Alexander auf der ganzen Linie bestätigt. Wie sein Vater könne auch er nicht treu sein, habe sowohl seine Ehefrau als auch die jetzige Freundin betrogen. Als ich in einer längeren Gesprächspassage sage, dass mich das nicht erstaune, da er selbst als Kind ja niemals Alltag in Beziehungen erlebt habe und gar nicht wisse, wie das gehe, schwenkt er wieder ganz auf meinen »Psycho-Kurs« ein und zieht selbst immer mehr Parallelen zwischen Kindheitserleben, Beziehung zu Mutter und Vater und seinem Leben als Erwachsener.

Als wir auf seinen Beruf zu sprechen kommen, erhalte ich eine Bestätigung für meinen Eindruck, dass Alexander Emotionen oft nur spielt, ohne sie zu empfinden, während er andererseits Gefühle, die er hat, kaum zeigen kann. Ganz besonders gilt das für den Bereich Aggression, auf den wir noch einmal ausführlich zu sprechen kommen:

I: Wenn Sie heftige Wut spielen, haben Sie nicht gleichzeitig Wut.
A: Nö! Ich kann jetzt hier auf der Stelle kann ich fünfmal »Nein!« brüllen, dass der Raum zusammenbricht. Dann tut mir das gut, aber ich fühl dabei nichts.

Andererseits schildert er, wie sich seine heftige Wut einem Schüler gegenüber, der zu spät kommt, innerlich verheerend auf seine Beziehung zu diesem auswirken kann, obwohl er ihm äußerlich die schönste Unterrichtsstunde gibt:

> Da kann ich ganz viel fühlen zu dem Schüler und mit ihm gerne arbeiten, und der bedeutet mir als Mensch was … Wenn man mich nicht beachtet, das isses im Grunde, könnt ich innerhalb von einer Sekunde … nur noch Kälte! Dann ist dieser Mensch für mich nie gewesen! Das geht bei mir unheimlich schnell!

Auch bei dieser Äußerung wird spürbar, dass es bei Alexander im Grunde ständig um seinen Selbstwert geht, der ausgesprochen leicht zusammenbricht. Er verstellt sich, um anzukommen, wahre Gefühle kann er nur schwer mitteilen, während gleichzeitig seine Bezugspersonen leicht von geliebten zu gehassten Objekten werden oder ihm plötzlich gleichgültig sind. Irgendein Therapeut habe mal zu ihm gesagt, er hätte das »schizophrene Als-ob-Verhalten«. Das erklärt er so:

A: (Laut, beißend) Ich selber habe irgendwie das Gefühl, es ist echt, dabei isses gar nicht echt, und alle anderen fallen drauf rein. Besser kann ich's nicht erklären.

I: Und woher wissen Sie dann, dass es nicht echt ist?

A: Weil ich abends dann im Bett liege und merke: Es hat ja überhaupt nicht gestimmt. Du warst überhaupt nicht im Kontakt mit Dir.

I: Aha.

A: Das kann ich schlecht mit Worten ... Also, ich merke, Du hast Dich wieder ... Das stimmt gar nicht, das war nur hergestellt, das war nur äußerlich, das war – es klingt sehr überzeugend: sehr zärtlich, zerbrechlich, aggressiv ...

I: Also so'n Gefühl, nicht mit sich selbst ... übereingestimmt zu haben?

A: Ja.

Es liegt nahe, diese Äußerungen auch auf die Interview-Situation zu übertragen: Was ist hier echt und was gespielt? Wie sehr oder wie wenig ist Alexander mit sich im Kontakt, während er mit mir redet? Wie erlebt er mich? Und wie mag er sich hinterher gefühlt haben? Ich habe die Phantasie, dass diese Art von Kontakt zu anderen Menschen unglaublich anstrengend sein muss, und mir selbst war nach dem Gespräch auch ganz kalt und elend zumute. Ich fühlte mich kraftlos, sehnte mich nach Wärme. Eine Teilnehmerin der Forschungsgruppe hatte nach dem Lesen des Interviews heftige Bedürfnisse nach nicht-erotischem Körperkontakt (Kuscheln).

Die gemeinsame Geliebte

In der letzten Viertelstunde des Gesprächs wird es noch einmal sehr spannend. Nachdem wir so lange über seine Beziehungen zu Frauen gesprochen haben, meint Alexander, dass wir damit wohl vom Thema abgekommen seien. Ich verneine das: Wenn es um den Vater geht, gehe es ja auch darum, wie der Vater mit Frauen zusammen sei und wie er, Alexander, mit Frauen zusammen sei. Unter dem Siegel der Anonymisierung des Interviews vertraut er mir nun folgende Geschichte an: Der Vater habe noch als 64-Jähriger neben seiner dritten Ehe eine längere Liebesbeziehung zu einer 23-jährigen Frau gehabt. Diese Frau habe er, Alexander, zufällig kennengelernt und mit ihr geschlafen, ohne von ihrer Beziehung zum Vater zu wissen. Als sie auf seinen Nachnamen zu sprechen kamen, habe sie ihm dann alles erzählt. Der Vater habe sich nach zwei Jahren heftiger Liebe von ihr getrennt, um nicht auch seine dritte Ehe zu ruinieren. Dabei sei er weinend vor ihr zusammengebrochen.

Bei dieser wunderbar ödipal anmutenden Geschichte könnte man nun vermuten, Alexander habe sich gefragt, ob er ein besserer Liebhaber sei als der Vater. Doch stattdessen empfand er heftige Eifersucht gegenüber der jungen Frau, die so intensive Gefühle von seinem Vater bekommen hatte:

A: Das hat mich, da hab ich sofort geheult... Da hab ich gedacht: Mein Vater weinend! Da hab ich gedacht: Des aber... des würd ich mir auch mal wünschen! Da hab ich so richtig...
I: Also, Sie haben das noch nie gesehen.
A: Nee. Da hab ich sie richtig beneidet. Also, es hat mir unendlich weh getan, die Vorstellung, dass mein Vater weint... Und gleichzeitig war ich fast eifersüchtig. Warum mit der und nicht mit mir?

An dieser Stelle wird sehr deutlich, dass Alexander die Ebene ödipaler Auseinandersetzung mit seinem Vater niemals erreicht hat. Was ihm fehlte, war ja bereits der frühe, »dyadische« Vater, der in intensivem Kontakt mit seinem Sohn dessen Gefühle spiegelt und auch seine eigenen Gefühle zeigt. Noch heute sehnt er sich nach diesem frühen, idealisierten Vater, von dem der kleine Junge geradezu braucht, dass er größer, stärker und besser ist.

Zwei weitere Geschichten runden diesen Eindruck ab, als ich nach Alexanders Beziehungen zu Männern im Allgemeinen frage: Zunächst erwähnt er seine homosexuellen Kontakte aus der Schulzeit. Dabei unterstreicht er die Ekelgefühle, die er damals empfunden habe, was im merkwürdigen Widerspruch zu der Tatsache steht, dass er über zwei Jahre (von 13 bis 15) hinweg immer wieder solche Kontakte suchte. Ich tippe also zunächst auf eine nachträgliche Abwehr von Impulsen, die durchaus homosexueller Natur gewesen sein könnten. Doch Alexander vermittelt mir schließlich das deutliche Gefühl, dass es ihm schon damals um Kontakt und intensive Nähe zu Männern ging, um Geliebt-Werden und Zärtlichkeit – also all das, was er in der Beziehung zu seinem Vater entbehrt hat. Dafür nahm er die sexuelle Handlung in Kauf, die er eigentlich »zum Kotzen« fand.

Ich glaub, weswegen ich's hab machen lassen: Ich hatte so ein Bedürfnis nach Angefasst- und Berührt-Werden, dass mir jedes, alles recht war.

Der beste Freund

Seit zwanzig Jahren hat Alexander einen »besten Freund«, von dem er in den höchsten Tönen spricht, wobei er ganz freudig und aufgedreht wirkt. Ich lasse mir diese Freundschaft genau schildern und bin frappiert (Alexander im Laufe der Erzählung auch!), dass sie exakt seiner Beziehung zum Vater entspricht:

Auch dieser Freund kommt, wann er will – Alexander hat darauf keinen Einfluss. Wenn sie beisammen sind, ist es ein »Fest«. Alexander hat absolute Hochgefühle und fühlt sich ausgesprochen verlassen und traurig, wenn der Freund wieder fortgeht. Auch diesem Freund verzeiht er alles:

A: Weil er ist der Typ, der sagt: »Ich komm dann.« Ich kauf ein und bereite alles vor, und dann ruft er an – weil er so spontan is – und sagt »Ich komm doch erst 'ne Woche später«. Das bringt der schon.
I: Und dann werden Sie wütend ...
A: Dann werd ich wütend, aber bei ihm ... Ihm verzeih ich auch sofort!
I: Ja.
A: (lacht lauthals, klatscht in die Hände) Klassisch! Ja ja.
I: Mh.
A: Der kann sich im Grunde auch alles leisten. Er ist auch immer willkommen. Also wenn der sagen würde ... Wenn der heute Nacht vor der Tür stünde und sagt: »Ich muss jetzt sechs Monate hier leben« ... würd ich keine Sekunde zögern. Keine Sekunde. Das würd ich bei keinem anderen Menschen machen so.

An dieser Stelle endet unser Gespräch. Alexander hat mich kurz zuvor darauf hingewiesen, dass er nicht mehr viel Zeit hat. Auch wenn ich darin eine Spur von Zurückweisung empfinde, die mit seiner möglichen Enttäuschung mir gegenüber zusammenhängen mag, finde ich das Gesprächsende sehr stimmig: Es schließt sich der Kreis zwischen Vater und Freund, Vergangenheit und Gegenwart, Idealisierung der Männer und Abwertung der Frauen. In meiner Rolle als fasziniertes Publikum war ich bis zuletzt gebannt, doch nun bin ich erschöpft. Auf dem Nachhauseweg überfallen mich schlechtes Wetter, aber auch innere Kälte und ein Anflug von Depression. So wenig wirkliche Wärme gibt es im Leben von Alexander, und auch unser Kontakt war letztlich kalt geblieben, so als hätte mich eine Glaswand von meinem Gesprächspartner getrennt. Zum Ende der Auswertung dieses ergiebigen Interviews macht mich das traurig. Mir ist nicht mehr kalt, und nach einer Phase heftiger Wut kann ich jetzt auch weichere Empfindungen diesem Mann gegenüber verspüren, der sich so große Mühe gegeben hat, die Rolle des Gesprächspartners in einem psychologischen Interview gut zu spielen. Vielleicht war das sein Geschenk an mich, sein Ausdruck des Wunsches nach Nähe.

13 Entwicklung des Gewissens

Fritz spielte am späten Sonntagnachmittag Fußball. Nur leider nicht auf dem Fußballplatz, sondern im Wohnzimmer. So kam es, wie es kommen musste: »Yeah! Elfmeter!«, rief er, und da war es auch schon geschehen. Der Ball wirbelte durch die Luft, plötzlich war da das Fenster, und klirr, der Ball knallte in die Scheibe. Sofort rannte Fritz' Vater ins Zimmer und brüllte: »Ja, was soll denn das? Ich hatte dir doch ausdrücklich verboten, im Haus Ball zu spielen!« Wie ein geölter Blitz raste Fritz zur Tür hinaus und war verschwunden. »Na warte, Bürschchen! Wenn ich Dich erwische, zieh ich dir die Hammelbeine lang!«, rief der Vater hinterher und ließ sich in einen Sessel fallen. Doch die Zeit verstrich, und Fritz kam nicht zurück. Schon eine halbe Stunde, nachdem der Junge verschwunden war, bereute Herr Schneider sein schlechtes Verhalten. »Wäre ich bloß nicht so streng gewesen... Schließlich habe ich als Junge auch alle möglichen Scheiben zertrümmert«, machte er sich Vorwürfe. Weitere zwei Stunden vergingen, ohne dass Fritz zurückkam. Den Vater hielt es nicht länger im Sessel, er stand auf und lief unruhig hin und her. Schließlich brach er auf, um Fritz zu suchen. Als er draußen war, rief er aus vollem Hals: »Fritz! Fritz, komm zurück, ich bin dir auch nicht mehr böse«. Angstschweiß brach ihm aus, und er war den Tränen nahe. Nach geraumer Zeit gab er auf und machte sich betrübt auf den Nachhauseweg. Wie sollte er auch wissen, dass sein Sohn längst wieder zu Hause war? Als er an den Fenstern vorbeikam, hörte er ein klirrendes Geräusch, und ehe er sich's versah, flog ihm Fritz' Ball auf die Nase. Da kam der auch schon aus dem Haus gelaufen und erschrak, als er seinen Vater sah. Doch Herr Schneider schloss ihn in die Arme und weinte Freudentränen. »Oh mein Sohn, dass ich dich wieder habe!«

Schulaufsatz von Tamara (10 Jahre)

Dieser Aufsatz meiner Tochter soll nicht nur zum Schmunzeln verführen, er wirft darüber hinaus die Frage auf, ob es wohl mehr die Liebe oder mehr die Strenge eines anwesenden Vaters ist, die zur Entwicklung eines funktionierenden Gewissens beiträgt...

Bei Vaterlosen dagegen stellen sich ganz andere Fragen: Sind sie schlechter, unmoralischer, gewissenloser als solche Menschen, die unter der verlässlichen Obhut beider Erzeuger aufwachsen? Zu früheren Zeiten galt ein solcher Zusammenhang als gesichert. Damals waren Väter für »Zucht und Ordnung« zuständig, und wo sie fehlten, waren die alleinerziehenden Frauen ganz besonders auf Strenge und Härte bedacht, um den Nachwuchs nicht verwahrlosen zu lassen. Aber die Zeiten haben sich bekanntlich geändert. Oder?

Auch heute noch stellen Psychologen fest, dass manche vaterlosen Jungen in ihrer Moralentwicklung Defizite aufweisen. Fachleute erklären dies unter anderem damit, dass den Jungen ein leitendes männliches Modell fehlt. Das soll natürlich nicht bedeuten, dass Frauen und Mütter »unmoralischer« sind als Männer und Väter, sondern dass sie als Modelle für die Moralentwicklung von den Söhnen offenbar nicht so angenommen werden. Dafür spricht die Tatsache, dass Entsprechendes bei vaterlosen Mädchen nicht feststellbar ist. Die Vermutung, dass Identifikation mit dem Vater für die Gewissensentwicklung bei Jungen eine große Rolle spielt, wird dadurch erhärtet, dass auch Jungen mit Vätern geringere Werte auf den Moralskalen zeigen, sofern sie sich mit ihrem anwesenden Vater nicht identifizieren (Hoffman 1971, S. 404). Ferner ist ein Zusammenhang zwischen Vaterabwesenheit und Delinquenz bestens dokumentiert, wenngleich alles andere als klar: Ist es die Vaterlosigkeit an sich, die den Weg in eine kriminelle Karriere eröffnet, oder sind es nicht vielmehr sozial benachteiligte Lebensumstände, unter denen viele vaterlose Familien zu leiden haben (vgl. Kap. 10)?

Neben der Theorie der fehlenden Möglichkeit zur Identifikation mit dem Vater gibt es eine Hypothese, die einen Zusammenhang zwischen dem antisozialen Verhalten mancher vaterloser Jungen und der Entwicklung der Geschlechtsrollenidentität herstellt: Die Verhaltensauffälligkeiten können ein Ausdruck des Ringens um eine männliche Geschlechtsidentität sein und eine Art »männlichen Protests« gegen die primäre Identifikation mit der alleinerziehenden Mutter ausdrücken (Parsons 1955, zit. n. Fthenakis 1985, S. 348, vgl. dazu auch Kap. 9).

Die Psychoanalyse hat mit ihren Theorien zur Rolle des Vaters in der Entwicklung von Über-Ich und Ich-Ideal von Anfang an wertvolle Beiträge zum Verständnis all dieser Zusammenhänge geleistet. Seit Freud wissen wir, dass das moralische Handeln nicht ausschließlich als vom bewussten Willen gesteuert betrachtet werden darf. »Stattdessen sind die vom Kind verinnerlichten Normen der Eltern nur zum Teil bewusst, es kann auch nur teilweise eine Autonomie von ihnen erreicht werden, und sie bestimmen in einem erheblichen Umfang unser soziales Handeln« (Mertens 1992, S. 269). Im Gegensatz zum *Über-Ich*, das vor allem verbietende Aspekte der elterlichen Wertvorstellungen beinhaltet (»So darfst du nicht sein!«), ist das *Ich-Ideal* geprägt von richtungsgebenden Wunschvorstellungen darüber, wie man gern wäre (»So sollst du sein!«). Es ist ein Abkömmling der idealisierten Elternbilder aus der frühen Kindheit.

Um die Zusammenhänge von Vaterlosigkeit und moralischer Entwicklung ein wenig zu konkretisieren, möchte ich eine Untersuchung von Crumley und Blumenthal (1973) an knapp 200 psychisch auffällig gewordenen amerikanischen Soldatenkindern erwähnen, deren Väter immer wieder aus beruflichen Gründen für lange Zeit abwesend waren. Besonders interessant ist diese Studie unter anderem deshalb, weil aufgrund des Wechsels zwischen zeitweiliger Vateran- und abwesenheit direkte Verhaltensänderungen beobachtet werden konnten, die wiederum Rückschlüsse auf die jeweiligen innerpsychischen Prozesse zuließen. Man fand heraus, dass eine Trennung und längere Abwesenheit des Vaters häufig Ungehorsam, ein Nachlassen schulischer Leistungen sowie aggressives und antisoziales Verhalten nach sich zogen. Vor allem von Jungen wurde das aggressive Verhalten eingesetzt, um einem regressiven Sog hin zur Mutter während der väterlichen Abwesenheit entgegenzuwirken. Die Störung hatte jedoch oft noch einen anderen Sinn, der den Kindern sogar teilweise bewusst war: Sie wollten ihre Väter zur Rückkehr bewegen. »Wenn ich böse genug bin, wird Vater nach Hause kommen, damit ich aufhöre und er sich um mich kümmern kann« – mit diesen Worten begründete ein Junge sein ungezogenes Verhalten.

Das Nachlassen von Kontrollfunktionen, die dem Über-Ich zugeordnet werden können, bei väterlicher Abwesenheit hatte häufig einen familiendynamischen Hintergrund: Was jeweils erlaubt wurde und was nicht, wechselte sehr stark in den untersuchten Familien, abhängig davon, ob der Vater an- oder abwesend war. So hatten die Kinder Schwierigkeiten, verlässliche Normen zu verinnerlichen, die unabhängiger von der realen Anwesenheit äußerer Autoritätspersonen funktionieren. Viele dieser Kinder schienen sich vor allem an äußerlichen, insbesondere visuellen Ich- und Über-Ich-Unterstützungen zu orientieren, wie sie die Militärkultur in besonderem Maße bereithält.

In manchen Fällen kann beobachtet werden, dass die lange Abwesenheit des Vaters zur Bildung eines primitiven, überstrengen Gewissens führt. Solche Kinder zeichnen sich durch zwanghaft anmutende Gehorsamkeit aus. Insbesondere während der Latenzphase ist ihre Abwehr überstark ausgeprägt, und der Eintritt in die Adoleszenz zuweilen verzögert. Mein Gesprächspartner Werner, den ich nun vorstellen möchte, gehört zu jenen Vaterlosen, die einen besonders gewissenhaften, braven und rechtschaffenen Lebenswandel vorweisen können.

Eine Rückkehr des Vaters nach langer Abwesenheit führte in der erwähnten Untersuchung wiederum zu Veränderungen der Fähigkeit der Kinder, ihr Verhalten zu kontrollieren. Eine verbesserte Anpassung wurde dann beobachtet, wenn die Verinnerlichung der Kontrolle wieder auf täglichen, lebendigen Kontakten *mit beiden Eltern* basierte (a. a. O., S. 780, Hervorhebung Lothar Schon). Die wiederholten Brüche in Abwehr- und Identifikationsprozessen in den untersuchten Soldatenfamilien können für Defizite in der kindlichen Moralentwicklung verantwortlich gemacht werden.

Werner (56 Jahre): Der Vertriebene

Werner wurde 1941 als erstes von zwei Kindern eines im Sudetenland lebenden deutschen Ehepaars geboren. Beide Eltern waren Arbeiter; der Vater hatte sich bis zum Facharbeiter weitergebildet. 1944 wurde er an die Front einberufen, von wo er nicht zurückkehrte. Die Mutter war zu dieser Zeit schwanger mit einer Tochter, die ihren Vater nicht mehr kennengelernt hat.

Nach dem Krieg wurde die Familie – Mutter, Großvater und die beiden Kinder – vertrieben. Sie wurden in einer bayerischen Kleinstadt auf einem Bauernhof untergebracht und führten ein sehr ärmliches Leben. Werner fühlte sich gleich in zweifacher Hinsicht als Außenseiter und wurde auch so behandelt: Zum einen war er vaterlos, zum anderen ein Fremder, der nicht erwünscht, nicht gerufen worden war. Er berichtet von zahlreichen Krankheiten und dass er ein eher schwächliches Kind gewesen sei. Die Mutter war streng, versuchte ihren Kindern in der Erziehung den Vater zu ersetzen. Der Großvater starb an einem Schlaganfall, als Werner acht Jahre alt war. Die Mutter war über lange Jahre hinweg überzeugt, dass ihr vermisster Ehemann eines Tages doch noch wiederkommen werde (er war niemals als gefallen registriert worden). In dieser Hoffnung wuchs auch Werner auf, bis er sich als Jugendlicher allmählich deren illusionären Charakter klarmachte. Seine Mutter blieb alleinstehend.

Nach der Volksschule machte Werner eine Metzgerlehre, konnte den Beruf jedoch nicht ausüben, weil er körperlich zu anstrengend war. Er wurde dann Krankenpfleger und ging schließlich 12 Jahre zur Bundeswehr. Nach der Bundeswehrzeit bildete er sich weiter fort und ist heute Leiter einer Berufsfachschule.

Werner hatte erst spät einige wenige, stets unglücklich verlaufende Beziehungen zu Frauen. Mit 36 ging er eine mehrjährige Beziehung zu einer Frau ein, die von ihm einen unehelichen Sohn gebar. Schon vorher war die

Beziehung schwierig gewesen, und ab dem Zeitpunkt der Schwangerschaft gab es Trennungsabsichten. Mit einer Unterbrechung lebte das Paar dann aber noch fünf Jahre zusammen, dann trennte sich die Frau von Werner. Am liebsten hätte sie den Kontakt völlig abgebrochen und auch die Beziehung zwischen Vater und Sohn unterbunden. Doch Werner kämpfte um diese Beziehung. Bis vor ein paar Jahren kam der Sohn ihn regelmäßig besuchen; schließlich habe die Mutter ihm aber den Kontakt untersagt. Der inzwischen 15-Jährige besucht nun manchmal heimlich seinen Vater; der Kontakt ist unregelmäßig und schwierig.

Werner ist nach der Trennung nie wieder eine Partnerschaft eingegangen; auch die frühere Partnerin ist alleinstehend. Um seine Freizeit sinnvoll zu nutzen, hat der inzwischen 56-Jährige vor kurzem ein Fernstudium aufgenommen. Er ist auch politisch aktiv und engagiert sich in zwei Väter-Initiativen.

Werner ruft mich erstmals unmittelbar vor meinem Sommerurlaub an. Er hat meine Anzeige in einer Väter-Zeitung gelesen; das sei aber schon eine ganze Weile her. Er fragt, ob meine Studie noch läuft. Ich bejahe das und erkläre ihm, dass ich morgen verreise, mich aber gerne unmittelbar nach dem Urlaub wieder bei ihm melden würde. Werner lebt in einer Kleinstadt, die eine gute Zugstunde entfernt liegt.

Er erzählt, dass er seinen Vater mit drei Jahren im Krieg verloren hat; er könne sich sogar noch an den Vater erinnern, doch das wolle ihm niemand so recht glauben. Ich mache eine vage bestätigende Bemerkung, dass das durchaus möglich sei. Werner meint dann noch, er sei inzwischen auch »von der anderen Seite betroffen«. Ich verstehe das zunächst so, als sei er ein getrennt lebender Vater. Nach dem Telefonat erschrecke ich plötzlich und denke, vielleicht hat er auch ein *Kind* durch Tod verloren?

Ein paar Tage nach meiner Rückkehr melde ich mich bei ihm, und wir verabreden uns vage für den übernächsten Sonntag. Werner weiß noch nicht ganz sicher, ob er dann kann, und will sich noch einmal melden. Es stellt sich heraus, dass er in seiner Freizeit ein Fernstudium betreibt und manchmal am Wochenende Seminare besucht. Ein paar Tage später bestätigt er den Termin. Er wird mich am Bahnhof in B. abholen. Ich gebe eine kurze Beschreibung von mir, und auch er beschreibt sich: 1,70 m groß, er habe einen Oberlippen- und Kinnbart. Ich denke: »Das ist wie bei einem Rendezvous« und muss über diesen Einfall schmunzeln.

Bei meiner Ankunft erkennen wir uns gleich, und mein erster Eindruck ist der eines etwas farblosen, erschöpft und auch ein wenig unglücklich wirkenden Mannes. Wir steigen in seinen PKW, der mit mehreren Aufklebern versehen ist, die Werner als engagierten Vertreter für Väterlichkeit ausweisen. Werner fährt mich durch das Städtchen B. und gibt einige Erläuterungen zur Geschichte der Stadt und einzelner Gebäude. Ich finde das sehr aufmerksam von ihm, phantasiere aber unterdessen, in was für ein Zuhause wir nun kommen werden. Kurz versuche ich mir vorzustellen, dass es dort Frau und Kind(er) geben wird, doch das will mir nicht recht gelingen.

Rausgewachsen?

Außerhalb von B. gelangen wir in eine Wohnsiedlung, und Werner parkt den Wagen. Wir betreten ein Mehrfamilienhaus, in dem Werner eine Wohnung hat. Er lässt mich stets vorausgehen – auch in die Wohnung, was ich etwas merkwürdig finde. Zur Linken erblicke ich ein Wohnzimmer, während ich mein Jackett ausziehe und an der Garderobe aufhänge. Ich frage nach der Toilette, wo Werner mir schon vorsorglich ein Handtuch bereitgelegt hat. Auch das finde ich sehr aufmerksam und blicke mich beim Händewaschen neugierig im Bad um. Ich entdecke nur männliche Toilettenartikel – keine Spur einer weiblichen Anwesenheit.

Werner hat in seiner aufmerksamen Höflichkeit als Gastgeber etwas seltsam Unbeholfenes. Im Nachhinein hatte ich öfters die Vorstellung, seine Mutter schaue ihm über die Schulter – besorgt, weil keine Frau im Hause ist, die ihrem Sohn die »weiblichen« Aufgaben der Bewirtung abnimmt. Ich selbst habe zu Beginn der Begegnung noch sehr unanständige Tendenzen (im Bad herumspionieren), doch im Verlauf des Gesprächs werde ich braver, kontrollierter, zuweilen fast umständlich höflich und irgendwie unlebendig!

Als ich das Wohnzimmer betrete, hat Werner in der Küche Wasser aufgesetzt und fragt mich, ob ich Tee oder Kaffee möchte. Unterdessen setzen wir uns auf eine altmodische Sitzgruppe am Wohnzimmertisch; ich stelle mein Tonband auf. Wir beginnen mit dem Gespräch, bis schließlich in der Küche das Wasser kocht. Das erste, was Werner im Zusammenhang mit dem Thema Vaterlosigkeit äußert, ist:

> Ich mein, ich bin jetzt aus der Geschichte an sich schon rausgewachsen, wenn ich's so sagen darf.

Es ist, als wolle sich der 56-Jährige hier zunächst entschuldigen, dass er »so spät dran« ist, denn er erklärt, dass ihm jetzt erst allmählich deutlich werde, was ihm früher zu schaffen gemacht hat. Nämlich »Orientierungslosigkeit«. Ohne Umschweife kommt er nun auf die Geschichte seiner gescheiterten Partnerschaft zu sprechen, und die nimmt mehr als die Hälfte unseres Gesprächs ein.

> Ich hab jetzt das Pech, dass ich eine Partnerin gefunden hab, die sich, nachdem der Sohn geboren war, von mir verabschiedet hat…

Diese Äußerung befremdet mich aus mehreren Gründen. Zunächst einmal sagt er »jetzt«, obwohl sich herausstellt, dass die Trennung bereits elf Jahre zurückliegt. Aber dieses »Pech« scheint ihm im Erleben sehr gegenwärtig zu sein. Mit »Pech« ist etwas Schicksalhaftes ausgedrückt – so als habe er selbst keinen Einfluss darauf gehabt. Und dieses Pech bezieht sich nicht erst auf die Trennung, sondern bereits auf das »Finden« – Werner hat offenbar die Falsche gefunden. Ob das mit seiner Orientierungslosigkeit zusammenhängt? Die Trennung selbst umschreibt er so, dass sich die Partnerin von ihm »verabschiedet« hat. Eine merkwürdig distanzierte und in dem Kontext auch unpassende Formulierung, und Werner bringt das keineswegs ironisch vor. Die Partnerin hat sich von ihm verabschiedet, und zwar nachdem der Sohn geboren war. – Ist er durch den Sohn ersetzt worden? Brauchte die Partnerin ihn nicht mehr, nachdem das gemeinsame Kind geboren war?

Werner nennt dieses Trennungserlebnis »dramatisch« und »traumatisch«, und zwar deswegen, weil sein Sohn nun die gleichen Erfahrungen haben wird, die auch er, der Vaterlose, gemacht hat. Und er als Vater kann ihm nicht helfen dabei. Sofort nennt er eine weitere Parallele zwischen sich und dem Sohn, die zeigt, wie stark er mit diesem identifiziert ist: Beide verloren den Vater zu einem Zeitpunkt im Leben, zu dem das »nicht ohne Weiteres weggesteckt wird«. – Werner verlor seinen Vater mit drei Jahren; sein Sohn war fünf zum Zeitpunkt der Trennung.

Als Vater gestorben?

Aber sein Sohn hat den Vater doch gar nicht verloren?! Schließlich sitzt Werner vor mir. Doch durch seine Art, über das Thema zu sprechen, entsteht der Eindruck, als seien Vater und Sohn füreinander gestorben, und zwar durch die Macht der Frau, die sich »verabschiedet« hat. Ich erinnere mich wieder an unser Telefonat und meinen erschreckenden Gedanken, Werner habe ein Kind durch Tod verloren (s. o.). Und so muss er es auch fast empfunden haben: Nachdem er merkte, dass »die Frau« ihn »nicht mehr haben« wollte, begann Werner einen verzweifelten Kampf darum, seinem Sohn Vater bleiben und ihn sehen zu dürfen. Die Odyssee führte über Nervenarzt, Lebensberatung,

Jugendamt und einen Psychologen bis hin zum Richter. Die Frau wollte all diese vermittelnden Instanzen nicht; noch einmal sagt Werner:

> Sie wollte mich einfach loswerden!

Die Partnerin wollte eine radikale Trennung, auch zwischen Vater und Sohn. Erst der Psychologe habe dann wenigstens noch bewerkstelligt, dass Markus, der Sohn, seinen Vater ab und zu für ein Wochenende besuchen konnte. Werner erlebt sich als Opfer einer ihm vollkommen unverständlichen Trennungswut seiner ehemaligen Partnerin, der auch noch so qualifizierte Fachleute (alles Männer übrigens) auf Dauer nichts entgegensetzen konnten. Es stellt sich heraus, dass sich Werner und sein Sohn nach der Trennung etwa zwei Jahre nicht sahen. Dann kam ein Intervall von vier Jahren, in welchem durch die Unterstützung des Psychologen unregelmäßige Besuchswochenenden und auch ein zweiwöchiger gemeinsamer Urlaub von Vater und Sohn möglich wurden. Doch schließlich weigerte sich »die Frau«, noch länger die Vermittlungen des Psychologen in Anspruch zu nehmen. Sie stornierte alle Termine und brach den Kontakt völlig ab. Wenn Werner anrief, sagte sie, der Sohn wolle ihn nicht sprechen. Wenn er schrieb, kam die Post ungeöffnet zurück. Das Motiv für diese radikalen Verhaltensweisen scheint Werner völlig unerklärlich – schließlich bezeichnet er die frühere Partnerin als »paranoid«. Seit einiger Zeit besucht Markus seinen Vater heimlich in unregelmäßigen, von Werner wiederum nicht beeinflussbaren Abständen.

Diese Geschichte löst in mir zweierlei aus: Zum einen spüre ich Werners verzweifelten Wunsch nach Kontakt mit seinem Sohn und das ganze Leid, das ihm die Trennung von diesem verursacht. Zum anderen befremden mich das Schicksalhafte an seiner Schilderung und die Opferrolle, in der Werner sich präsentiert: Nicht nur er, sondern ein ganzes Heer von Spezialisten sind ohnmächtig im Kampf um die Vater-Sohn-Beziehung! Das Bild der Partnerin ist das einer bösen, mächtigen, unbeeinflussbaren Frau, die aufgrund ihrer Paranoia Zerstörung bewerkstelligt, gegen die kein Kraut gewachsen ist. – Welche Psychodynamik ist hier am Werk?

Während Werner den Tee bereitet, schaue ich mich um. An einer Wand hängt ein Foto, das den Sohn als Zweijährigen zeigt. Ich entdecke weitere Fotos über dem Sofa. Ein Bild zeigt den Jungen bei der Einschulung. Aktuellere Bilder des Sohnes, der inzwischen fast 16 ist, gibt es nicht. Werner deckt den Esstisch; er hat auch Kuchen besorgt, und ich ziehe mitsamt Tonband an den anderen Tisch um. Werners Wohnung deprimiert mich; im Nachhinein führe ich das nicht nur auf die Einrichtung zurück, sondern vor allem darauf, dass hier *Leben* fehlt. So ist es auch in unserem Gespräch. Obwohl es inhaltlich interessant ist, entsteht keine Atmosphäre.

Bedürftigkeit

Am Teetisch ergibt sich eine interessante Szene: Werner ist auch hier ein ganz aufmerksamer Gastgeber in der oben beschriebenen Weise. Er hat vier verschiedene Stücke Kuchen eingekauft und fragt mich, welches mir das liebste sei. Ich nenne zwei Sorten; aber nicht etwa, weil ich alle beide haben möchte, sondern weil ich befürchte, Werner seine Lieblingssorte wegzuessen! Falls eine der beiden genannten Sorten sein Lieblingskuchen ist, kann er mir die andere Sorte geben. Doch meine Absicht schlägt fehl: Werner gibt mir zunächst das eine Kuchenstück, sagt aber gleich, dass das andere dann auch noch für mich sei. Mir ist das ausgesprochen peinlich; außerdem habe ich auch gar nicht so viel Hunger. Später im Gespräch bemerke ich, dass Werner vor lauter Reden den eigenen Kuchen noch gar nicht angerührt hat. Auch das macht mir ein schlechtes Gewissen. Ein eigenartiger kleiner Dialog entsteht:

I: Essen Sie auch einfach mal Ihren Kuchen! Ich hab grad gedacht, wir können ja auch einfach mal Pause machen (lacht).
W: (murmelt etwas)
I: Aber ich lass des (Tonband) trotzdem laufen, weil es kann immer sein, dass dann doch was Wichtiges gesprochen wird, und dann …
W: (deutet auf die Kassette) Wenn Sie genug Reserven haben.
I: Ja. (Kurzes Schweigen, Klappern von Gabeln auf Kuchentellern.)

Hier geht es um Bedürftigkeit, Versorgung und die Hemmung, sich etwas zu nehmen. Im Nachhinein hat mich diese kleine Szene sehr beschäftigt, denn ich bin normalerweise kein bescheidener Mensch und lasse es mir gerne gut gehen. Doch hier macht die Sorge, dass der Andere zu kurz kommen könnte, den Genuss unmöglich und verursacht ein schlechtes Gewissen. Das ist ein orales Thema und ein typisch depressiver Interaktionsmodus. Wer versorgt hier wen womit? Und wer könnte zu kurz kommen?

Im Forschungsseminar entstand die Idee, dass beide Gesprächspartner bedürftig sind: Der Interviewer braucht das Interview für seine Untersuchung. Werner scheint sehr unter Druck zu stehen, endlich einmal die schreckliche Geschichte seiner gescheiterten Partnerschaft in aller Ausführlichkeit zu erzählen. Doch keiner von beiden fühlt sich so recht wohl damit, sich vom Anderen zu nehmen, was er braucht. Ausgetragen wird dieses Thema psychischer

Bedürftigkeit auf der Ebene der oralen Versorgung. Ich habe Angst, Werner etwas wegzuessen und kann darum den Kuchen nicht genießen. Er macht sich Sorgen darüber, ob ich »genug Reserven« habe (um seine Geschichte aufzunehmen) und wird dabei überfürsorglich. Bei dieser Art von Interaktion ist jedoch eine lebendige Berührung nicht möglich, weil beide Partner aggressiv gehemmt sind und sich nicht wirklich etwas nehmen können. Die aggressive Seite der Bedürftigkeit bricht sich aber dennoch latent Bahn: Ich gönne Werner nicht wirklich eine Pause, sondern lasse das Tonbandgerät an. Und er überschüttet mich mit seiner nicht enden wollenden Geschichte von Enttäuschung und Wut über die ehemalige Partnerin. Werner ist übrigens auch materieller Versorger seines Sohnes (Unterhaltszahlungen) und sehnt sich doch so sehr danach, ihn psychisch versorgen zu dürfen. Doch seine diesbezüglichen väterlichen Bedürfnisse kommen zu kurz, weil die böse Frau und Mutter ihn aggressiv ausgestoßen hat.

Nach und nach kristallisiert sich im Lauf der nächsten Stunde die Geschichte dieser Beziehung heraus: Das Paar lernte sich bei einer Weiterbildung kennen. Werner war damals noch bei der Bundeswehr, wo er sich für zwölf Jahre verpflichtet hatte. Daraus erwuchs ihm der Anspruch auf Weiterbildung, die von der Bundeswehr finanziert wurde. Als die Weiterbildung beendet war, habe die Frau nicht gewusst, wie's weitergeht:

> Sie hatte keine Wohnung, sie hatte keine … keine Anstellung. Und dann fiel es ihr wohl sehr leicht dann, als ich g'sagt hab: »Okay, dann komm halt mit nach E.« – ich hab damals in E. gelebt … Und da ging sie mit. Und das war wohl mehr oder weniger auch etwas blauäugig, aber wenn man verliebt is, is das, glaub ich, durchaus im Bereich des Normalen.

Auch hier taucht das Motiv der Bedürftigkeit auf: Die Partnerin war heimat-, arbeits- und orientierungslos. Sie zog mit nach E., wo Werner eine Dienstwohnung der Bundeswehr hatte. Von Anfang an gestaltete sich die Beziehung schwierig. Werner setzte seine Weiterbildungen fort, während die Frau zu Hause blieb und ständig putzte. Da sein Ausscheiden aus dem Militär absehbar war, veränderte Werner nichts mehr an der Wohnungseinrichtung und schildert das ganz pragmatisch. Offenbar war die Partnerin jedoch darüber sehr enttäuscht:

> Aber sie wurde immer unzufriedener dann. Das hab ich auch nicht verstanden. Wir ham in meiner Wohnung zusammengewohnt, ja. Und da ich ja wusste, dass es in absehbarer Zeit … also … in Jahresfrist wahrscheinlich so-

> gar nur, einen Auszug bedeuten wird, weil ich ja dann aus der Bundeswehr weg war, nicht? Dann hab ich halt da gar keine großen Anstalten gemacht, dass wir uns da so einrichten, dass sie auch ihre … einen Teil ihrer Möbel fest installieren konnte und so … Hab darüber aber sicher auch zu wenig gesprochen mit ihr. Das war einfach für mich so: Ja, das lohnt sich jetzt nicht, wir ziehen dann sowieso aus, und dann mach'mer alles neu … Und sie hat das bereits schon so gewertet, als ob ich … als ob mir das völlig gleichgültig wär. Ich hätte kein Interesse an ihrer … an ihrem Wohlergehen.

Hier lässt sich erstmals etwas von der Beziehungsdynamik erahnen, die schließlich zur vollkommenen Entzweiung führte. Die Frau war eine Heimatlose, und Werner (selbst ein Heimatloser) bot ihr ein Zuhause an. Es wurde jedoch kein gemeinsames Zuhause. Auch wenn Werner ganz sachliche Gründe dafür nennt, wird hier eine mangelnde Einfühlung in die Bedürfnisse der Partnerin spürbar, die sich gerne »fest installieren« wollte. Werner betrieb voller Engagement seine Weiterbildung, während die arbeitslose Partnerin zwanghaft putzend ihre Tage in einer Wohnung verbrachte, in der sie nur zu Gast war. Durchaus selbstkritisch merkt er an, er habe mit der Frau zu wenig gesprochen, denn:

> … ich hatte halt *andere* Sorgen. Ich musste mich auf die neue Berufstätigkeit vorbereiten, und solche Dinge waren für mich irgendwo … das war für mich *kein Thema*!

Ein fehlendes väterliches Vorbild

Werner bezeichnet das selbst im Nachhinein als Fehler und bringt diese Schwäche mit seiner Vaterlosigkeit in Verbindung. Seine Orientierungslosigkeit erstrecke sich auch auf den Umgang mit Beziehungen, wofür ihm ein Vorbild gefehlt habe:

> I: Sie meinen also auch so'ne … ehm … Unsicherheit im Umgang mit Frauen …
> W: Unsicherheit mit Frauen, ja.
> I: … weil man kein Vorbild hat.
> W: Ich denke, der Vater kann so schlecht sein oder so ungut wie er mag …
> I: Ja.
> W: … aber ich hab immer eine Orientierung. Dass ich sag: Auf die Art mach ich's nicht.

Merkwürdig ist an dieser Stelle das Auftauchen des Mottos: »Besser ein schlechter Vater als gar keiner«. Es scheint, als wäre die unbewusste Phantasie vom väterlichen Modell eher die eines Anti-Vorbilds, von dem man lernt, wie man es eben nicht macht. Bewusst äußert Werner aber später die Vorstellung, dass seine Eltern eine »sehr harmonische Beziehung« gehabt hätten. Ein Gegenbild also zu seiner Beziehung mit der Ex-Partnerin:

> Und gerade reden konnt ich ja nicht viel mit ihr. Es gab halt immer bloß gleich Streit, weil sie hat sofort zugemacht. Und wenn ich dann halt gezerrt hab und gesagt: Komm, jetzt! Dann wurde sie natürlich ausfallend und bös, hat auch zugeschlagen.

Konflikte konnten nicht durch Reden ausgetragen werden, sondern mündeten in böse Auseinandersetzungen: Er »zerrte« an ihr, sie hat »zugeschlagen«. Das alles war lange vor der Schwangerschaft der Partnerin. Werner resümiert:

> Und das war eigentlich nie eine echte, schöne Beziehung.

Doch trotz der massiven Schwierigkeiten war Ehe im Gespräch. Aber in diesem Zusammenhang hat Werner seine Partnerin, die schon einmal verheiratet und geschieden war, durch eine weitere Uneinfühlsamkeit verletzt:

> Und da haben wir so gesprochen über Hochzeit, und da hab ich halt geäußert, dass ich eigentlich 'ne weiße Braut sehr schön finde, ne? Und das war natürlich dann Feuer … oder Öl ins Feuer. Das wär gar nicht gegangen, und das hab ich also nicht überlegt. Und das war also auch ein Einbruch, sie hat mich also unheimlich attackiert … Weil sie ja wusste … Und ich hätt's auch wissen müssen in dem Moment, aber ich hab halt gar nicht überlegt. Und solche … eigentlich unbedeutende Äußerungen, meint man, haben bei ihr eben eine unheimliche Langzeitwirkung gehabt.

Werner, den ich als überlegten und klugen Mann erlebe, schildert hier eine erstaunliche Fehlleistung. Auch ich kann das nicht als »unbedeutende Äußerung« werten, sondern muss mich fragen, ob ihm nicht eine weiße (jungfräuliche) Braut lieber gewesen wäre als die bereits geschiedene Partnerin. Das ist vermutlich die Botschaft, die bei der Partnerin ankam, eine Botschaft »mit unheimlicher Langzeitwirkung«. Wie das wohl war mit dem »Feuer« in dieser Beziehung? Wir haben im Interview nicht explizit über Sexualität gesprochen. Doch Werners Ambivalenz im Hinblick auf die Beziehung kommt noch in einer weiteren Episode zum Ausdruck:

> Ich hab in E. zum Beispiel einmal gesagt: »Die Frau heirat ich nicht!«, weil sie mich so geärgert hat. Die zukünftigen Schwiegereltern dabei, und da sag ich: »Die Frau heirat ich nicht.« Das ham sie mir, das tragen sie mir heut noch nach. Das kam immer wieder: »Du wolltest die Susanne ja überhaupt nicht! Du hast sie nur ausgenutzt.«

Werner hat »die Frau« tatsächlich nicht geheiratet. Doch obwohl die Beziehung so belastet war, wurde die Partnerin schließlich schwanger. Als ich diese Tatsache anspreche, wird es sehr verwirrend:

I: Wie war das? Wie erinnern Sie das, den Zeitpunkt, wie Sie's erfahren haben?

W: (wie »aus der Pistole geschossen«) Da hab ich den nächsten Fehler g'macht. (I: Ja?) Da hab ich dann, als sie den Test gemacht hat … Und da zu dem Zeitpunkt hab ich ihr schon amal g'sagt g'habt … – Susanne heißt sie … »Du, es ist besser, wenn wir uns wieder trennen, es geht nicht!«

I: Aha!

W: Das hab ich vorher schon g'sagt. (I: Ja!) Bevor sie schwanger war. (I: Ehem.) Und jeder vernünftige Mensch sagt ja, warum is sie dann schwanger geworden? Aber … so ist das Leben halt, ne? (I: Mh, mh.) Und daraufhin … ehm, hat sie überhaupt nicht reagiert. (leider unverständlich)

I: Ja. Hat sie nichts dazu gesagt.

W: Sie hat … Ich hab im Nachhinein schon einmal g'sagt: »Was hast denn damals eigentlich gedacht? Warum hast du nicht damals wirklich dann das Feld auch geräumt, wenn du siehst, ich komm mit dir auch nicht zurecht?« (I: Ja.) Da hat sie nur ganz … kleinlaut g'sagt: »Ja, ich wusst ja nicht, wohin!«

Zwei Heimatlose werden Eltern

Obwohl ich mehrmals das Thema Schwangerschaft anspreche, lässt es sich nicht weiter klären. Zwei ganz unterschiedliche Interpretationen dieser Schilderung sind denkbar: Falls Werner seine Trennungsabsichten wirklich vor der Schwangerschaft geäußert hat, ist es möglich, dass die Frau gerade *deswegen* schwanger wurde (entweder, um damit die Partnerschaft zu retten, oder um sich noch rechtzeitig vor der Trennung einen Kinderwunsch zu erfüllen). Die merkwürdigen Formulierungen in Werners Antwort (z. B. … Und da zu dem Zeitpunkt hab ich ihr schon amal g'sagt g'habt …) lassen aber auch denkbar erscheinen, dass er den Trennungswunsch genau in dem Moment aussprach, als die Partnerin ihm die Schwangerschaft mitteilte. Noch zweimal frage ich präzise nach dem Moment der Mitteilung der Schwangerschaft, und jedes Mal weicht Werner mir aus. Wie dem auch sei – jedenfalls gab es eine Zeit, in der Werner die Heimatlose wieder vertreiben wollte (sie sollte »das Feld räumen«), weil er mit ihr nicht zurechtkam. Doch die Partnerin wusste nicht, wohin. Dennoch hat sie sich von Werner noch während der Schwangerschaft getrennt. Sie nahm eine Stelle in B. an und versuchte, dort eine Wohnung zu finden. Das gelang ihr aber nicht. Werner erzählt:

W: Und sie wollte dann eigentlich sich wirklich absetzen schon.
I: In dem Wissen, schwanger zu sein?
W: Ja. Und dann hat sie aber keine Wohnung gehabt in B. Und dann bin ich mit ihr nach B. gefahren, und da ham wir gemeinsam eine Wohnung gesucht. Und da ham wir dann auch eine gefunden. Sie hat da vorher wochenlang rumgemacht und hat keine Wohnung gekriegt. Und... Dann hatten wir die Wohnung, und dann war sie einige Wochen dort drin, und dann... war sie eigentlich doch wieder so, dass man sich mit ihr verständigen konnte, komischerweise. Und dann simmer wieder zusammengezogen. Da bin ich von F. nach B. gezogen.

Wer will hier wen loswerden, und wer will sich »absetzen«? Es wird nur deutlich, dass die ganze Beziehung hochambivalent gewesen sein muss. Wieder ist es Werner, der eine Wohnung besorgt. Fast klingt Verachtung durch in der Schilderung, wie die Partnerin »wochenlang rummacht« und doch keine Wohnung findet. Werner rettet die Heimatlose erneut – es scheint, als würde hier der Beginn der Beziehung noch einmal wiederholt. Das Paar versucht einen Neuanfang. Doch es geht recht und schlecht. Fünf Jahre lang lebt die dreiköpfige Familie zusammen. Werner macht Karriere an einer Berufsfachschule in C., wo er heute Schulleiter ist. Seine Frau arbeitet weiter in B. (an einer vergleichbaren Schule), und Markus, der Sohn, wird von verschiedenen Kindermädchen betreut. Urlaube verbringt das Paar getrennt, und schließlich äußert die Frau definitiv ihren Trennungswunsch. Diesmal ist sie es, die Werner vertreibt:

W: Und dann war's endgültig so, dass sie dann gesagt hat: »So, jetzt geh ich in Urlaub, mit Kind«... Sie ist immer nur mit Kind in Urlaub gegangen. Im Grunde, sie wollte mit mir nicht auftreten, im Städtchen... (I: Mh.) und auch sonst nicht. Und da hat sie g'sagt: »Wenn ich zurück bin, möchte ich, dass Du weg bist.« (I: Ehem.) Und ich hab dann eine Wohnung gesucht, die war… aus heiterem Himmel natürlich. Ich hab auch wieder nicht damit gerechnet, dass es wirklich soweit kommt. Dann war's aber definitiv so. Und dann hab ich eben Zeitungen durchgefilzt, tagelang. Und hab dann diese Wohnung gefunden. Und ich… Die Wohnung gehört mir, also, noch nicht ganz, aber…

I: Ist 'ne Eigentumswohnung.

W: Mh. Und das war auch so gedacht für die Familie. Und jetzt hock ich alleine da.

Es erstaunt, wenn Werner vom »heiteren Himmel« spricht. Hat er selbst doch zuvor gesagt und in all seinen Schilderungen verdeutlicht, dass es nie eine echte, schöne Beziehung war. Die Partnerin wollte mit ihm nicht »auftreten«, sie fuhr allein mit dem Kind in Urlaub, und alle drei Familienmitglieder scheinen ein recht unverbundenes Leben geführt zu haben. Im Zusammenhang mit Schwangerschaft und erster Trennung hatte Werner kurz zuvor geäußert:

> Und ich hab mir immer halt gedacht, ja Menschenskind, wenn das wirklich schon so is, und dann kommt ein Kind, was ja nicht mehr hätte kommen sollen, dann… Dann kann man sich nicht so benehmen. Dann muss man halt auch sehen, wie man… die Sache dann… mit Anstand zu Ende bringt. Und das war's dann eben aus meiner Sicht dann auch nicht. Das war dann alles, nur nicht schön.

Werner meint hier auf der bewussten Ebene, dass man in einem solchen Fall mit Anstand zusammenlebt und das Beste aus der Situation macht. Diese rechtschaffene Einstellung, die Konsequenzen aus der Zeugung eines Kindes zu tragen, führte wohl auch dazu, dass das Paar überhaupt noch einige Jahre weiter zusammenlebte. Aber das ist dann »alles, nur nicht schön«. Denn die unbewussten Motive, die in dieser Passage auch zum Ausdruck kommen, wirken natürlich weiter – in diesem Fall wohl wie eine Zeitbombe: Das Kind hätte nicht mehr kommen sollen. Ein Teil der Aggression auf dieses ungewollte Kind kommt darin zum Ausdruck, dass es diversen Kindermädchen überantwortet wird. Und eigentlich sollte man die Sache mit Anstand zu Ende bringen, also Schluss machen.

Doch das kann Werner sich nicht gestatten, dazu ist er zu anständig. Meines Erachtens wird hier deutlich, warum er zunächst nicht recht glauben kann, dass seine Partnerin es wirklich ernst meint mit der Trennung: Er hat eigene diesbezügliche Impulse immer wieder unterdrückt und das wohl auch von der Partnerin erwartet. In einer Projektion ist es nun die »paranoide« Frau, die alles kaputtgemacht hat. Er dagegen sucht eine Wohnung, die wieder gedacht ist für die ganze Familie. Und da hockt er nun, alleine seit elf Jahren, und ist verbittert:

> Aber diese Sache, diese Nicht-mehr-Beziehung wirkt also immer noch weiter... Das macht mich auch ziemlich wütend manchmal, ich muss sagen: Es ist eigentlich nichts draus geworden aus der ganzen Geschichte... sondern nur Verluste!

Kampf ums Vatersein

Werner schildert sehr ausführlich die Jahre nach der Trennung, in denen er zunächst um die Wiederherstellung der Familie, später nur noch um den Kontakt zu seinem Sohn gekämpft hat. In den ersten zwei Jahren wird der Kontakt zwischen Vater und Sohn durch die Frau unterbunden. Werner fährt manchmal zum Kindergarten und später zur Schule, um seinen Sohn wenigstens zu sehen. In dieser Zeit sucht er einen Nervenarzt auf. Dieser schlägt gemeinsame Gespräche mit der Ex-Partnerin vor. Die Frau reagiert darauf sehr wütend und meint, Werner wolle sie wohl »im Städtchen schlecht machen«. Der Nervenarzt verweist Werner an die Caritas-Beratungsstelle. Auch hier kann nicht geholfen werden. Schließlich bemüht Werner das Gericht, um eine Besuchsregelung zu erstreiten. Doch da sowohl die frühere Partnerin als auch der Sohn eine solche Regelung ablehnen, ist auch das erfolglos. Werner, der überzeugt ist, dass Markus von seiner Mutter entsprechend präpariert wurde, lässt nicht locker. Schließlich schaltet das Jugendamt einen Psychologen ein. In gemeinsamen Gesprächen werden Besuchs- und Urlaubsregelungen ausgehandelt. Markus kommt etwa einmal im Monat zu seinem Vater, und die beiden verbringen auch einmal gemeinsam einen vierzehntägigen Zelt-Urlaub. Doch vier Jahre später bricht alles wieder zusammen. Die Mutter des Kindes erscheint nicht mehr zu den Gesprächen und unterbindet jeglichen Kontakt. Werner weiß dafür keinen Grund. Er kann weder telefonisch noch brieflich Verbindung zu seinem Sohn herstellen. Briefe bekommt er mit dem Vermerk »Zurück an Absender« in der Handschrift des Sohnes wieder. Als Markus beginnt, seinen Vater sporadisch heimlich zu besuchen, fragt dieser nach:

> Und dann hab ich ihn mal gefragt, wie er da war: »Du, was is'n mit der Post eigentlich?« Ich sag: »Die kommt ja dauernd zurück«. Und da hat er

gesagt: »Ja, ich muss das machen.« Da muss er draufschreiben: Zurück an Absender. Ich sag: »Ja, willst Du das überhaupt?« Sagt er: »Nein, aber die Mama will das so.« Also der ist da voll unter der Fuchtel jetzt.

Werner gefällt es nicht, dass sein Sohn ihn *heimlich* besucht. Er meint, der Junge lerne dadurch Unaufrichtigkeit. Doch Markus traut sich nicht, seiner Mutter vom Kontakt mit dem Vater zu erzählen. Werner leidet so sehr unter der Situation, dass er krank wird und sich zur Behandlung in eine psychosomatische Klinik begibt. Seither gehe es ihm etwas besser. Um seine Freizeit sinnvoll zu gestalten, die er viel lieber mit dem Sohn verbringen würde, hat er mit einem Fernstudium begonnen. Das habe ihn über eine schwere Zeit gebracht. Doch weiterhin leidet er unter der Trennung und macht sich große Sorgen um Markus. Der rauche »wie ein Schlot« (genau wie seine Mutter) und ist gerade nach einer Wiederholung der achten Klasse aus der Realschule geflogen. Werner versucht, seinem Sohn ins Gewissen zu reden, doch der will das gar nicht hören.

Zunehmend bekomme ich den Eindruck, dass Werner in den kurzen Kontakten mit dem Sohn vor allem die strengen Seiten der Vater-Rolle ausfüllt, und ich frage nach:

I: Mh. Wie würden Sie denn so... ehm, das emotionale Verhältnis zwischen Ihnen beiden beschreiben?
W: Zwischen Markus und mir?
I: Ja.
W: (nach einer Pause) Ja. Also, ich... ich bin halt sein Vater, ja? Ich hab die Verantwortung für ihn, auch wenn ich nicht... wenn ich rechtlich überhaupt keine Verantwortung hab. Aber das kann ich nicht trennen.

Ich frage nach Gefühlen, und Werner spricht von Verantwortung. Erst im nächsten Satz sagt er, dass er Markus sehr gern hat, was mir auch im Gespräch immer wieder spürbar wird. Doch es scheint, als würde Werner eigene Gefühle und Impulse stets kontrollieren – als stünden Prinzipien, wie es denn zu sein habe im Leben, an vorderster Stelle. Was das angeht, hat Werner durchaus zwanghafte Persönlichkeitszüge. Es stellt sich natürlich die Frage, was durch die Zwanghaftigkeit abgewehrt werden soll. Im Falle der Partnerschaft waren es wohl vor allem aggressive Impulse, die Werner sich nicht gestattete. Doch in seiner Beziehung zum Sohn scheinen es mir eher die zärtlichen Regungen zu sein, die Werner in Schach zu halten versucht. Vielleicht fürchtet er, der Trennungsschmerz würde ihn stets aufs Neue überwältigen, wenn der

Kontakt mit dem Sohn allzu freudvoll und herzlich wird. Hier vermischen sich seine Gefühle gegenüber dem Sohn meines Erachtens mit seiner immensen Vatersehnsucht, die später im Gespräch noch deutlich werden wird. Markus, der seit elf Jahren unter den niemals bewältigten Aggressionen zwischen Mutter und Vater zu leiden hat, kann erst im Moment des erneuten Abschieds eine Umarmung des Vaters erwidern:

I: Mh. Und wie is Ihr Gefühl, was ... was *er* da empfindet? Also ham Sie das Gefühl, er hat dann auch Sehnsucht nach Ihnen, wenn er Sie länger nicht sieht? Oder ist es ihm wurscht, oder ...?

W: Also, wenn er dann amal da is, und wir hocken da hinten irgendwo zusammen und schauen uns irgendwas gemeinsam an, dann lehnt er sich her, und ... is eigentlich ... ganz doll das Gefühl da: Ja, jetzt fühlt er sich eigentlich doch wohl. Aber, des hält immer nicht sehr lange. Also, wenn er dann ... Er hat auch Schwierigkeiten, auf mich irgendwo zuzugehen. Wenn ich ihn mal in den Arm nehm, dann is beim ersten Mal sowieso ... reagiert er gar net. Beim zweiten Mal vielleicht, wenn er dann weggeht, dann ... schon.

Ein schlitzohriger Sohn

Ich werde neugierig und frage, ob Werner ein aktuelles Foto von Markus habe. Er verschwindet in einem Zimmer, das er einst als Kinderzimmer geplant hatte. Zwar ist es als Arbeitszimmer eingerichtet, doch er hat dort für Markus ein Urwald-Poster aufgehängt. Auch ein Computer für den Jungen steht dort. Den wollte Werner seinem Sohn vor drei Jahren schenken und schickte ihm einen Gutschein. Doch der Gutschein kam ungeöffnet zurück. Werner wollte seinem Sohn den PC für zu Hause schenken, doch Markus behauptete später, er habe zu Hause einen Computer. Es stellte sich aber heraus, dass das nicht stimmt. Markus kann den Computer deswegen nicht mitnehmen, weil seine Mutter dann wüsste, dass er Kontakt zum Vater hat. Wenn er seinen Vater besucht, spielt Markus am Computer im »Kinderzimmer«, und genau dabei zeigt ihn das Foto, das Werner mir nun bringt.

I: Mh. (betrachtet das Bild.) Mh. Schaut nett aus, finde ich.

W: Na ja. Bisschen schlitzohrig, ja. (sehr leise) Aber das muss wohl auch sein.

I: Ja, mit fünfzehn, denke ich ... sowieso, oder?

W: Ja, es ist wahrscheinlich normal, und ...

I: Altersadäquat.

W: ... man braucht ja nicht denken, dass es heut noch so is wie vor 30 oder 40 Jahren. Hat sich ja doch vieles geändert.

Unmittelbar im Anschluss an diese kurze Interaktion, während der Werner seine Gefühle gegenüber dem Sohn sehr nahe zu gehen scheinen, zieht er ein deprimierendes Fazit:

W: Ja. Und jetzt sitz ich da mit meinen 56 Jahren und muss sagen, dass eigentlich das Wesentliche, was für mich das Wesentliche war, im Leben eigentlich nicht geklappt hat.
I: Nämlich ... Partnerschaft und Vaterschaft?
W: Ja, einfach auch 'ne Familie auch.

Der »idiotische« Tod des Vaters
Nachdem wir nun eine ganze Stunde über das Scheitern dieses Lebensentwurfs gesprochen haben, leite ich über und frage Werner nach seinem eigenen Vater. »Viel ist es nicht«, was er erzählen kann, sagt er. 1941 wurde Werner geboren, und 1944 musste der Vater an die Front. Das sei eine merkwürdige Geschichte gewesen: Der Vater war nämlich als einziger Sohn unter lauter Schwestern eigentlich vom Wehrdienst freigestellt:

Der einzige Sohn wurde nicht eingezogen. Und das war bei ihm so. Und dann is aber einer ... aus irgendwelchen Gründen nicht eingezogen worden aus'm Dorf. Und dann hat man einen Ersatzmann gebraucht. Das war also die letzte Zeit, da hat man also wirklich jeden gebraucht schon. Idiotisch! Und dann musste er.

Der Vater ist also praktisch »ersatzweise« ums Leben gekommen, für einen anderen Mann aus dem Dorf, der nicht eingezogen wurde. Nun schildert Werner die konkrete Erinnerung an den Vater, die er bereits in unserem Telefongespräch erwähnt hatte:

W: Er hat mit mir einen Schneemann gebaut. Und da war ich also drei, gerad drei. Oder dreieinhalb vielleicht. Und dann hat er mich, nachdem wir fertig waren, auf den Schultern in die Wohnung getragen. Das ist noch präsent.
I: Mh. Mh. Ham Sie das wie ein Bild so?
W: Wie'n Bild, ja. Also, das kann ich wirklich visualisieren.
I: Haben Sie auch ihn so vor sich?

W: Ja. Er war natürlich riesengroß, aus meiner Sicht damals noch. (I: Ja, ja ja.) Aber er war größer als ich, also er war 1,81. Aber es war natürlich eine andere Perspektive sowieso.

Das ist zunächst einmal eine anrührende Szene. Vater und Sohn bauen gemeinsam einen Schneemann. Werner hatte also einen Vater, der auch mit ihm spielte, und den muss er später schmerzlich vermisst haben. Dann trug der »riesengroße« Vater ihn auf den Schultern ins Haus. Er gab dem Sohn also ab von seiner Größe, ließ ihn daran teilhaben. Und er trug ihn ins Haus – dorthin, wo es warm und sicher ist.

Es ist der frühe, dyadische Vater, der sich in dieser visuellen Erinnerung verdichtet hat. Ein liebevoller Vater, den der kleine Junge idealisieren kann, und der ihm Sicherheit gibt. Werner betont sehr die Größe des Vaters, nicht nur aus der kindlichen Froschperspektive, denn der Vater war auch größer als der erwachsene Werner. Sehr präzise ist die Größenangabe: 1,81 m. Werner ist 1,70 m, das hat er mir ja schon am Telefon gesagt. Und über den Sohn hat er kurz zuvor erzählt, dass der jetzt auch schon größer sei als er.

Er hatte niemals Gelegenheit, sich am Vater zu messen, mit ihm zu rivalisieren, vielleicht über ihn hinauszuwachsen. Dazu ist der Vater zu früh aus seinem Leben verschwunden, aus »idiotischen« Gründen in einen Krieg gezogen, aus dem er nicht mehr wiederkam. Noch einmal erwähnt Werner die Zweifel, die andere Leute an dieser sehr konkreten Erinnerung eines Dreijährigen haben. Und noch einmal bestärke ich ihn im Glauben an diese Erinnerung. Dieses Bild vom Vater – das Einzige, was ihm blieb – ist für Werner sehr kostbar, und abschließend versichert er:

Aber dieses Erlebnis hab ich wirklich *erlebt*. Und drum glaub ich auch dran.

In diesem Zusammenhang wird mir auch verständlich, was Werner in Bezug auf die Trennung von seinem Sohn so besonders verzweifelt macht: Er durfte seinem Sohn nicht der große, starke und idealisierte Vater sein, denn seine frühere Partnerin macht Werner laufend schlecht, lässt kein gutes Haar an ihm. Und nun ist der Junge ihm schon über den Kopf gewachsen und hört auch nicht mehr zu, wenn der entfremdete Vater ihm ins Gewissen redet. Sehr wichtig an seinem eigenen Vater ist Werner dessen Zielstrebigkeit. Der Vater hat es unter schwersten Bedingungen zum Facharbeiter gebracht, und von dieser Strebsamkeit hat Werner eine Menge geerbt. Als Metzgerlehrling hat er begonnen, und heute ist er Schulleiter.

Er erzählt weiter von der frühen Kindheit. Als der Krieg vorbei war, zogen heimkehrende Soldaten durchs Dorf, doch der Vater war nicht dabei. Er hatte zuletzt in Budapest gekämpft, und einmal kamen ein paar Versprengte durchs Dorf, die erzählten, sie wären wohl die Einzigen, die aus Budapest herausgekommen seien. Über Werners Sofa hängt ein Stich von Budapest, den ihm die Schwester einmal geschenkt hat. Die Mutter glaubte weiterhin unbeirrt an die Rückkehr ihres verschwundenen Mannes. 1946 wurde die Familie vertrieben. Großvater, Mutter und die beiden kleinen Kinder wurden in Viehwaggons verladen, kamen zunächst in ein Zwischenlager und schließlich auf den Bauernhof in einer oberbayerischen Kleinstadt. In einem Raum von zehn bis zwölf Quadratmetern Größe hausten sie dort die nächsten zwölf Jahre.

Als Werner neun Jahre alt war, kam einmal der Großvater nicht mehr vom Holzsammeln zurück. Mutter und Sohn fanden ihn nach einem Schlaganfall im Wald und transportierten ihn kilometerweit mit einem Leiterwagen in den Ort. Dabei hat Werner den Kopf des Großvaters gehalten, der nach ein paar Tagen im Krankenhaus starb. Die Mutter war streng und sehr auf Ordnung bedacht. Sie habe versucht, den Kindern den Vater zu ersetzen, und Werner musste oft zur Strafe in einer Ecke knien. In Auseinandersetzungen mit anderen Kindern, die Werner oft piesackten, ermahnte ihn die Mutter, brav zu sein. Doch sie setzte sich auch für ihn ein, ging zu anderen Eltern und zum Lehrer, um sich zu beschweren. Erst als ein Onkel sich einschaltete und den Jungen ermunterte, sich zur Wehr zu setzen, erlaubte das auch die Mutter.

Ordnung, Sicherheit und Verlässlichkeit

Nach der Volksschule machte der Jugendliche eine Metzgerlehre. Dort wurde er ausgebeutet von einem maßlosen Meister, der den schmächtigen Jungen so sehr schuften ließ, dass Werner schließlich an einer Herzmuskelentzündung erkrankte. Dennoch machte er noch die Gesellenprüfung. Anschließend wandte er sich erstmals dem Militär zu: Er arbeitete in einer amerikanischen Kaserne. Später war er als Hilfspfleger in einem Krankenhaus tätig und begann 1963 eine Ausbildung zum Krankenpfleger. Damals habe sein »zweites Leben« begonnen. Nach der Ausbildung verpflichtete er sich für 12 Jahre bei der Bundeswehr, wo er es bis zum Oberfeldwebel brachte. Ich sage:

I: Wenn ich da mal einhaken darf mit 'ner Frage. Weil das so'ne Idee war, die mir vorhin schon mal kam, als Sie das erste Mal sagten, dass Sie bei der Bundeswehr waren: Glauben Sie, dass das was mit dem Vater zu tun hat?

W: Ja. Das hab ich auch, das hab ich lange überlegt auch. Damals hab ich's nicht reflektiert, und konnt ich auch net. Aber im Nachhinein muss ich sagen, das hat ganz bestimmt was damit zu tun. Es war einfach das Bedürfnis nach, so ... nach Sicherheit, was sicher absurd ist in der Bundeswehr. Aber das Bedürfnis nach Ordnung, ehm ... Das war also eine andere Ordnung als wie zu Hause. Weil bei der Mutter war's sehr ordentlich. Aber einfach die Ordnung, Verlässlichkeit und auch die Kameradschaftlichkeit mit Männern. Also, dass man wirklich da auch in Absprache was durchsetzt. Des sind Dinge, die mir also, glaube ich, sehr gefehlt haben. Und da bin ich natürlich auch sehr enttäuscht worden!

I: Ja?

W: Ja! Bei der Bundeswehr ist also ... überhaupt nichts Verlässliches.

Wieder nennt Werner Ordnung, Sicherheit, Verlässlichkeit als Qualitäten, nach denen er gesucht habe. Das erinnert an die schon ganz zu Anfang von ihm erwähnte Orientierungslosigkeit. Er sucht in einem rein männlichen Umfeld nach einer anderen Ordnung als zu Hause und wird sehr enttäuscht. Er, der sich an Prinzipien hält und daran glaubt, muss feststellen, dass er damit bei den Kameraden aneckt, weil niemand diese Prinzipien wirklich ernst nimmt. Seine wichtigste (und enttäuschendste) Lehre aus der Bundeswehrzeit ist, dass man sich auf nichts verlassen kann. Das kennt er von der Mutter ganz anders:

> Und das hab ich bei der Mutter eben nicht erlebt. Bei der Mutter war, was gesagt war, war Tatsache. Und später hab ich erst erleben müssen, dass, was gesagt wird, das kann möglich sein, aber es muss absolut nicht.

Werner ist verbittert darüber, dass er diese Lektion erst so spät gelernt hat, zu einem Zeitpunkt, zu dem Andere das längst kapiert haben. Noch einmal hake ich nach mit meiner Frage nach der Motivation, zur Bundeswehr zu gehen:

I: Mh. Mh. Wenn ich nochmal zu meiner Frage zurück darf: Ich hab das auch noch so'n bisschen auf 'ner anderen Ebene gemeint. Mit der Verbindung zum Vater. Also mein Gedanke war: Der Vater war zuletzt Soldat und is als Soldat sozusagen verschwunden. Aus Ihrem Leben und überhaupt. (W: Mh.) Also als ... vielleicht auch eine Suche nach ... etwas, ehm ... Also irgendein Versuch, dem Vater nah zu sein.

W: Also indirekt vielleicht glaub ich schon. Weil ich hab auch während der ganzen Zeit auch immer wieder Leute angesprochen, wo ich dachte, die könnten ... von ihrem Alter her und ...

I: ... noch was wissen?
W: ... noch was wissen. Das hab ich schon indirekt immer wieder gemacht.

Er fragte alte Veteranen nach der Situation in Budapest bei Kriegsende und erfuhr dadurch manche Einzelheiten. Ansonsten scheint Werners Prinzipienreiterei ihn in der Bundeswehr unbeliebt gemacht und dazu geführt zu haben, dass man ihn – den Vertriebenen – erneut vertreiben wollte. Zunächst einmal in Form von Versetzungen nach »Stetten am Kalten Arsch« (an Orte, wo niemand hinwollte), die er jedoch stets verweigerte. Und schließlich in Form seiner Entlassung aus der Bundeswehr nach zwölf Jahren. Werner sagt in diesem Zusammenhang, er habe sich selbst oft im Weg gestanden in dem Sinne, dass er nicht nachgeben konnte. Hier erinnern der passive Widerstand und die Sturheit an das latent rebellische, aufbegehrende Wesen der Zwanghaftigkeit, das in der klinischen Literatur so eingängig beschrieben wird. Werner äußert später, dass »Leute, die etwas davon verstehen«, ihn als »analen Charakter« bezeichnen würden.

Seinem Sohn würde Werner solche Erfahrungen gern ersparen. Er möchte dem 16-Jährigen gern vermitteln, dass man auch »selber beteiligt ist, wie's im Leben läuft«:

> Also, Du kannst ruhig stur sein, aber Du musst dann auch wissen, die Welt entscheidet sich vielleicht einmal auch anders, nicht?

Krankmachende Sehnsucht

In gewisser Weise war auch die Mutter von Werner stur und konnte nicht nachgeben, da sie jahrzehntelang an der Vorstellung festhielt, ihr Mann käme eines Tages zurück. Und in dieser Hinsicht hatte sie auch etwas Realitätsfernes, was keineswegs Werners Aussage entspricht, das, was die Mutter gesagt habe, sei Tatsache gewesen. Ich spreche Werner auf diese Hoffnung, dieses Warten an, und er äußert nun explizit seine kindliche Sehnsucht nach dem Vater:

> Ja, was ich auch irgendwann am Anfang schon g'sagt hab, dass man halt immer so eine... eine undefinierbare Sehnsucht hat. Dass man sich... irgendwo sagt: Mensch, andere Kinder haben jetzt auch Vater und Mutter. Ich hab... Wo is *meiner*? Was geht mir da eigentlich jetzt... alles verloren dadurch, ne? Und dann auch, wenn's... Wenn man älter wird dann... so als Kind auch älter wird... Dass man oft auch amal den Vater nach was fragen möchte.

Er meint, dass sich sein Leiden an der Vaterlosigkeit summiert habe und schließlich somatisch zum Ausdruck gekommen sei in seinen zahlreichen Krankheiten. Sofort stellt er wieder eine Verbindung zu seinem Sohn her. Er zeigt auf das Foto von Markus und sagt:

W: Und er war's eigentlich auch.
I: Ihr Sohn?
W: War sehr viel krank, ja. Wo immer dann … Vor allem dann krank, wenn er von mir zurückkam. (I: Ja.) Das hat immer wieder dann dazu geführt, dass die Mutter gesagt hat, der Vater ist unfähig …
I: »Siehste, bei Dir wird er krank!«
W: Ja: »Du bist zu blöd, um mit diesem Kind umzugehen. Du machst ihn krank. Den lass ich nicht mehr zu Dir.«

Mich bewegt diese Vorstellung sehr, dass die Sehnsucht nach dem Vater einen wirklich *krank* machen kann. Und ich glaube nun zu verstehen, dass der Hass auf die frühere Partnerin, die dieses Geschehen wiederum gegen die Vater-Sohn-Beziehung ins Feld führt, eine frühere, unbewusste Aggression auf die Mutter widerspiegelt: Die Wut auf die frühe, allmächtig erlebte Mutter, weil sie nicht verhindert hat, dass der Vater verschwand. Die Aggression gegenüber der späteren, abhängigen Mutter, die den Vater nicht wieder herholen, ihn aber auch nicht sterben lassen konnte. Und womöglich auch noch den Zorn auf eine Mutter, die nicht mütterlich sein konnte, sondern die streng und hart versuchte, den Vater zu ersetzen.

Werners Schilderungen der Partnerin reflektieren gespaltene Aspekte des Mutter- und Frauenbildes, das kein ganzheitliches, ambivalentes ist: Die allmächtige Böse (die alles kaputtmachen kann) und die hilflos sich Anklammernde (die nicht allein existieren kann, nicht einmal selbst eine Wohnung findet). Man kann vermuten, dass Werner seine Aggression der Mutter gegenüber grundsätzlich abwehren musste. Denn schon als er drei Jahre alt war, stand die Mutter in Kriegszeiten ohne Ehemann da. Und mit neun Jahren war der Sohn endgültig der einzige Mann in Mutters Leben, nachdem auch der Großvater verstorben war. Eine solche Mutter muss man beschützen, unterstützen und man darf nichts Schlechtes von ihr denken. Genau diese Art von Bindung hat auch die heimatlose Partnerin in ihm wiedererweckt. Doch nachdem Werner sie großmütig zu sich genommen hatte, wurde sie nicht etwa weiblich-mütterlich und warmherzig, sondern verwandelte sie sich in das allmächtige böse Weib, das nun dem Vaterlosen auch noch den Sohn wegnimmt. Dieser Versuch einer Psychodynamik ist natürlich ausgesprochen hypothetisch, aber er vermag meines Erachtens das Erleben der Vaterlosigkeit, die Beziehung zur Mutter, die Dynamik der Paarbeziehung und die »schicksalhafte« Trennung vom Sohn sinnvoll miteinander zu verbinden.

Natürlich ist auch das Vaterbild kein ganzheitlich-ambivalentes. Auf seine Phantasien angesprochen, was für ein Mensch der Vater wohl gewesen sei, sagt Werner selbst:

> Die Neigung zum Idealisieren ist natürlich sehr groß.

Der Vater war riesengroß, liebevoll und zielstrebig. Er hatte eine harmonische Partnerschaft mit der Mutter, und er opferte sich für einen Anderen in einem idiotischen Krieg. Werner steht zwar als Erwachsener dieser Idealisierung durchaus kritisch gegenüber, aber er weiß einfach nichts über seinen Vater zu sagen, das auch nur den Hauch einer negativen Persönlichkeitseigenschaft ahnen ließe. Und sein vehementer Wunsch nach Identifikation mit diesem guten Vater kommt zum Ausdruck, als er sagt:

> Also, ich glaub ... So im Nachhinein kann ich sagen, ich ähnle ihm, glaub ich, doch sehr.

Die ganze Tragik dieses sehnsuchtsvollen Identifikationswunsches spüre ich, als ich mir auch ein Foto des Vaters zeigen lasse. Das hängt ebenfalls über dem Sofa und zeigt den Vater als in der Tat stattlichen, großen und gutaussehenden Mann, der für mich keinerlei Ähnlichkeit mit seinem Sohn hat. Als Werner sagt, das Foto sei nicht sehr aussagekräftig, weil der Vater im dicken Wintermantel abgebildet ist, wird sein Bedürfnis spürbar, mehr und Genaueres über den Vater zu wissen. Einen Vater aus Fleisch und Blut hätte er gebraucht, der beim genaueren Hinsehen auch Schwächen und kritikwürdige Seiten hat. Doch der dicke Wintermantel ist ebenso darüber gebreitet wie das Bild vom Schneemann-Bauen, das den Vater sozusagen in tiefgekühlter Form über 53 Jahre hinweg als »nur guten« Vater konserviert hat. Wie sehr Werner auch der Mutter zuliebe das einseitig verklärte Vaterbild verinnerlichen musste, zeigt sich, als ich ihn frage, ob es besser für ihn gewesen wäre, den Vater tot zu wissen:

> I: Wär's besser gewesen, es wär 1945 eine Meldung gekommen: Der Vater is gefallen, und zwar da und da und dann und dann, und Punkt? Und er is tot. Oder war's so besser?
>
> W: (leise, betroffen) Ja, also ... Ich glaube, es war so besser. (Lauter) Also

> nicht für mich, sondern für die Mutter. Weil... Das wär dann eine Situation gewesen, mit der... sie vielleicht doch nicht so gut umgehen hätte können.

Die fehlende negative Seite des Vaterbildes findet sich wieder im erbarmungslosen Meister, in der mangelnden Verlässlichkeit einer Bundeswehr, die ihn schließlich ausstößt und im »Vater Staat«, der einem ledigen Vater keine rechtlichen Möglichkeiten einräumt, sich um seinen Sohn zu kümmern, wenn die Mutter das nicht will (Werner hat sich sehr verbittert beklagt über die Neufassung des Kindschaftsrechts)[40].

> Sagt man sich auch dann: Wozu steh ich dann für diesen Staat überhaupt noch ein, ne? Wieso war ich 12 Jahre Soldat dann? Wenn ich Pech gehabt hätte, wär ich heut nicht mehr da, weil ich... weil ich für Recht und Ordnung eingestanden bin. Und der Staat macht... zeigt mir genau 's Gegenteil.

Im Zweifelsfall wäre Werner für einen Staat in den Tod gegangen (wie einst sein Vater), der seinerseits im Gegenzug nicht einmal für Recht und Ordnung sorgt, wenn es darum geht, einem Sohn einen Vater zu erhalten (und umgekehrt). Werner wird an dieser Stelle des Gesprächs spürbar aggressiv. Immer wieder haut er mit der Hand auf den Tisch, und ich kann etwas erahnen von dem großen Potential an Wut, das in ihm steckt. Es ist die Wut des *Vertriebenen*; dessen, dem kein Platz zusteht. Seine ganze diesbezügliche Verzweiflung verdichtet sich in folgender Passage:

> Man kriegt gezeigt, dass man eigentlich... (nochmals mit der Hand auf den Tisch), eigentlich völlig *nutzlos* is, ne? Unerwünscht! Man hat eigentlich gar keine Ansprüche zu haben. Oder nicht amal... nicht nur keine Ansprüche, sondern man hat... Man *fehlt* niemandem! Wenn man nicht da wär, wär's genauso.

Die Unerwünschtheit, das Vertriebensein ziehen sich durch Werners ganzes Leben, so sehr, dass ich mich einmal sogar frage, ob er selbst ein erwünschtes Kind war. Auch in seinem Beruf als Schulleiter ist er nicht erwünscht, sondern unbeliebt, sowohl beim Träger der Schule als auch bei der Mehrzahl der Schüler. Er schildert mehrere diesbezügliche Episoden, aus denen wieder hervor-

---

40 Das Interview fand Ende der 90er Jahre statt, inzwischen sind die entsprechenden Gesetze verändert worden.

geht, wie rechtschaffen dieser Mann darum bemüht ist, Prinzipien zu vertreten, an die er glaubt und für die er geradesteht. Auch in diesem Zusammenhang sagt er:

> Da merk ich dann auch oft… denk ich mir, wenn ich dann so heimfahr am Abend: »Mensch, warum fährst'n da eigentlich hin? Die wollen Dich doch gar nicht! Die wär'n doch froh, wenn Du gar nimmer da wärst.«

Doch Werner kämpft um seinen Platz. Er hat in seinem Leben zahlreiche Traumatisierungen überstanden und hat es weit gebracht. Er lässt sich nicht mehr vertreiben und ist stolz darauf. Doch dieser Kampf kostet ihn Nerven, er hat ihn schon krank gemacht, und ich habe den Eindruck, dass er mit diesem Kampf ununterbrochen eine bodenlose Depression abzuwehren versucht.

Abermals zeigt sich sein Bedürfnis, fürsorglich und väterlich zu sein, als er mir am Ende des Gesprächs noch einmal einen frischen Tee machen will. Auch sein Bedürfnis nach mehr emotionaler Nähe und Verbindlichkeit wird spürbar, als er am Schluss enttäuscht darüber ist, dass ich gleich mit dem nächsten Zug zurückfahren möchte. Sicher hätte er gern noch mit mir geplaudert, mehr Verbundenheit hergestellt. Ich glaube, er hat sich am Ende unserer Begegnung nach etwas gesehnt, das während des gesamten Gesprächs ein bisschen gefehlt hat: Herzlichkeit. Gegen Ende des Interviews habe ich eine Ahnung bekommen, dass Werner auch lebendig sein kann. Neben seiner trockenen und etwas zwanghaften Art hat mich dieser Mann immer wieder gerührt und berührt. Da ist noch eine andere Seite: weicher, verletzlicher und liebenswert, auf die ich hier und da einen kurzen Blick erhaschen konnte.

14 Das Bild des abwesenden Vaters und die Suche des Sohnes nach dem Vater

Es wurde bereits darauf hingewiesen, dass auch in vaterlosen Kindern der Vater psychisch repräsentiert ist. Alle Kinder entwickeln ein Vaterbild, das natürlich umso weniger von realen Erfahrungen mit dem Vater geprägt ist, je weniger solche Erfahrungen gemacht werden konnten. Im Extremfall der Abwesenheit des Vaters bereits vor der Geburt muss das Kind sein Vaterbild ohne jegliche Vatererfahrung entwickeln.

In Psychotherapien mit vaterlosen Jungen kann man herausfinden, dass diese Jungen unbewusst eine innere Beziehung zum Vater herstellen, die auf den spärlichen Informationen beruht, die sie über ihn erhalten haben. Dabei spielen die Gründe und Umstände der väterlichen Abwesenheit eine entscheidende Rolle. Der amerikanische Psychotherapeut Lewis meint, dass die Geschichte des Verlassen-Werdens durch den Vater die Haupterfahrung des Jungen mit ihm darstellt und so die Basis des Vaterbildes und der inneren Beziehung zu ihm bildet. Diese innere Vaterbeziehung stellt wiederum einen Eckpfeiler in der Persönlichkeitsentwicklung des Jungen dar. Vaterhunger ist ein durchdringendes, wenngleich zuweilen unbewusstes Thema im Leben dieser Jungen. »Die Hauptbeschwerden, die sie in die psychotherapeutische Behandlung bringen, können gesehen werden als unbewusster Versuch, den leidvollen Vatermangel als zentrale Tatsache ihres Lebens anzusprechen« (Lewis 1992, S. 78 f.). Lewis entdeckte frappierende Zusammenhänge zwischen der jeweils vorherrschenden psychischen Problematik der Jungen und den individuellen Umständen des Vaterverlusts, selbst wenn dieser sich teilweise bereits in den ersten Lebenswochen ereignet hatte.

In einer psychotherapeutischen Behandlung vaterloser Jungen und Männer geht es unter Anderem auch um die Differenzierung und den Wandel des Vaterbildes, vorzugsweise durch die Erfahrungen in der Beziehung zu einem männlichen Therapeuten. Ein interessantes Beispiel für das relativ starre Festhalten an einem einseitigen und sehr idealisierten Vaterbild aus der allerfrühesten Kindheit bietet Sascha, den ich weiter unten vorstellen möchte.

Der Tübinger Kinder- und Jugendpsychiater Klosinski (1985b) greift die Geschichte des Telemachos – Sohn des Odysseus – auf und benennt die für die Entwicklung vaterloser Söhne so bedeutsame Suche nach dem Vater mit dem Begriff der *Telemachie*. Er hält sie für einen symbolhaft zu verstehenden, notwendigen Reifungs- und Entwicklungsprozess, den ein bei der Mutter lebender, vaterlos aufwachsender Junge durchleben muss, um nicht der latent inzestuösen Beziehung zur Mutter ohne Rückgriff auf eine dritte, schützende Instanz ausgeliefert zu sein bzw. ihr nicht zu entkommen.

Klosinski glaubt aufgrund seiner klinischen Erfahrungen, dass die entscheidende Suche nach dem abwesenden Vater vor allem während der Adoleszenz stattfinden muss. Da der vaterlose Sohn kein realistisches und gefestigtes inneres Vaterbild hat, ist er als Jugendlicher zunächst nicht in der Lage, mit seinen sexuellen Wünschen und Bedürfnissen umzugehen. Gerade weil einem vaterlosen Sohn die (symbolische, innere) Suche nach dem Vater so aussichtslos erscheint, gewinnt die Mutter wieder mehr an Bedeutung. Die symbiotischen und inzestuösen Wünsche des Sohnes können sich verstärken und übermächtig werden (Klosinski 1985a). Entwicklungsaufgabe des vaterlos Aufgewachsenen in der Adoleszenz ist es, sein schwaches, abgewertetes oder überhöhtes Vaterbild zu korrigieren. Übermäßige Abwertung und/oder Idealisierung als Folgen einer mangelnden realen Vatererfahrung müssen überwunden werden, damit der männliche Jugendliche selbst zum Mann werden kann. Diese Aufgabe hat Sascha meines Erachtens noch vor sich (s. u.).

Die Telemachie erfolgt über eine zunehmende Loslösung von der Mutter und ist insbesondere dann vonnöten, wenn die Mutter keine partnerschaftliche Beziehung zu einem anderen Mann mehr eingegangen ist. Bei dieser Trennung von der Mutter spielt zunächst die Gruppe der Gleichaltrigen eine große Rolle – sie hilft, aus dem zu engen Verhältnis mit der Mutter herauszukommen. Des Weiteren ist die enge Beziehung zu einem gleichaltrigen Freund wichtig und notwendig. Zuweilen ist die innerpsychische Aufrichtung eines ausreichend starken, ambivalenten Vaterbildes auch nur in einer Psychotherapie (nach Möglichkeit bei einem männlichen Therapeuten) möglich. Wie dramatisch sich im Einzelfall der Versuch gestalten kann, aus der zu engen und von sexuellen Wünschen des Adoleszenten aufgeladenen Mutterbindung ohne Hilfe eines Vaters oder Vaterersatzes auszubrechen, zeigen einzelne Fälle von sexuell deviantem Verhalten wie Vergewaltigungen und Vergewaltigungsversuchen bei betroffenen männlichen Jugendlichen, von denen Klosinski berichtet.

Demgegenüber handelt es sich bei Sascha um einen eher allzu sanftmütigen jungen Mann, bei dem sexuelle und aggressive Impulse mir zum Zeitpunkt unseres Gesprächs sehr stark kontrolliert und abgewehrt erscheinen.

Sascha (21 Jahre): An den Vater lass' ich keinen 'ran

Sascha ist der zweite Sohn eines Ingenieurs und einer Logopädin. Sein Vater starb beim Absturz eines Privatflugzeugs (er war Hobbyflieger), als Sascha drei Jahre alt war. Die Ursache des Absturzes soll ein Herzinfarkt des Vaters gewesen sein, den er am Steuer des Flugzeugs erlitt. Sascha hat einen vier Jahre älteren Bruder. Zum Zeitpunkt des Unglücks lebte die Familie in einem Einfamilienhaus in guter Wohngegend, das Mutter und Söhne bis heute bewohnen. Die Mutter, die seit der Geburt des ersten Kindes nicht berufstätig gewesen war, begann nach dem Tod ihres Mannes, wieder als Logopädin zu arbeiten. Auf irgendeine Weise war es ihr möglich, Arbeit, Kindererziehung und den Erhalt des relativen Wohlstandes der Familie zu leisten. Sie hat nicht wieder geheiratet, und bis auf eine kurze Ausnahme scheint sie keine festen Partnerschaften mehr eingegangen zu sein. Es gibt also keinen Stiefvater und offenbar auch keinen sonstigen Vaterersatz für Sascha und seinen Bruder.

Sascha hat erfolgreich das Gymnasium abgeschlossen und macht zum Zeitpunkt des Interviews gerade Zivildienst in einer sozialen Einrichtung. Er will danach mit einem Studium beginnen, weiß aber noch nicht genau, was er studieren soll. Sein Bruder steht kurz vor dem Abschluss eines Biologiestudiums und lebt trotz mehrjähriger fester Partnerschaft noch zu Hause. Sascha hatte bisher noch keine Liebesbeziehung, sehnt sich aber danach. Zurzeit ist er gerade ein bisschen verliebt.

Von einer Studentin bekomme ich Namen und Telefonnummer eines 21-Jährigen, der seinen Vater mit drei Jahren verloren haben soll. Der junge Mann weiß angeblich durch die Studentin von meiner Untersuchung. Es verstreichen einige Wochen, bevor ich telefonisch Kontakt aufnehme. Zuerst meldet sich eine Frau, offenbar die Mutter. Ich frage nach dem Sohn, dessen Namen die Studentin mir notiert hatte. Die Mutter ruft ihn ans Telefon. Sofort habe ich die Phantasie von einem Einfamilienhaus und wohlhabender Umgebung. Ein junger Mann meldet sich. Nach meiner Vorstellung und Frage nach einem Gespräch stellt sich heraus, dass mein Gesprächspartner bereits sieben Jahre alt war, als er seinen Vater verlor, sein Bruder hingegen drei. Es liegt offenbar eine Namensverwechslung durch die Studentin vor. Der »richtige« Bruder ist nicht zu Hause, und ich vereinbare, am nächsten Abend wieder anzurufen.

Nach diesem verwirrenden Telefonat denke ich: Beide Brüder (21, 26) leben noch zu Hause – für den 26-Jährigen kommt mir das ungewöhnlich vor. Inwieweit haben die Jungen (vor allem der Ältere) der Mutter den Partner ersetzt (bzw. tun dies immer noch)? Sascha hatte nach dem Verlust des Vaters einen älteren Bruder als männliche Bezugsperson. Der »Große« hatte vielleicht große Aufgaben für Mutter und Bruder? Die Mutter stelle ich mir als starke Person vor, wenn sie allein zwei Jungen großgezogen hat.

Am nächsten Tag habe ich den Anrufbeantworter am Telefon, offenbar die Stimme vom »großen Bruder«. Ich hinterlasse Name und Anliegen und kündige an, mich am nächsten oder übernächsten Tag wieder zu melden. Zwei Tage später wieder der Anrufbeantworter, ich hinterlasse keine Nachricht. Weitere vier Tage später noch einmal das Tonband. Ich werde ungeduldig, hinterlasse eine Nachricht und bitte um Rückruf und Bescheid, ob Sascha an der Untersuchung teilnehmen möchte.

Ein ambivalentes Hilfsangebot

Am selben Abend ruft er mich an. Er hat die gleiche Stimme wie sein Bruder – forsch und brav zugleich. Ich bedanke mich für den Anruf und frage, ob er weiß, worum es geht. »Ein bisschen«, antwortet Sascha. Ich erzähle kurz, um was es mir geht, und frage nach seiner Bereitschaft zu einem Gespräch. Er sagt: »Da helfe ich Ihnen schon«. Er erwähnt mehrmals die Tatsache, dass ich aus dem Thema meine Doktorarbeit mache und dass er mir dabei helfe. In seiner betonten Großmut wirkt er auf mich abwertend. Mich ärgert das; ich fühle mich angegriffen. Wir vereinbaren einen Termin, wobei er offen lässt, mir möglicherweise noch abzusagen. Ich habe das Gefühl: »Der stellt erst mal klare Fronten her! Lässt mich spüren, dass ich es bin, der etwas von ihm will. Hat er ja auch recht.« Ich fühle mich in die Defensive gedrängt und ärgere mich noch mehr. Er nennt mir die Adresse in einem Vorort, scheint jedoch nicht geneigt, mir eine Wegbeschreibung zu geben. Es gebe einen Plan an der S-Bahn, ich müsse durch den Wald laufen. Ich habe zunehmend das Gefühl, dass Sascha latente Aggressionen unterbringt. Doch bei der Adressen-Episode wird er auch vage, wirr, so als kenne er sich selbst nicht recht aus. Wird er nun doch unsicher mir gegenüber? Hat er Angst vor einem Gespräch über den Vater? Beim Abschied fragt er (wieder leicht aggressiv): »Kann ich dann wenigstens ein Exemplar der fertigen Arbeit bekommen?« Ich antworte mit Ja. Nach dem Telefonat bin ich spannungsgeladen, kampflustig und habe das Gefühl: »Das wird ein harter Brocken!«

Zum Interview komme ich eine Viertelstunde zu spät – ich habe den Weg zunächst nicht gefunden! Tatsächlich stehe ich vor einem Einfamilienhaus in guter Wohngegend – frappierend! Es öffnet ein großer junger Mann, eher würde noch »Junge« passen, und sagt: »Ich bin's«. Ich sage: »Der Sascha. Ich bin der Lothar Schon«. Sofort duzt er mich, was mich erleichtert, da er mir so jung vorkommt und ich ihn nun auch duzen kann. Es wäre mir schwergefallen, ihn zu siezen. Allerdings wäre es natürlich angesichts unseres Altersunterschieds auch denkbar gewesen, dass Sascha mich siezt und ich ihn duze. Meine Erleichterung spricht dafür, dass die gewisse Distanzlosigkeit, die in dem fraglosen »Du« liegt, mir sehr entgegenkommt. Nicht nur Sascha hat möglicherweise Angst vor mir als Universitätsdozent und neugierigem Psycho-Fachmann – auch ich fühle mich nicht ganz wohl in dieser Rolle.

Sascha wirkt auf mich etwas »flapsig«, leicht übergewichtig und unsportlich; er ist häuslich gekleidet mit Latschen, Sportsocken, Shorts und T-Shirt. Er führt mich in einen Wohn-Ess-Bereich mit einer Polstergruppe und einem Esstisch und fragt, wo wir uns hinsetzen sollen. Ich lasse ihm die Entscheidung, und wir gehen zur Polstergruppe. Sascha fragt, ob ich schreiben muss, und ich sage, dass ich das Gespräch aufnehmen möchte. Er antwortet, das fände er aber nicht so gut. Ich erkläre, dass ich die Aufnahme brauche, um nicht ununterbrochen mitschreiben zu müssen und versichere, dass niemand sonst das Band zu hören bekommt. Er lenkt ein. Sein Protest passt zu meinem Eindruck am Telefon: Er weist mich in die Schranken.

Bereits im Vorfeld des Interviews deutet sich eine Art von Kommunikationsstörung zwischen meinem jungen Interviewpartner und mir an, auf die ich später noch ausführlicher eingehen werde. Tatsache ist, dass Sascha sich freundlich und hilfsbereit zeigt. Ich bin aber gar nicht in der Lage, die angenehmen Seiten dieses Entgegenkommens wahrzunehmen, sondern erspüre immer wieder eine unterschwellige Aggressivität, die ich als Zurückweisung erlebe. Ich glaube im Nachhinein, dass Saschas Verhalten beide Seiten beinhaltet (freundliche und aggressive), doch es bleibt festzuhalten, dass ich in der aktuellen Wahrnehmung nur auf eine Seite reagiere. Es ist, als könne ich das nette Angebot Saschas, mir zu helfen, nicht annehmen. Woran liegt das? Weiter unten werde ich eine Hypothese vorstellen, die diesen Umstand zu erklären vermag.

Ich halte eine lange Vorrede zu meinem Forschungsthema, die mir nachträglich selber auf die Nerven geht, und werde von Sascha mit einer Bemerkung zu den Widersprüchlichkeiten psychologischer Forschung unterbrochen, die ich wiederum als latenten Angriff empfinde. Über meine Doktorarbeit sagt Sascha: »Okay, oder vielleicht wird es das Werk sein, wo man sagt in Zukunft, ab da war's nicht mehr widersprüchlich.« Ich höre in diesem Satz nur die Ironie, den entwertenden Spott über meine widersprüchliche Wissenschaft. Auf Saschas mögliches Bedürfnis nach Eindeutigkeit und seinen vielleicht darin enthaltenen Wunsch, mich zu idealisieren (ich soll mit meinem »Werk« Ordnung schaffen im Wirrwarr der widersprüchlichen psychologischen Befunde zur Vaterlosigkeit, und er wird mir dabei helfen), müssen mich später erst die TeilnehmerInnen der Auswertungsgruppe hinweisen.

Nun kommen wir »zur Sache«. Ich spreche den Tod des Vaters an, die Umstände dieses Ereignisses und die Zeit danach.

I: (lauter) Ja. Also, ich weiß bisher noch nicht sehr viel, außer dass du, glaub' ich, zwei Jahre alt warst.
S: (überlegend) Mh – drei.
I: Drei, mmh. Vielleicht magst du'n bisschen so erzählen, ich denke, du wirst dich persönlich nicht mehr so an die Zeit erinnern, aber was du so weißt …
S: Doch, ganz grob schon noch.
I: (erstaunt) Ehrlich?
S: Also, nicht so ganz klar, aber, also Eindrücke schon, aber, mh, stimmt schon …
I: Mh. Ja, also …
S: Was soll ich denn erzählen?
I: Also mich hätten jetzt erstmal sozusagen die biographischen Daten interessiert (…)

Die Kommunikationsstörung setzt sich fort. Nachdem sich der Irrtum über das Alter beim Tod des Vaters aufgeklärt hat, unterstelle ich, dass Sascha wohl keine Erinnerungen an diese Zeit mehr habe. Seine Erwiderung, es gäbe grobe Erinnerungen und Eindrücke, nehme ich erstaunt zur Kenntnis, gehe aber überhaupt nicht darauf ein. Das muss Sascha verunsichern, erneut lenkt er ein, und es verwundert nicht, wenn er nun von mir wissen will, was er denn eigentlich erzählen soll. Anstatt ihn in die vagen Erinnerungen an die frühe Kindheit zu begleiten, will ich nun biographische Daten. So wenig einfühlsam bin ich eher selten. Das hat wohl vor allem damit zu tun, dass ich mich durch die bereits beschriebenen Interaktionen in der Defensive fühle und befürchte, dass Sascha von meiner Forschung (und somit auch von unserem Gespräch) ohnehin nichts hält. Er mag doch die Widersprüchlichkeiten psychologischer Forschung nicht, also frage ich ihn nach Eindeutigem: nach Daten. Dass ich dabei sein Angebot übergehe, mit mir gemeinsam psychoanalytisches Terrain (Erinnerungen an die frühe Kindheit) zu betreten, ist Bestandteil einer Szene, die sich nun bereits mehrfach wiederholt hat.

Geschenke zwischen Vater und Sohn

Noch eine ganze Weile geht das so weiter. Sascha zählt die Fakten des väterlichen Todes auf, ich frage nach Bruder, Mutter und den familiären Lebensumständen nach diesem plötzlichen Verlust. Erst dann komme ich noch einmal auf die Erinnerungen an den Vater zu sprechen. Sascha überlegt und antwortet dann:

> Ja, höchstens noch so verschwommene Bilder, also, jetzt direkt... Also so... Stimme oder so, nich? Aber bestimmte... Ja, doch, ich weiß noch mal, irgendwann hab ich mal, da kam er von 'ner Geschäftsreise, hab ich ihm so'n Geschenk gebastelt – ich hab so Steine in Alufolie gewickelt, das weiß ich zum Beispiel noch. Oder dass er mir mal was mitgebracht hat, so'ne Murmel. Aber... mehr eigentlich nich.

Hier geht es um Geben und Nehmen: Vater und Sohn haben einander beschenkt, sie müssen eine liebevolle Beziehung gehabt haben. Doch auch bei diesem schönen Bild kann ich nicht mit Sascha verweilen, sondern frage ihn sofort anschließend nach der Nachricht vom väterlichen Tod. Daran kann er sich nicht erinnern, und er war auch nicht auf der Beerdigung des Vaters, was der heute Erwachsene bedauert und der Mutter ein wenig übelzunehmen scheint:

> Ja, da wurd' ich gar nicht gefragt. (Lauter) Also, im Nachhinein wär' ich gern da gewesen, aber damals war ich noch nicht so helle (lacht), dass ich das hätte durchsetzen können.

Das Bild des guten Vaters

Da wir nun schon bei der Mutter sind, frage ich Sascha, welches Bild vom Vater sie den Söhnen vermittelt hat. Spontan erzählt er eine Anekdote aus der Zeit vor seiner Geburt: Die Eltern waren bei einem Besuch in Berlin und entdeckten beim spätabendlichen Stadtbummel in einem Schaufenster eine Skulptur, die ihnen gefiel. Die Mutter war besonders davon angetan, und der Vater setzte alle Hebel in Bewegung, um den Ladenbesitzer ausfindig zu machen und noch in derselben Nacht das teure Stück zu erwerben, das nun im Wohnzimmer der Familie steht. Hier erscheint der Vater als spontaner, großzügiger Tausendsassa, durchaus zu Verrücktheiten aufgelegt, um seiner Frau einen Wunsch zu erfüllen. Auch dieses schöne, lebendige Bild bleibt von mir unbeantwortet. Ich ermutige Sascha nicht, ihm weiter nachzugehen, sondern frage wieder mal nach biographischen Daten (wann die Eltern geheiratet hätten usw.). Ein Muster kristallisiert sich heraus: Sascha, der ohnehin ein nüchterner und sparsamer Erzähler ist und selten von sich aus in Fluss gerät, wird von mir jedes Mal dann erneut ernüchtert, wenn er über den Vater ins Schwärmen gerät. Auf der bewussten Ebene bin ich gerade an solchen farbenfrohen inneren Bildern interessiert, doch unbewusst führt mich in diesem Gespräch etwas dazu, diese Bilder regelrecht abzuwürgen, was mir in keinem anderen Interview in dieser Form passiert ist. Doch nach dem kurzen Ausflug in die harten Fakten frage ich Sascha erneut nach seinen Vorstellungen darüber, wie der Vater gewesen sei, und wieder kommen ganz positiv getönte, lebhafte Bilder: Von einem kirchlich und sozial engagierten Mann, der straffällige Jugendliche im Gefängnis besuchte und mit einer Jugendgruppe eine Schallplatte aufnahm. Sascha fasst zusammen: »Also, einer, der viel bewegen kann, wenn er will«.

Wiederum tue ich uneinfühlsam diese Schilderungen als »äußeres Engagement« ab, gehe nicht darauf ein und frage nach der Persönlichkeit, dem Charakter des Vaters. Sascha setzt sich zur Wehr, indem er anmerkt, Aussagen darüber würden ja gar nicht auf Erfahrungen, sondern ausschließlich auf Wunschdenken basieren. Doch dann gerät er wieder in die Aufzählung der positiven Eigenschaften des Vaters: Besonnen sei er gewesen, freundlich und vor allem familienzugewandt. Aber auch erfolgreich. Als ich daraufhin nach dem Beruf des Vaters frage, meint Sascha: »Das find' ich jetzt gerade nicht sehr interessant...«

Auf der bewussten Ebene beurteilt er hier den Beruf des Vaters, der ihm persönlich nicht so gefallen würde, doch er bringt auch zum Ausdruck, dass ich ihn gefälligst weiter seine idealisierte Vaterimago entwerfen lassen und nicht dauernd nach nüchternen Tatsachen fragen soll. Der Vater sei »souverän« gewesen, »nicht so spießig. Jemand, der Jugendliche versteht«. In dieser Aussage steckt für mein Gefühl auch eine Rüge an mich, der ich mich im ganzen bisherigen Gesprächsverlauf als jemand gezeigt habe, der Sascha nicht versteht! Der Vater war außerdem »nicht langweilig« (im Gegensatz zu mir!), sondern aktiv, und er setzte sich für andere Menschen ein. Ich resümiere:

I: Aber es hört sich so... , also es sind alles so positive Dinge (S: Ja.). Du hättest also eher die Vorstellung, das wär' auch 'n Vater, auch wenn er heute noch leben würde, der Dir gefallen würde.

S: Ja, ja, auf alle Fälle. Auch, der mit seinen Kindern auch viel unternimmt und auch viele Sachen zeigt (I: Mh.), was natürlich durch die Mutter jetzt nicht so möglich war (I: Mh.), ja.

Sascha entwirft hier das Bild eines ausschließlich positiv erlebten, dyadischen Vaters, das noch frei zu sein scheint von Brüchen, Rivalitäten und Aggressionen. Es ist das Vatererleben des Zwei- bis Dreijährigen, das sich hier trotz meiner Uneinfühlsamkeit Bahn bricht. Sascha erinnert sich, seinen Vater zuweilen vermisst zu haben, vor allem im Alter von neun oder zehn Jahren. Damit spricht er die bewusstseinsnähere Phase der Latenz an, eine Zeit, in der Vater und Sohn oft eine ausgesprochen harmonische und liebevolle Beziehung zueinander haben (vgl. Kap. 5).

Ich frage nun nach väterlichen Bezugspersonen, die nach dem Tode des Vaters bedeutsam für ihn gewesen seien. Sascha kann sich nicht erinnern, dass irgendein erwachsener Mann für ihn wichtig gewesen wäre. Reale Personen, die dafür infrage kommen könnten, wertet er ab:

S: Und Onkel schon, aber… Das Höchste, was ich mit dem mach', ist Tennis spielen (I: Mh.) einmal die Woche (I: Mh.) und… das kann ich nicht als Vaterersatzbild sehen eigentlich.
I: Mh, mh. Also du würdest sagen, sozusagen die Lücke, die dein Vater hinterlassen hat, da is jetzt nich irgendjemand…
S: Nee!
I: …an die Stelle getreten oder so.
S: Nee. Nee, überhaupt nich! (schweigt)

Sascha wirkt hier trotzig und einsilbig, in den nächsten Passagen antwortet er nur noch im Telegrammstil. Es ist, als empfinde er die Vorstellung, irgendein Mann könne auch nur in Ansätzen den Platz des ausschließlich positiv erlebten Vaters einnehmen, geradezu undenkbar! Im Verlauf des Interviews zeigt sich, dass er alle Männer, die in seinem Leben zu Bezugspersonen wurden oder hätten werden können, auf die eine oder andere Weise abwertet. An dieser Stelle möchte ich meine psychodynamische Hypothese vorstellen, die auch ein Licht auf die merkwürdigen Interaktionen zwischen Sascha und mir werfen könnte:

Saschas Vaterbild ist ein einseitig idealisiertes. Der Vater war wohl tatsächlich ein liebevoller und familienzugewandter Mensch, der eine gute Beziehung zu seinem Sohn hatte. Sein plötzlicher Tod verhinderte eine Weiterentwicklung und Ausdifferenzierung von Saschas Vaterbild, in das im Laufe der Zeit auch negative, »böse« Seiten hätten integriert werden müssen. Diese fehlende Kehrseite der Medaille – die notwendige Ent-Idealisierung des Vaterbildes – bekommen nun all jene Männer ab, die auf die eine oder andere Weise versuchen, eine nähere Beziehung zu Sascha herzustellen. Und das ist wohl auch mir als Interviewer von Anfang an passiert. Die unterschwellige Aggression, die ich immer wieder wahrzunehmen glaubte, ist die auch für mich bedrohliche Entwertung im Vergleich mit einem inneren Vaterbild, an das kein Mann aus Fleisch und Blut heranreichen kann. Diese Bedrohung führte dazu, dass ich Idealisierungsversuche und -wünsche Saschas einfach übersehen habe (s. o.). Unterschwellig fürchtete ich den »Absturz« (!), der dieser Idealisierung auf dem Fuße gefolgt wäre.

Als Nächstes frage ich Sascha nach dem »großen Bruder«:

I: Du hast ja 'n Bruder, der älter ist. Wie ist Dein Verhältnis zu dem?

S: (klingt etwas abfällig) Mh, ja, ganz gut, also (lacht) ... manchmal ganz gut, manchmal nicht so gut. Aber ... Geht so. (Schweigen.) In welcher Hinsicht?

I: Ja, hab' ich jetzt gar nicht so konkret gemeint. Also, wenn der Vater fehlt, dann ist es ja zumindest ganz gut, 'n Bruder zu haben.

S: (im »Brustton«) Ja. Das seh' ich auch so. Vor allem, dadurch is dann auch ... Also, wenn ich jetzt so mit meiner Mutter allein gewesen wär', das wär' sicher nicht so gut gewesen wie noch mit'm Bruder. Da teilt sich's auch 'n bisschen auf.

I: Ja. Was teilt sich auf?

S: (lacht) Ja, der ganze Stress und alles.

I: Mh. Mh.

S: Und außerdem, 'n älteren Bruder zu haben is' nicht schlecht. Der kämpft schon viele Sachen durch, also man hat dann mehr Rechte ... (schmunzelt).

I: Mh. Mh. Und ist Dein Bruder so'n Kämpfertyp?

S: Nö. Nö, aber das ergibt sich automatisch.

Sascha bringt hier unter Anderem seine Erleichterung darüber zum Ausdruck, dass trotz des fehlenden Vaters ein familiäres Beziehungsdreieck existierte. Mit der Mutter allein zu sein, wäre schwierig gewesen, doch so teilte sich »der ganze Stress und alles« auf – was er wohl damit meint? Ich vermute, er phantasiert an dieser Stelle eine zu enge dyadische Bindung an die Mutter, die ihm zu wenig Freiräume gelassen hätte. Nun interessiere ich mich natürlich auch für die Mutter:

I: Und wie ist so Euer Verhältnis mit Eurer Mutter, wie versteht Ihr Euch mit der?

S: Ja, ich würd' eigentlich sehr gut sagen, (lauter) bis darauf, dass ich ... dass sie mich teilweise halt tierisch annervt, aber das is' ...

I: ... ziemlich normal, ja (lacht).
S: Ja, also, generell schon sehr gut.
I: Mh. Mh. (Schweigen, mehr kommt nicht).

Sowohl im Verhältnis zum Bruder als auch in dem zur Mutter wird deutlich, dass in der Familie Ambivalenz möglich ist und sein darf: Auch wenn man sich »teilweise halt tierisch annervt«, bleibt das Verhältnis gut. Eine frühe Triangulierung ist offenbar mithilfe des frühen, idealisierten Vaters zumindest in Ansätzen geglückt und hat familiäre Beziehungen ermöglicht, in denen Nähe und Distanz, Harmonie und Auseinandersetzung einander nicht völlig ausschließen. Schwierig ist der Umgang mit Ambivalenz allerdings im Hinblick auf das Vaterbild bzw. das Erleben männlich-väterlicher Bezugspersonen.

Familie in Tieren

Nach einer längeren Gesprächspassage über Saschas derzeitige Situation (Zivildienst) und seine Studienpläne (Jura oder Medizin), die mir sehr »trocken« erscheint, möchte ich noch einmal Zugang zu seinem inneren Vaterbild bekommen und entschließe mich spontan zu einem Vorgehen aus der Kindertherapie, das Saschas Phantasie anregen soll:

I: Mh. (Lauter) Wenn wir jetzt noch mal zurückgehen zu dem ... (räuspert sich), da haben wir ja vorhin drüber gesprochen, so Bild über'n Vater oder Phantasien zum Vater ... Wenn Du Dir jetzt einfach, ohne gründlich drüber nachzudenken, ohne jetzt zu sagen, okay, wie war das genau, oder wie war des ... Mehr so von Deiner Vorstellung her, wenn Du Dir vorstellen würdest, Dein Vater würde jetzt noch leben, heute, und Ihr würdet als Familie zusammenleben, und Du würdest ... für jede Person Dir vorstellen, die wär'n bestimmtes Tier. Was würd' Dir da zu Deinem Vater einfallen?
S: Mpf. (stöhnt) Oh je! (Pause) Ohne weiter nachzudenken, da fällt mir gerade gar nichts ein, da muss ich schon 'n bisschen nachdenken.

Meinerseits steht hinter diesem umständlich eingefädelten Versuch vielleicht die unbewusste Absicht, Sascha ein differenzierteres (positives und negatives) Vaterbild zu entlocken. Aber warum frage ich nicht einfach nach einem Tier für den Vater, sondern fordere ihn auf, sich vorzustellen, der Vater würde jetzt noch leben? Habe ich damit eine unbewusste Phantasie der Familie aufgegriffen? Sascha fällt gar nichts ein. Ich gebe noch nicht auf und schlage ihm vor, sich zunächst einmal Tiere für die anderen Familienmitglieder auszudenken. Beim Bruder fällt ihm ein Bär ein, und mit einem etwas hämischen Schmunzeln meint er: »So'n etwas dicklichen und faulen«. Es macht ihm offenbar Spaß, hier einen lustvollen Seitenhieb auf den Bruder unterzubringen, und wir sprechen nun über Machtkämpfe zwischen den Brüdern, die mal vom Einen, mal vom Anderen gewonnen werden.

Nach einem langen und lebendigen Gesprächsabschnitt über die Mutter fällt ihm für diese eine Löwin ein. Kurz zuvor hat er den Zeichentrickfilm »König der Löwen« erwähnt, den auch ich vor einiger Zeit angeschaut habe. Die Mutter sei eine Löwin, »die sich halt um ihre Kinder kümmert und auch manche Sachen durchkämpft«. Dieses Bild entspricht auch meinen Phantasien über die Mutter als starke, kämpferische Frau. Für sich selbst war Sascha zunächst nichts eingefallen, doch nachdem ich noch mal nachfrage, kommen plötzlich gleich drei Tiere zum Vorschein: Delphin, Panther und Vogel. Alle drei Tiere findet er »cool« – sie gefallen ihm gut.

> Ja. Mh... Delphin, ja... Fällt mir ein, dass ich »Flipper« gesehen hab', und ich mein, ich hab' Flipper nie so richtig gemocht. Ehm ja, warum? Einigermaßen intelligentes Viech (I: Mh, ziemlich.), kann sich... kann sich schnell im Wasser bewegen. (Pause) Hat irgendwie 'ne coole Form, finde ich (murmelt etwas. I: Mh.) Aber das will ich jetzt nicht auf mich schließen, das kam jetzt nur so spontan.

Hier finden sich einige Hinweise auf Saschas Selbstbild: Hat er sich »nie so richtig gemocht«? Ein »intelligentes Viech« ist er schon, geistig sehr beweglich, aber seine eigene Form (seinen Körper) findet er wohl nicht so richtig cool. Der kraftvoll-sinnliche Körper des Delphins entspricht einer Wunschvorstellung, der er in seiner Selbstwahrnehmung nicht zu genügen scheint. Dies deutet auf den Bereich der Sexualität und auf Saschas diesbezügliches männliches Selbstwertgefühl, das weiter unten noch thematisiert wird.

Bayerischer Taekwondo-Meister!

> Und Panther, mei... Das geht vom Geschmeidigen, Dezenten, Zurückhaltenden, der im Notfall auch wahnsinnig aggressiv werden kann...

Das Bild des Panthers thematisiert den Umgang mit Aggression. Sascha möchte gern dezent und zurückhaltend sein, aber im Notfall kann er »wahnsinnig aggressiv« werden. Das interessiert mich (denn die Aggression zwischen uns ist zwar bisher immer dezent und unterschwellig geblieben, war aber deutlich spürbar), und ich frage genauer nach.

S: Mmh, ich bin eher zurückhaltend, also … Also, jetzt zum Beispiel auch in aggressiver Hinsicht, also … Da war ich mal mit so 'n paar Leuten beim Tanzen in X., da sind wir ausgestiegen, da kamen da halt so ein paar Türken an und wollten uns verschlagen, und … So total klein, die waren 'n Kopf kleiner als ich, und da bin ich halt auch … immer denen ausgewichen, und … Also, das war damals … war ich ziemlich fit, ich war … hab Taekwondo gemacht …
I: (erstaunt) Ah ja! Mh.
S: … Leistungssport, war bayerischer Meister, hab so fünf, sechs Mal die Woche trainiert, und also, das wär gar kein Problem gewesen für mich – die waren echt ziemlich lächerlich. Und da bin ich halt auch einfach immer nur ausgewichen, bis sie dann weggegangen sind.
I: Wie hast Du Dich dabei gefühlt so?
S: Ich wusst' nicht so recht, ob ich die jetzt verschlagen soll oder nicht. Da hab' ich mir gedacht: Nee, lass sie lieber. Hat mich geärgert eigentlich, was die sich einbilden, nach dem Motto: denken überhaupt nicht drüber nach, dass sich da mal einer wehren könnte. Aber …
I: Ja, und wie ging das dann weiter? Ha'm die Euch dann irgendwann in Ruhe gelassen, oder …?
S: Ja, mh …
I: Ihr wart ja zu mehreren, oder?
S: Wir waren so zu … zu viert.
I: Und die waren zwei?
S: Ja, die ha'm sich halt mich rausgesucht, die anderen haben erst mal zugeschaut (I: Ach so, mmh.). Aber das sah ich gar nicht so als Bedrohung an, so richtig. Haben halt immer versucht, einen zu schlagen oder so, bin ich halt 'n Schritt zur Seite gegangen, ha'm sie nicht getroffen und … Ich weiß nich'. Ah ja, und dann hab' ich halt so 'n bisschen mit denen geredet, und … Aber reden konnt' man mit denen nich', und … Mei, dann ha'm sie halt wohl auch gemerkt, dass wir mehrere sind, und dann … sind sie irgendwann dann einfach gegangen und fühlten sich wahnsinnig cool, aber … (Pause)

Hier entpuppt sich der etwas träge wirkende junge Mann als asiatischer Kampfsportler, der behäbig erscheinende Hauskater als schwarzer Panther. Mit keiner anderen Auskunft hat Sascha mich so sehr in Erstaunen versetzt!

Doch die ehrenwert pazifistische Grundhaltung, die der heimliche bayerische Taekwondo-Meister kultiviert zu haben scheint, wirkt auf mich rationalisierend. Warum hat er den permanent nach ihm schlagenden Türken nicht mit ein paar Griffen beigebracht, wen sie vor sich haben? Ich kann nicht recht glauben, dass er die Situation nicht als Bedrohung empfunden haben soll. Doch möglicherweise ist die Bedrohung weniger eine äußere als eine innere: Vielleicht fürchtet er sich nicht vor dem Angriff der Türken, sondern vor der eigenen »wahnsinnigen Aggression«? Anstatt sich gegen den unverschämten Angriff zu wehren, versucht Sascha es mit einem friedfertigen Gespräch. Das könnte man durchaus als Reaktionsbildung auf eine immense Wut verstehen, die er in Schach halten muss. Auch die nächste Episode wirkt in der Erzählung allzu »cool«, wenngleich Sascha hier seinen »tierischen Ärger« angemessen ausgedrückt hat:

> Das Einzige war mal, das hat mich tierisch geärgert: Das war in der Schule, da stand ich an so 'nem Geländer, da kam so einer vorbei und gibt mir halt so'n Arschtritt. (I: Mh.) Steh' ich da und hab gemeint so: »Komm, lass des!« Und der holt halt wieder aus und wollt's wieder machen, und da hab' ich ihm halt so rückwärts mit'm Bein halt hingetreten, is' er halt umgefallen und hat halt doof geschaut, ist halt wieder gegangen (I: Aha.). Aber das war jetz' ... das war halt einfach, weil ich überreizt war, es war zwei Uhr, war knackewarm, es hat mich einfach geärgert (lacht), was der sich jetzt einbildet. Aber das war ... war auch nicht richtig bösartig gemeint.

Es scheint, als würde ihm die angemessene Antwort auf den provozierenden Arschtritt des Mitschülers ein schlechtes Gewissen bereiten. Die Uhrzeit und das Wetter sind daran schuld, dass Sascha seinem pazifistischen Ich-Ideal nicht gerecht werden konnte. Auf keinen Fall aber war sein Fußtritt »richtig bösartig gemeint«. Warum nicht? Offenbar kann Sascha es sich selbst nicht erlauben, einmal richtig böse zu werden. Das erinnert an den »nur guten« Vater. Wie mag der mit Aggression umgegangen sein? Immerhin hat er als vergleichsweise junger Mann einen Herzinfarkt erlitten, und die psychosomatischen Zusammenhänge zwischen Aggression und Infarktrisiko sind bekannt. Hat Saschas Vater zu Lebzeiten seinem Sohn bei der Modulation heftiger Affekte geholfen? In jedem Fall ist er in dieser Funktion durch seinen Tod für den Dreijährigen ausgefallen, und es scheint, dass auch kein anderer Mann für Sascha ein Modell für den Umgang mit Aggression wurde. Insofern ist ein beträchtlicher Einfluss der Mutter in diesem Bereich nicht auszuschließen. Die von mir vermutete Angst vor dem Ausmaß und der Destruktivität der eigenen Aggression wird von Sascha in den Gegner hineinprojiziert, obwohl er diesen doch zunächst als »lächerlich« erlebt:

S: Also, ich mach' mir schon viel Gedanken. Also, in solchen Hinsichten … denk' ich mir auch immer, ja … Also, wenn man das umgehen kann, dann is' besser, weil … Wer weiß, was die sonst noch alles im Gepäck dabei haben?
I: (lacht) Mh. Aber Du hast ja auch was im Gepäck! Du hast jahrelang Taekwondo gemacht …
S: Ja, gut. (I: lacht) Wenn die jetzt irgendwie …
I: 'Ne Knarre haben oder was?
S: (lacht) … was weiß ich dabei haben, genau! Oder irgendwie um die Ecke warten zwanzig Andere, dann ist das natürlich … nicht so klug.
I: Also, es ist schon auch Vorsicht.
S: Ja. (I: Mh.) Und ich mein, wenn man's umgehen kann, dann ist's doch auf jeden Fall am besten.

Wenngleich Saschas bewusste Ängste durchaus einen realistischen Anteil haben, imponiert hier noch einmal der abwehrende Charakter der Vernunft. Sascha klingt an dieser Stelle sehr »pädagogisch«, und ich frage mich, wo bei all der Klugheit die Aggression des Panthers bleibt. Er selbst scheint sie gar nicht mehr wahrzunehmen, sie ist nach außen verlagert (»zwanzig Andere«). Auch ich meine sie im Gespräch häufig zu verspüren (s. o.).

Der Traum vom Fliegen
Als drittes Bild für das eigene Selbst hat Sascha einen Vogel gewählt. Ich versäume es leider, ihn danach zu fragen, was für ein Vogel er gerne wäre. Ausgesucht hat er sich dieses Tier, weil er Fliegen »cool« findet.

I: Ja, das war jetzt so der Panther. Und dann hatten wir noch den Vogel, Du hast gesagt, weil er fliegen kann …
S: Ja, des is' cool. Fliegen würd' ich schon gerne. Aber das darf ich nicht, das wurde mir verboten (lacht).
I: Ja, das glaub' ich (lacht auch).
S: Das find' ich aber sehr schade eigentlich.
I: Mh. Ja, eh … An was denkst Du da? Auch … auch Flugzeug oder … ?
S: Drachenfliegen.
I: Drachenfliegen, mh.
S: Ist schon cool.

I: Mh, mh. Und da sieht Deine Mutter wahrscheinlich rot, oder?
S: Ja. Ja, des find' sie nicht so toll. (I: Mh.) Ist zwar schade, aber…
I: Mh, mh. Da ist also… wär also auch so'n Punkt, wo's drum geht, meins gegen den anderen durchzusetzen, also Du möchtest gern…
S: Ja, nee. Also, das versteh' ich schon. Also, das mach' ich auch aus. Also, ich glaub', wenn ich's wollte, könnt' ich's schon durchsetzen. Aber…
I: Ja. Aber so wichtig isses Dir dann doch nicht.
S: Ja, das seh' ich dann doch ein, dass sie das nicht will. (I: Mh.) Versteh' ich schon. Also das is' dann was, das muss ich dann nicht durchsetzen. Ich überleg' mir dann schon vorher, was sinnvoll ist durchzusetzen.

Hier kommt erneut der Vater ins Spiel. Sascha wünscht sich zu fliegen, was auch ein Hobby des Vaters war. In diesem Bedürfnis kommt also ein Identifikationswunsch zum Ausdruck. Doch die Umstände des väterlichen Todes sorgen dafür, dass diese väterliche Identifikation in Konflikt mit der Mutter gerät. Es handelt sich also um einen Triangulierungskonflikt. Konkreter um die Angst der Mutter, den Sohn zu verlieren, wenn dieser seinem Vater folgt. Natürlich ist diese Angst der Mutter verständlich, aber sie führt dazu, dass Sascha sich den Traum vom Fliegen versagt. Auch dabei wirkt er wieder ausschließlich vernünftig, rational. Sein kurzes »Ist zwar schade« ist der letzte Überrest des Wunsches, dessen Durchsetzung ihm nicht »sinnvoll« erscheint.

I: Mh. Und was wär' jetzt so das Coole am Fliegen?
S: Ja, das Ganze mal aus 'ner anderen Perspektive zu sehen. Und einfach mal… Ich kann gehen, ich kann laufen, ich kann schwimmen – warum soll ich nicht fliegen können? (I: Mh.) Das… Ja, auch Freiheit einfach mal oder… andere Möglichkeiten.
I: Mh. (Schweigen, draußen zwitschern laut die Vögel!)

Die »andere Perspektive« wäre die väterliche. Der Vater hat sich die Freiheit genommen, sich einmal alles von oben anzuschauen. Damit hat er aber nicht nur zeitweise den Einflussbereich der Frau und Mutter verlassen, um schließlich wieder zurückzukommen, denn sein tragischer Tod war ein Fortgehen für immer. Das könnte für einen dreijährigen Jungen unbewusst bedeuten, dass das Verlassen der Mutter lebensgefährlich ist, dass es die Beziehung zerstört und in den Tod führt. An dieser Stelle wird man daran erinnert, dass beide erwachsene Söhne die Mutter in der Tat noch nicht verlassen haben. Es gibt auch keine diesbezüglichen Pläne. Sascha ist gerade dabei, aus seinem Zimmer in die Souterrainwohnung des Hauses umzuziehen, die bis vor kurzem vermietet war. Auch dafür nennt er vernünftige und einsichtige Gründe (nämlich finanzielle) und gestattet sich nur kurz die Phantasie eines Apartments in der Stadt mit dazugehörigem Auto in der Tiefgarage – einem weiteren Symbol für Freiheit und Fortkommen.

Der König der Löwen

Sascha findet auch zuletzt kein Tier, das für den Vater stehen könnte, die Familie in Tieren bleibt unvollständig. Dafür habe ich eines gefunden, allerdings erst nach unserem Gespräch. Während des Interviews erwähnte Sascha mehrmals den Film »König der Löwen«. Er bezeichnet diesen Film als »cool« und »lustig«, und wir vertiefen das Thema nicht weiter. Auf der Rückfahrt im Auto überfällt mich völlig unerwartet und nahezu gewalttätig eine Erkenntnis, die mit diesem Film zu tun hat: Er handelt doch vom Tod eines Vaters! Mufasa, der König der Löwen, kommt bei einem inszenierten »Unfall« ums Leben, als sein Sohn Simba noch sehr klein ist. Simba hält sich für schuldig am Tod des Vaters, wehrt diese unerträgliche Phantasie ab und führt zunächst ein »cooles« und »lustiges« Leben. Doch die schreckliche Vergangenheit holt ihn ein, er muss sich der Vaterthematik stellen, um erwachsen zu werden und seinen Platz als Nachfolger des Vaters einzunehmen.

Mich selbst hat dieser Film (den ich mit meiner Tochter angeschaut habe) sehr aufgewühlt. Ich fand ihn überhaupt nicht cool und lustig, sondern unendlich traurig und furchtbar. Sascha ist ein junger Mann, der tatsächlich als Dreijähriger seinen Vater durch ein schreckliches Unglück verlor. Welche Abwehrleistung muss er vollbringen, wenn er diesen Film amüsant findet? Hat er nicht geweint? War er nicht von Entsetzen ergriffen? Beides hätte eine Auseinandersetzung mit dem Tod des Vaters bedeutet, von der ich meine, dass Sascha sie bisher meidet, dass sie ihm erst noch bevorsteht. So verwundert es nicht, wenn ihm kein Tier für den Vater einfällt. Der Vater ist gleichsam tot und doch nicht tot: Er ist vor langer Zeit gestorben, doch sein Tod darf nicht vollendet werden im Sinne eines Trauerprozesses, der einen endgültigen Abschied bedeuten würde. Der Platz des Vaters ist bis heute nicht frei geworden. Saschas Mutter hat ihn keinem anderen Partner eingeräumt, und Sascha selbst konnte es bisher keinem einzigen erwachsenen Mann gestatten, eine starke emotionale Bedeutung für ihn zu erlangen.

Die Plötzlichkeit und Vehemenz dieses Einfalls, der mich auf der Rückfahrt nach dem Interview sehr betroffen und traurig machte, zeigt, dass ich ihn gemeinsam mit Sascha während unseres Gesprächs abgewehrt habe. Ich möchte für den Vater das Bild des Königs der Löwen wählen. Vielleicht hat

Sascha diese Wahl auch unbewusst getroffen, als er die Mutter zur Löwin machte. Im Film erleidet die Witwe Mufasas ein trauriges Schicksal, aus dem sie erst der inzwischen erwachsene Sohn erlösen kann, als er den Platz des Vaters einnimmt. Dies ist ein ödipales Thema, dem ich mich nun zuwenden möchte.

Rivalität um die Mutter

Auf die Frage nach Partnern der Mutter nach dem Tode des Vaters erzählt Sascha ausführlicher die Geschichte eines potentiellen Stiefvaters aus der Zeit, als er in der vierten oder fünften Klasse war:

I: Wie war'n des – also gab's jemals mal so das Thema, dass Deine Mutter 'n neuen Partner hat, oder…?

S: Mh. Das gab's mal, dass da vielleicht… Ja, aber das hat sich dann irgendwie erübrigt, ist dann doch nix geworden.

I: Mmh. Weißt Du da 'n bisschen mehr darüber? Wann war des? (S: Das war…) Wart Ihr da noch kleiner oder…

S: …ich glaube, so vor sieben, acht Jahren, da war ich so vierte, fünfte Klasse.

I: Mh. Und hast Du den Mann auch kennengelernt?

S: Mh. Mh. Den kenn' ich. Also, das war der Vater von 'ner Schulfreundin von mir. Den hat sie durch mich kennengelernt.

I: (lauter) Ah ja!

S: Ja, und… (schweigt)

I: Und der war auch alleinstehend oder…

S: Mh.

I: Und wie war des so… wär des für Dich gewesen, die Perspektive, die tun sich zusammen und…? Also hätt'st Du's Dir eher gewünscht oder war's Dir eher lieber…

S: (bestimmt) Nee, nee! Das hätt' ich nicht so toll gefunden, glaub' ich, das… (beide lachen) wär' mir nicht so unbedingt recht gewesen.

I: (dazwischen) Warum nicht?

S: Jaaa… Egoismus einfach, da die Mutter zu teilen, da kommen dann noch zwei neue Kinder mit rein (I: Ah ja.). Ich mein, ich hab sie zwar so gerne gemocht, aber den ganzen Tag über nicht.

Sascha war dezidiert dagegen, einen Stiefvater zu bekommen. Zunächst einmal imponiert das Motiv der Geschwisterrivalität: Keinesfalls hätte er die Mutter mit noch zwei weiteren Stiefgeschwistern teilen wollen. Dabei mag natürlich auch eine Rolle gespielt haben, dass seine Schulfreundin dann zu einer Stiefschwester geworden wäre. Doch auch eine klare ödipale Rivalität mit dem Geliebten der Mutter bringt Sascha zum Ausdruck:

I: Aber auf jeden Fall ... war des nix so für Dich, also ...
S: Ja, er hat dann natürlich versucht so, sich bei uns einzuschleimen, also (I: lacht) das ist jetzt fies gesagt, dass er ... Also, der war mal ganz lustig, aber ... so, dass ich jetzt für den geschwärmt hätte ... Ja, 'n toller Typ war's eigentlich nich'.
I: Also, dass Du gedacht hättest: Mensch, das wär was, wenn der als Stiefvater ...
S: Nee. Also, der war ganz lustig und ... Aber als Stiefvater hätt' ich mir den nicht gewünscht.

Annäherungsversuche des ödipalen Rivalen empfand der Zehn- oder Elfjährige als »Einschleimen«. Auch wenn er sich gleich dafür entschuldigt, dass das jetzt fies gesagt war, kommt die klare Aggression gegen den Eindringling zum Ausdruck. Es ist schwer zu entscheiden, ob Saschas Ablehnung mehr dadurch motiviert ist, dass er den frühen, idealisierten Vater nicht aufgeben will oder ob er nicht dulden kann, dass die Mutter sich wieder einen erwachsenen Partner sucht. Ich vermute eine Mischung von beidem. In jedem Fall räumt er sich selbst (und dem Bruder) einen großen Einfluss auf die mütterliche Entscheidung gegen den neuen Lebensgefährten ein:

I: Weißt Du, warum das dann letztlich doch nix war? Also, ich kann's vielleicht auch konkreter fragen (lauter): Eh, war das rein jetzt in der Partnerschaft begründet so in Deiner Vorstellung ...
S: (gleichzeitig) Nee, ich glaube, sowohl als auch ...
I: ... oder hat das auch mit Euch zu tun?
S: Ich glaube, das hatte auch mit uns zu tun, also ... dass das mit uns so nicht zusammengepasst hätte. Aber ...
I: Also Deine Mutter hat vielleicht auch so 'n bisschen gedacht: Nee, das will ich den Jungs nicht antun, oder?
S: Ja, das kann schon sein. Das war wohl auch mit 'n Grund, aber hauptsächlich wohl doch, dass die so meinten, nicht so zusammenzupassen. (I: Mh.) Also, meine Mutter meinte das.

Im letzten Satz deuten sich ödipale Schuldgefühle an, mitverantwortlich dafür zu sein, dass die Mutter alleinstehend blieb. Andere, kürzere Affären der Mutter empfand Sascha offenbar als weniger bedrohlich. Deutlich wird jedenfalls, dass kein Mann für ihn als Stiefvater infrage gekommen wäre.

I: Und sonst ... hat sie nie Beziehungen zu Männern mehr gehabt?
S: Doch, so zwischendrin, kleine ... Aber da hab' ich mich dann nie so drum gekümmert.
I. Mh. Also keine potentiellen Stiefväter sozusagen (lacht). Keine, wo jetzt die ...
S: Also, ich hab' ... hab' des bei den anderen nie so ernst gesehen. Ich hab' immer gedacht: Ja, lass' mal ... Wenn's ernst wird, merkst Du's noch früh genug.
I: Mh. Und Du hast sie aber schon kennengelernt jeweils.
S: Jaja, die kenn' ich schon. Aber, da hab' ich mir eigentlich dann nie Gedanken drüber gemacht.
I: Mh. Und gab's auch keinen jetzt dabei, wo Du gesagt hättest, das wär irgendwie ... ganz schön?
S: (dezidiert) Nee!

Sascha hat die anderen Rivalen um die Mutter nicht wirklich ernst genommen. Wenn es aber ernst geworden wäre, hätte er sich vermutlich »drum gekümmert« und versucht, den potentiellen Stiefvater zu vertreiben.

Rosen auf dem Gepäckträger

Nach einer kurzen Gesprächspause frage ich Sascha nach Liebesbeziehungen. Er hatte bisher keine und schildert, dass Frauen, die er toll findet, für ihn nicht zu haben sind, während solche, die ihn mögen, ihm nicht so gefallen. Auch hier taucht ein ödipales Thema auf, denn die Frau, die ihm am besten gefiel, hatte bereits einen Freund. Sascha bezeichnet sich selbst als »einigermaßen schüchtern« in Liebesdingen, außerdem sei er »sehr anspruchsvoll«: Seine Traum-Freundin müsste gutaussehend sein, schlank, intelligent, selbstinitiativ, kreativ, romantisch und zuverlässig. Interessant finde ich den Wunsch nach »Selbstinitiativität« der phantasierten Freundin. Es scheint Sascha schwer zu fallen, die Initiative zu ergreifen. Dafür fühlt er sich in seiner männlichen Identität zu unsicher. Er glaubt, dass ihm diesbezüglich das väterliche Vorbild gefehlt habe. Den Vater stellt er sich als sehr sicher im Umgang mit Frauen vor, und die elterliche Beziehung phantasiert er als ausschließlich harmonisch, als ein großes Glück, das nie wiederkehrt (ein weiterer Grund, warum die Mutter alleinstehend geblieben sei). Ein Mädchen hat tatsächlich die Initiative ergriffen, aber die gefiel ihm nicht:

Ja, also eine, die is' mir ... Oder neben der hab' ich mal im Skibus gesessen. Hab' ich halt zufällig mit der geredet, und anschließend ... is' sie mir 'n halbes Jahr hinterhergerannt, hat mir Blumen geschenkt ... Rosen auf'n Fahrradträger gelegt ... Und dann ist sie sogar zu mir gekommen und hat mir das gesagt, dass sie mich so toll findet und alles ... und bla. Aber ... das war halt meinerseits dann wieder nichts.

Die Äußerungen über die Verehrerin klingen ein bisschen abwertend und verächtlich, wie seine Aussagen über potentielle Vaterersatzpersonen. Hat Sascha insgesamt Schwierigkeiten damit, wenn jemand versucht, ihm wirklich nahe zu kommen? Phantasiert er lieber die Nähe einer Frau, die er nicht bekommen kann? Haben diese Schwierigkeiten vielleicht damit zu tun, dass eine reale Beziehung (im Gegensatz zu seiner Phantasie über die elterliche Ehe) niemals nur schön und harmonisch sein kann, dass sie auch aggressive und bedrohliche Seiten hat? Sascha hat ja Probleme damit, sich selbst auch in seinen aggressiven Anteilen anzunehmen. Er fand es »'n bisschen fies«, der glühenden Verehrerin nach einem halben Jahr schließlich einen Korb geben zu müssen, um sie endlich loszuwerden.

Seit kurzem hat er Interesse an einer anderen jungen Frau, die ihren Freund verlassen hat und gerade frei ist. Die Verehrte weiß noch nichts von seinen Wünschen. Das will er jetzt mal demnächst »in Angriff nehmen«.

Männliches Kollektiv ohne Freundinnen

Wir kommen dann auf gleichaltrige Freunde und Freizeitaktivitäten zu sprechen:

I: Und wie ist das so mit gleichaltrigen Freunden? Hast Du 'n größeren Freundeskreis? (S: Mh, jo.) Hast Du zum Beispiel 'n besten Freund?

S: Ich hab 'n Freundeskreis, na ja ... drei, vier Gleichaltrige. Besten Freund ... – Nee, eigentlich nich'. Also, hatte ich mal als Kind so, aber ... Das ist jetzt so auseinandergegangen. Hat er 'ne Freundin, und ich ohne Freundin ... Und ...

I: Das ist dann doof ...

S: ... er studiert, er studiert schon, ich Zivildienst. Und er auf der anderen Seite der Stadt, da hat er 'n anderen Freundeskreis. Das ist halt auseinandergegangen. Aber wir sehen uns schon noch, so ... einmal die Woche oder alle zwei Wochen.

I: (gleichzeitig) Aber es ist nicht mehr so die enge Freundschaft wie's früher war.

S: Nee. (Schweigen)

Die Geschichte mit dem besten Freund lässt sich ödipal deuten: Der Freund hat ihn überrundet, weil er schon eine Freundin hat und bereits studiert. Darum ist die Freundschaft abgekühlt. Doch das Ganze lässt sich auch wiederum verstehen als Schwierigkeit im Umgang mit Ambivalenz, die aus einer nur partiell geglückten frühen Triangulierung resultiert. Der beste Freund der Jugendzeit ist ja immer auch eine idealisierte Person, und die Idealisierung wird bedroht, wenn Enttäuschung und Aggression ins Spiel kommen. Da sucht Sascha lieber die konfliktfreie Nähe zu anderen jungen Männern, die wie er ohne Freundin sind:

I: Mh. Und Du hast grad' so gesagt… drei, vier Freunde. Was machst Du so gern mit denen? Was unternimmst Du?

S: Also, ich persönlich geh' gern in den Biergarten oder fahr' an 'n See oder… Gelegentlich auch in 'ne Disco, wobei das selten ist. Das find' ich ziemlich entartet, also, meiner Meinung nach geh' ich nur in die Disco, weil ich die Musik mag. (I: Mh.) Viele gehen ja in die Disco, weil sie möglichst wen kennenlernen wollen und kommen dann ganz gefrustet raus, weil's natürlich nicht geklappt hat.

I: Mh. Was find'st Du entartet?

S: In Discos zu gehen, um Leute kennenzulernen. (I: Mh.) Weil, es ist so laut, man kann nicht reden. Und dann geh' ich rein, weil ich die Musik mag, das ist okay, aber… Dann da den anzuschreien und versuchen, irgendwas rüberzubringen, das find' ich nich' so gut.

I: Mh. Was sind für Dich eher so Situationen, wo man sich kennenlernen kann?

S: Mh, auf Parties oder… wo man halt irgendwelche Gemeinsamkeiten hat. (I: Mh.) Also, wo man irgend… Zum Beispiel Volkshochschulkurse oder so. Oder, wenn man über Freunde wen kennt. Oder im Biergarten den trifft. (Pause) Zumindest nicht in der Disco.

I: Mh. (Schweigen) Und ist das dann bei den Freunden so – sind die auch ohne Freundin oder gehst Du dann…?

S: Die sind auch kollektiv ohne Freundin (lacht).

Wieder klingt Sascha übermäßig vernünftig, fast »altklug«. Die Volkshochschule als Ort des Kennenlernens zwischen den Geschlechtern bildet hier den braven Gegenpol zur »entarteten« Disco, wo die Triebhaftigkeit allzu eindeutig in den Vordergrund tritt. Im Sinne der oben ausgeführten Überlegungen wäre es möglich, dass Sascha beim Discobesuch fürchtet, die anderen Freunde könnten mit Mädchen von dannen ziehen, womit das harmonische Kollektiv wieder einmal zerstört wäre.

Der fehlende Partner im Hintergrund
Noch einmal schneide ich das Thema des männlich-väterlichen Vorbildes an. Sascha, dem kein einziger realer Mann einfällt, der ihn beeindruckt hätte, nennt nun den Schauspieler Robin Williams, den Lehrer aus dem Film »Der Club der toten Dichter«. Wir sprechen darüber, was ihm an diesem Mann gefällt.

I: Mh. Und wenn Du jetzt mal den Lehrer nimmst im Club der toten Dichter… Was gefällt Dir an dem besonders gut?
S: Hm… Die Offenheit und die Möglichkeit, sich in andere… also, auch in jüngere Generationen reinzudenken, und einfach nicht so verklemmt und spießig zu sein… Naja, die sind ja nich' alle spießig… , sondern einfach halt… aufgeschlossener und… spontaner zu sein. Ja, der halt so als… Partner im Hintergrund steht oder sozusagen, würd' ich sagen.

Robin Williams spielt in diesem Film den unkonventionellen Lehrer an einem konservativen amerikanischen Jungeninternat, der für seine männlichen Schüler zu einer Art Heldengestalt wird. Saschas Äußerungen über ihn erinnern an die Aussagen über den Vater, der straffällige Jugendliche im Gefängnis besuchte. Hier kommt meines Erachtens Saschas unbefriedigte Sehnsucht nach einem starken »Partner im Hintergrund« zum Ausdruck, der ihm helfen könnte, seine erwachsene Identität als Mann zu finden. Diese Sehnsucht des 21-Jährigen blieb in der Wirklichkeit unerfüllt, weil sie das durch den Tod des Vaters eingefrorene idealisierte Vaterbild eines Dreijährigen beinhaltet. Das Festhalten an dieser Vaterimago gerät in Konflikt mit der adoleszenten Entwicklungsaufgabe der Ent-Idealisierung, die Sascha meines Erachtens noch nicht gelöst hat. Ich habe den Eindruck, dass er sich auf der Mitte zwischen dyadischen und triadischen Objektbeziehungen befindet. Da die frühe Triangulierung unvollendet geblieben ist, kann er sich noch nicht wirklich auf ödipale Konflikte einlassen. Von der Mutter fortzugehen oder mit einem anderen Mann um eine begehrte Frau zu rivalisieren – das wären aggressive Handlungsmöglichkeiten, die ein stabiles inneres Dreieck und die Integration negativer Seiten in das eigene Selbst zur Voraussetzung hätten. Stattdessen erscheint der 21-Jährige gefangen in der Loyalität gegenüber einem Heldenvater, an den er niemanden heranlässt – auch mich als Interviewer nicht.

Beim Abschied nach dem Interview lerne ich noch die Mutter kennen, die mich in ein kurzes Gespräch verwickelt. Sie findet mein Thema interessant und fragt nach Literatur. Als ich nach kurzem Hin und Her mein eigenes Buch erwähne, meint sie: »Das ist nicht das, was wir brauchen«. Auch von ihr bekomme ich also eine Abfuhr, werde entwertet als jemand, der nicht das Richtige zu bieten hat. In der Dreiersituation sagt Sascha kein Wort; die Mutter beherrscht das Gespräch.

Nach dem Interview fühle ich zunächst weder Ärger noch Enttäuschung, bin unemotional wie Sascha. Innerlich werte ich nun meinerseits das Gespräch ab, so wie ich mich von Sascha und seiner Mutter abgewertet fühlte. Erst mein Einfall zum »König der Löwen« und später die Diskussion in der Auswertungsgruppe lösen meine emotionale Erstarrung und machen einer großen Traurigkeit Platz. Im Nachhinein verstehe ich dieses Gefühl als Trauer um einen idealen Vater und Partner, den es immer nur in unseren Wünschen und Phantasien gibt, niemals aber in der Wirklichkeit. Dieser Trauerprozess hatte möglicherweise im Kampf von Saschas Familie ums Überleben nach dem schrecklichen Tod des Vaters nicht genügend Platz. Dieser Mann ist bis heute unantastbar und unerreichbar geblieben, und so fiel mir kurz nach dem Gespräch die Überschrift ein, die ich diesem Interview gegeben habe.

15 Zusammenfassung und allgemeine Trends

Die von mir vorgestellte Auswahl an Persönlichkeitsmerkmalen bzw. Lebensbereichen, die durch das Aufwachsen ohne Vater in der Entwicklung von Jungen und Männern beeinträchtigt sein können, ist natürlich nicht vollständig. So gibt es beispielsweise Untersuchungen zu den Zusammenhängen zwischen Vaterlosigkeit und eingeschränkter kognitiver Entwicklung, Vaterlosigkeit und dem Risiko, eine behandlungsbedürftige psychische Erkrankung zu entwickeln oder Vaterlosigkeit und der Wahrscheinlichkeit, selbst in einer Partnerschaft zu scheitern und bei den eigenen Kindern wiederum ein abwesender Vater zu werden. Viele dieser Untersuchungen haben widersprüchliche Ergebnisse hervorgebracht. Keiner meiner Gesprächspartner erschien mir in geistiger Hinsicht unterdurchschnittlich entwickelt, im Gegenteil: allesamt machten sie einen intelligenten und geistig beweglichen Eindruck. Das individuelle Ausmaß an psychischer Auffälligkeit variierte zwischen ihnen ebenso stark wie bei Gruppen von Jungen und Männern, die mit ihren Vätern aufgewachsen sind. Dass vaterlose Jungen und Männer, denen die Erfahrung eines liebevollen Zusammenlebens zwischen den Eltern und einer verlässlichen Beziehung zu Mutter und Vater vorenthalten blieb, als Erwachsene eher Schwierigkeiten haben, selbst ein glückliches Familienleben zu entwickeln, erschien mir hingegen so selbstverständlich und banal, dass ich darauf nicht mit einem gesonderten Kapitel eingehen wollte. Die Porträts meiner erwachsenen Gesprächspartner sprechen hier für sich. Ich möchte aber zum Ende dieses Abschnitts noch einige Besonderheiten erwähnen, die in sehr vielen Untersuchungen zur Vaterlosigkeit auftauchen, ganz unabhängig von den jeweils untersuchten konkreten Merkmalen.

In Bezug auf die meisten negativen Folgen der Vaterlosigkeit konnte ein durchgängiger *Alterseffekt* festgestellt werden: Wenn die Jungen oder Männer bereits vor ihrem fünften Lebensjahr (unter Umständen seit der Geburt) von Vaterlosigkeit betroffen waren, wirkte sich das wesentlich nachteiliger aus als eine Abwesenheit des Vaters, die erst nach dem fünften Lebensjahr auftrat. Aus psychoanalytischer Perspektive ist das ein außerordentlich interessanter Befund, der auf die ödipale Phase verweist (vgl. viertes Kapitel) und der mich dazu veranlasste, nur solche Jungen und Männer in meine Untersuchung zu nehmen, die *vor* dieser kritischen Zeitmarke von einer Abwesenheit des Vaters betroffen waren.

In vielen Studien kam heraus, dass der Verlust des Vaters durch Tod sich anders auswirkt als die Vaterabwesenheit aus anderen Gründen. Dies verweist auf den Unterschied zwischen Verlust und Verlassen-Werden. Im Allgemeinen wird der Verlust durch Tod langfristig besser verarbeitet als das Verlassen-Werden durch den Vater, das die meisten Kinder in der psychischen Verarbeitung auf sich beziehen, auch wenn es mit ihnen gar nichts zu tun hat.

Es wurde bereits mehrfach erwähnt, dass die Vaterabwesenheit geschlechtsspezifisch unterschiedliche Auswirkungen hat: In der Regel sind Jungen von negativen Konsequenzen sehr viel häufiger und stärker betroffen als Mädchen, zumindest im Hinblick auf vielfach untersuchte Merkmale (vgl. z. B. Levy-Schiff 1982). Allerdings neutralisiert sich dieser Effekt, je älter die Kinder zum Zeitpunkt des Beginns der väterlichen Abwesenheit sind. Eine frühe Abwesenheit des Vaters wirkt sich offenbar auf Jungen negativer aus als auf Mädchen.

Wenn man das Aufwachsen mit einem überwiegend abwesenden, desinteressierten oder gar ablehnenden Vater und den mehr oder weniger vollständigen Vaterverlust bzw. die Vaterlosigkeit zusammenfasst, so muss man konstatieren, dass ein sehr großer Teil aller Kinder in unserer Gesellschaft von einem *Vatermangel* betroffen ist. Dies wirft die Frage nach den sozialen und kulturellen Dimensionen der Vaterlosigkeit auf, mit der wir uns nicht nur aus psychologischer, sondern auch aus soziologischer und politischer Perspektive beschäftigen sollten. Aus diesem Grund möchte ich im dritten und letzten Teil dieses Buchs den Blickwinkel auf die Entwicklung des einzelnen Menschen verlassen und einige wenige Gedanken zur »vaterlosen Gesellschaft« vorstellen.

Dritter Teil: Die Abschaffung der Väter als gesellschaftliches Phänomen

»Wenn nämlich eine so mächtige Instanz wie die Bindung an den Vater der Seele verloren ging, wird alles mitgerissen, was durch sie in Funktion gehalten wurde (...)«

Paul Federn, Zur Psychologie der Revolution:
Die vaterlose Gesellschaft (1919)

»Die Konsequenz dieser Konsequenzen ist also, wie die Menschheit ohne Projektion ihrer gruppenspezifischen Sozialordnungen – zum Beispiel ihrer Familienstruktur mit einer unbestrittenen väterlichen Autorität – auf Maßstäbe der Weltordnung auskommen wird. Wie wird eine in diesem Sinne vaterlose Gesellschaft aussehen, eine Gesellschaft, die nicht von einem mythischen Vater und seinen irdischen Stellvertretern kontrolliert wird?«

Alexander Mitscherlich, Auf dem Weg
zur vaterlosen Gesellschaft (1963)

16 Die Enttäuschung der Massen am Vaterprinzip im Ersten Weltkrieg

»Das Vater-Sohn-Motiv hat die schwerste Niederlage erlitten. Es ist aber durch die Familienerziehung und als ererbtes Gefühl tief in der Menschheit verankert und wird wahrscheinlich auch diesmal verhindern, dass eine ›restlos vaterlose Gesellschaft‹ sich durchsetzt«.

Paul Federn, Zur Psychologie der Revolution:
Die vaterlose Gesellschaft

Der Wiener Arzt und Freud-Schüler Paul Federn trug im März 1919 – nur wenige Monate nach Beendigung des Ersten Weltkriegs – in der Runde der Psychoanalytischen Vereinigung einen Aufsatz vor, der als ein Stück Urgestein psychoanalytischer Sozialpsychologie betrachtet werden darf. In diesem Vortrag analysiert Federn die aktuelle innenpolitische Lage Österreichs nach dem Zusammenbruch aller staatlichen Autoritäten (v. a. des Kaisertums) als Folgeerscheinung der *seelischen* Vorgänge, die durch diesen Zusammenbruch in den Menschen ausgelöst wurden. Nachdem über Jahrhunderte hinweg im Obrigkeitsstaat die Gesellschaftsordnung durch repressive Ausübung patriarchaler Macht funktioniert habe, sei nun die »Vaterkonstruktion« abrupt zerstört worden. Federn, der ein bekennender Sozialist war, *begrüßt* diese »vaterlose Gesellschaft« als Chance zu einem revolutionären Demokratisierungsprozess, der von gleichberechtigten Individuen ausgehen und getragen werden könnte. Auf die politische müsse aber eine soziale Revolution folgen, die erst eine wirkliche Befreiung von repressiver patriarchaler Machtausübung im Zusammenleben der Menschen garantieren könnte. Federn knüpft große Hoffnungen an die gesellschaftliche Umbruchsituation nach dem Ersten Weltkrieg, die langfristig den ständigen historischen Wechsel von passiv-abhängiger Auslieferung an den großen, starken Vater (z. B. Kaiser) und seiner gewalttätigen Entmachtung und Entwertung im politischen »Vatermord« (z. B. Revolution) überflüssig machen könnte.

Doch bei allem Optimismus sieht er auch die gesellschaftlichen Gefahren, die von der abrupten innerpsychischen Zerstörung eines mächtigen Vaterbildes ausgehen können: die Anarchie unter zerstrittenen Brüdern, die nach dem Sturz der väterlichen Autorität in rivalisierendem Kampf übereinander herfallen, oder der Schrei nach einem neuen »Führer«, der die Lücke füllt, die der entmachtete Vater hinterlassen hat. Beinahe in Form einer Prophezeiung verdeutlicht der Freud-Schüler hier die ungeheure psychische Macht, die das Bild des starken Vaters in einer instabilen »vaterlosen Gesellschaft« jederzeit wieder entfalten kann: »Bei denen schließlich, die sich jetzt von der sozialen Vater-Sohn-Einstellung gelöst haben, bleibt die Tendenz dazu noch so stark, dass sie nur auf eine geeignete, neu auftretende Persönlichkeit warten, die ihrem Vaterideale entspricht, um sich wieder als Sohn zu ihm einzustellen. Mit großer Regelmäßigkeit hat deshalb nach dem Sturz von Königen die Republik der Herrschaft eines Volksführers Platz gemacht« (Federn 1919, S. 31). Federn ahnte noch nichts von seinem Landsmann Adolf Hitler, der dem psychischen Bedürfnis der Massen nach dem »Vater-Ideale« schon so bald auf sehr gründliche Weise entsprechen würde …

Mit seinem psychoanalytischen Blick auf die sozialen Verhältnisse seiner Zeit begreift Federn die alte gesellschaftliche Ordnung als Folge und Abbild der Beziehungsordnung innerhalb der klassisch bürgerlichen Familie. Die vom Kind erlebte Autorität des Vaters, der nicht nur Schutz und materielle Sicherheit gewährt, sondern auch straft, bedingungslosen Respekt einfordert und dazu seine ganze überlegene Macht einsetzt, bilde die Grundlage für das Bedürfnis des Individuums nach einem starken Staat und den Gehorsam gegenüber seinen Repräsentanten. Das Verhältnis des Einzelnen gegenüber dem Staat entspricht also der Stellung des schutzbedürftigen, zugleich bewundernden und eingeschüchterten, passiv-abhängigen Kindes gegenüber dem mächtigen Vater in der Familie, dessen Platz im gesellschaftlichen Leben des Erwachsenen immer wieder neu ausgefüllt wird durch Pfarrer, Lehrer, König, Kaiser usw. Eine solche gesellschaftliche Ordnung beruht auf Unfreiheit, Abhängigkeit, unterdrückter Aggression und Unterwerfung. Sie wird laut Federn verstärkt und aufrechterhalten durch das Verhalten des typischen Vaters von damals, der dem Kind letztlich fremd bleibt und vor allem eine autoritäre Rolle einnimmt: »Denn der Vater ist tatsächlich Herr über das Schicksal des Kindes« (a. a. O., S. 16). Die revolutionäre Demokratisierung der Massen und der Sturz der alten Autoritäten nach dem Ende des Ersten Weltkriegs kann laut Federn zu einer Gemeinschaft gleichberechtigter Gesellschaftsmitglieder führen, wenn auf die äußere, politische Befreiung eine *innere*, psychische Emanzipation vom Bild des mächtigen, zugleich schützenden und strafenden Vaters erfolgt. Das hierarchische Vater-Sohn-Prinzip müsse ersetzt werden durch das emanzipatorische Bruder-Prinzip. Da jedoch das Aufwachsen in der unverändert patriarchalen bürgerlichen Familie das Individuum psychisch nicht auf einen freiheitlich-demokratischen Umgang mit dem Staat vorbereite, plädiert

Federn für eine Veränderung der Struktur der Familie. Sie müsse sich der neuen Ordnung anpassen oder gar ersetzt werden durch eine Aufzucht der Kinder nach einem anderen System.

Federns Vortrag liest sich heute, 90 Jahre später, als ungewöhnliche Mischung aus entflammtem politischem Engagement für eine bessere, demokratische Gesellschaft, futuristischer Vision einer Abschaffung der vaterbeherrschten Familie als Keimzelle des Obrigkeitsstaates und kluger Analyse unbewusster psychischer Prozesse, die die politische Entwicklung und das Verhalten der Massen in weit größerem Ausmaß bestimmen, als wir es gern wahrhaben möchten. In jedem Fall können uns Paul Federns Gedanken zu aufschlussreichen Einsichten nicht nur über seine Zeitgeschichte, sondern auch über das aktuelle Verhältnis von Individuum, Staat und Politik in unserer Gesellschaft verhelfen.

Sie sind allerdings in mancher Hinsicht auch unvollständig und einseitig. So meldet die Münchner Analytikerin Sieglinde Eva Tömmel (1988) zurecht zwei gravierende Kritikpunkte an: Zum einen habe Federn, ebenso wie Freud, ausschließlich die *Vater-Sohn-Beziehung* und den *männlichen Ödipuskomplex* als Erklärungsfolie für soziale Phänomene benutzt und die weibliche Entwicklung, die eine ganz andere ist, völlig außer Acht gelassen. Zum anderen schloss er sich der Freudschen Überzeugung von einer erblichen Komponente des gesellschaftlichen Vater-Sohn-Konflikts an. Dieser genetische Faktor trage zusammen mit dem unveränderten Bestand der bürgerlichen Familie dazu bei, dass die »restlos vaterlose Gesellschaft« sich vermutlich nicht durchsetzen werde.

Um einem Missverständnis vorzubeugen, muss hier angemerkt werden, dass Federn keineswegs für eine *Abschaffung* der realen Väter plädierte. Er, der sich als Sohn selbst von einem »großen« Vater – dem berühmten Wiener Arzt Salomon Federn – emanzipieren musste und eine »Revolution« beging, indem er sich dem skandalumwitterten Kreis um Freud anschloss, erkannte aber die schrecklichen Auswirkungen einer Vaterschaft, die auf einem einseitig autoritären, repressiven und ängstigenden väterlichen Rollenverhalten beruht. Diese »böse«, unterdrückende Vaterseite ist für das Kind und den späteren Erwachsenen eine ständige Quelle zerstörerischer Aggression, die sich gesellschaftlich verheerend auswirken kann. Insofern kann Federns Text auch gelesen werden als modernes Eintreten für eine liebevollere Vaterschaft, in der eine positiv getönte Bindung und Vertrautheit zwischen Vater und Sohn (bzw. Kind) die bedrohlichen Seiten dieser Beziehung überwiegt. Nur ein solches Verständnis von Vaterschaft kann ein Kind zu innerer Freiheit und Selbstständigkeit erziehen helfen.

17 Die vaterlose Gesellschaft nach dem Zweiten Weltkrieg

»Der Weg in die vaterlose Gesellschaft ist vorerst weit wirkungsvoller gelenkt von regressiven Ängsten als von kritischer Einsicht.«

Alexander Mitscherlich,
Auf dem Weg in die vaterlose Gesellschaft

Anfang der sechziger Jahre hat der Arzt und Sozialpsychologe Alexander Mitscherlich Federns Begriff von der »vaterlosen Gesellschaft« übernommen, um in sehr viel umfassenderer Weise als sein Vorgänger eine Analyse sozialer und kultureller Phänomene nach dem Zusammenbruch der väterlichen Autorität in unserer Gesellschaft vorzunehmen. Inzwischen hatte der Nationalsozialismus Federns Prophezeiung wahrgemacht, war der Zweite Weltkrieg wie ein verheerender Flächenbrand über die Erde hinweggegangen. Mitscherlich selbst, der 1908 geboren war, hatte den Nazis einen Wechsel in der beruflichen Laufbahn zu »verdanken«. Er hatte Geschichte, Philosophie und Literatur studiert, doch seine Dissertation war in der Hitler-Ära zurückgewiesen worden. So studierte er Medizin, wurde zunächst Neurologe und dann Psychoanalytiker und gründete 1959 in Frankfurt das Sigmund-Freud-Institut, dessen Direktor er bis 1976 blieb.

Mitscherlich legt eine ähnlich ambivalente Einschätzung der »vaterlosen Gesellschaft« vor wie Federn. Einerseits erhofft auch er sich vom Schwinden der repressiven väterlichen Autorität eine Befreiung des Individuums hin zu mehr Eigenverantwortung und erwachsenem Verhalten innerhalb des gesellschaftlichen Gefüges. Andererseits analysiert er kritisch die soziokulturellen Verhältnisse zu Beginn der 60er Jahre und weist darauf hin, dass auch 45 Jahre nach Federns Proklamation der vaterlosen Gesellschaft Regression, Ängste und Orientierungslosigkeit vorherrschen und eine wirkliche gesellschaftliche Befreiung aus der Abhängigkeit vom starken Vater auf sich warten lässt. Engagiert fordert auch er eine soziale Veränderung, indem er zeigt, »dass die Erhaltung der Freiheit im gegenwärtigen Augenblick der Geschichte nicht nach der Repetition der Erziehungsmaximen der Vergangenheit, sondern nach einer Revision der Bildungs- und Erziehungspraxis verlangt« (Mitscherlich 1963, S. 29). Er plädiert für eine gesellschaftliche »Wahrheitssuche«

in dem Sinne, dass sich der Einzelne nicht länger Selbsttäuschungen hingeben, sondern die Motive für sein Handeln ehrlich und wahrhaftig erforschen und sich inneren Konflikten stellen soll. Nur eine solche Wahrheitssuche schütze vor Magie und Allmachtswahn. Das erkennende Eindringen in das bisher Unverstandene könne Veränderung bewirken.

Doch angesichts der zu beobachtenden Phänomene seiner Zeit ist Mitscherlich eher pessimistisch. Die gesellschaftlichen Umwälzungen insbesondere der Arbeitswelt in den kapitalistischen Industrienationen führen nach seiner Auffassung zu einem Defizit an Sozialbildung bei den heranwachsenden Generationen. Zwei Stufen der Entfremdung – die Trennung von Familienleben und Arbeitswelt im 19. Jahrhundert und der immer eklatanter werdende Mangel an Anschaulichkeit der Arbeit selbst im 20. Jahrhundert – sind verantwortlich für den Wertverlust der Väterlichkeit. Väter sind in ihrem Gestaltungsvermögen entmachtet, da sie den Großteil ihres Lebens in die einseitige und entfremdete Berufsausübung verbannt wurden. Dadurch verlieren sie die Möglichkeit, ihren Kindern eine anschauliche Lebenspraxis zu vermitteln, wie das in bäuerlich-handwerklich organisierten Gesellschaften selbstverständlich war. Folge ist ein Verlust der Bindung zwischen Vater und Kindern, Mitscherlich spricht vom »Aufwachsen in Vergessenheit« als einem in allen sozialen Schichten zu beobachtenden gesellschaftlichen Trend. Väter werden von den ihnen entfremdeten Kindern nur noch entweder als »Schreckgespenst« erlebt (dies gilt sicher für den Prototyp des an seiner autoritären Rolle festhaltenden Vaters) oder aber belächelt und gar nicht mehr ernst genommen. Das Fehlen einer greifbaren, im Alltag erlebbaren und zu positiver Auseinandersetzung bereiten Väterlichkeit – Mitscherlich spricht von einer Entleerung der Autorität – hinterlässt im Einzelnen und in der Folge auch gesamtgesellschaftlich ein Defizit, das zu einer passiv-regressiven Einstellung führt. Mangel an Eigeninitiative, Versorgungsansprüche gegenüber dem Staat und eine einseitig auf Konsum ausgerichtete Lebenshaltung der Massen sind unter Anderem die Folge.

Angesichts des rasanten gesellschaftlichen Wandels und der ungeheuren Rollenvielfalt, die dem Individuum in unserer Zeit aufgebürdet sind, sieht Mischerlich nur einen Ausweg aus der Krise der Väterlichkeit: Losgelöst vom jeweiligen Rolleninhalt sollen Väter Vorbildlichkeit vermitteln, indem sie die Entwicklungsbedürfnisse ihrer Kinder verstehen, annehmen und sich mit ihnen auseinandersetzen. Auch wenn sich die Kinder (zwangsläufig) ganz anderen Gegenständen, Interessen und Tätigkeiten zuwenden als der Vater, erwerben sie durch seine Anwesenheit, sein Interesse und sein Verständnis eine Lebenserfahrung, mit der sie in jedem Beruf, in jeder sozialen Stellung etwas anzufangen vermögen. Mitscherlich plädiert für den gütigen Vater, der das Kind in seiner Ichstärke, Initiative und Autonomie fördert. Sein umfangreiches Buch, das sehr viel mehr interessante und scharfsinnige Gedanken zur vaterlosen Gesellschaft enthält als hier in aller Kürze wiedergegeben werden konnten, ist auch heute ein lesenswerter und nachdenklich stimmender Beitrag zum Verständnis gesellschaftlicher Phänomene.

18 Bestandsaufnahme der vaterlosen Gesellschaft nach der Jahrtausendwende

Ende der sechziger und Anfang der siebziger Jahre herrschte in allen westlichen Industrienationen euphorische und revolutionäre Aufbruchstimmung. Die amerikanische Bürgerrechtsbewegung, der Aufstand der Studenten in den USA und Europa, Frauen-, Friedens- und Ökologiebewegung sowie die selbstbewusste »gay liberation« homosexueller Frauen und Männer waren allesamt vom hoffnungsvollen Aufstand gegen erstarrte patriarchale Autoritäten getragen und verbunden mit der Vision einer besseren, demokratischeren und friedlicheren Welt. In den siebziger Jahren schien diese gewaltige soziale Kraft zu tragen und massive gesellschaftliche Veränderungen hervorzurufen. Tatsächlich gewannen Schwarze, Frauen, Homosexuelle und andere gesellschaftlich eher unterdrückte Gruppen an Gleichberechtigung und Selbstbewusstsein. Doch heute, beinahe vierzig Jahre später, wissen wir auch, dass Ökologie- und Friedensbewegung gescheitert sind und dass die politische Aufbruchstimmung in den meisten führenden Industrienationen zunehmend einer Krise der Demokratie mit stetig wachsendem Desinteresse und enttäuschter Abwendung von der Politik gewichen ist. Können auch diese weltweit beobachtbaren Phänomene als weitere Etappe der Entwicklung der vaterlosen Gesellschaft begriffen werden?

Anders als viele ihrer euphorischen Zeitgenossen hat die amerikanische Sozialphilosophin Edith Wyschogrod bereits Ende der siebziger Jahre eine sehr kritische Analyse der kulturellen und gesellschaftlichen *Abschaffung der Väter* vorgelegt (Wyschogrod 1978). Sie postulierte für ihre Zeit eine unbewusste Rückkehr der Massen zu einem Mythos, in welchem die sexuelle Rolle des Vaters für die Entstehung des Lebens verdrängt oder verleugnet werde. Diese natürlich nicht auf der Ebene des Alltagsverstandes, sondern im Unbewussten verankerte Auslöschung der väterlichen Funktion verursache einen Bruch im Verständnis des westlichen Menschen von sich selbst als historisch gewordenem Wesen. Es entstehe eine Gesellschaft ohne jede Beziehung zu Vergangenheit oder Zukunft, der Mensch begreife sich nicht mehr in einer hierarchischen Kette der Generationen stehend. Stattdessen stünden die »Kinder der Erde« in einem geschwisterlichen Verhältnis zueinander, was von Paul Federn ja noch als revolutionär-demokratisierendes Bruderprinzip verstanden worden war. Wyschogrod meint, dieser unbewusste Mythos herrsche nicht nur in totalitären Gesellschaften, sondern in all jenen Kulturen, die ihre gegenwärtige Existenz als klaren Bruch mit der Vergangenheit erleben. Im ausgehenden 20. Jahrhundert werde die Familie in solchen Gesellschaften betrachtet als Agent repressiver, überkommener sozialer Kräfte und in dieser Funktion abgelehnt. Väterliche Mythen, die den westlichen Kulturen einst ihren Zusammenhalt und ihre Identität vermittelten, sterben aus. Der Mensch sei allein gelassen in einer *Welt ohne Väter*, in der alle Geschwisterwaisen sind. Niemand sei irgendjemandes Vater!

Auf den ersten Blick scheint Wyschogrods These radikal und nicht leicht nachvollziehbar. Doch wenn wir uns daran erinnern, welch gravierender Wandel im Verständnis der elterlichen Rolle sich in den siebziger Jahren ereignete, können wir uns vielleicht auf die interessanten Gedanken der Autorin einlassen. Mütter waren nicht mehr Mütter und Väter nicht mehr Väter, die Eltern aus der Flower-Power-Generation verhielten sich in der Tat mehr wie Geschwister ihrer eigenen Kinder, was beispielsweise in den vielfach falsch verstandenen Grundsätzen der antiautoritären Bewegung von Alexander Sutherland Neill ihren Ausdruck fand. Es scheint, als habe sich niemand mehr zur Verfügung stellen wollen als Vorbild und (positiv verstandene) Autorität der nachkommenden Generationen.

Wyschogrod analysiert einige auch heute noch vorherrschende soziale Phänomene vor dem Hintergrund der Verleugnung väterlicher (bzw. elterlicher) Funktionen: Der Mythos vom steten Neubeginn, der in den USA schon lange beherrschend war, inzwischen aber auch auf andere westliche Gesellschaften übergegriffen hat, mache das Leben des Einzelnen zu einer Serie ausgesprochen divergenter Lebensentwürfe, die nach dem Lustprinzip genauso schnell angenommen wie fallen gelassen werden. In der Illusion ewiger Jugend fängt man immer wieder von vorn an, das alte Selbst ist Vorfahre des neuen. Doch nur die wirklich Jungen zählen in einer solchen Kultur, denn Alter bedeute in ihr Verfall und Fäulnis. Aber nicht nur die Verleugnung von Alter und Tod, sondern auch das Vorherrschen narzisstischer Tendenzen und die zunehmende Entfremdung der Geschlechter können vor dem Hintergrund der unbewussten Abschaffung der Väter (bzw. Eltern) begriffen werden.

Wyschogrod, die die vorherrschende gesellschaftliche Lebensauffassung ihrer Zeit für nutzlos und oberflächlich hält, meint jedoch, dass die negativen Wirklichkeiten des menschlichen Lebens immer wieder die hedonistische Abwehr des Einzelnen und der Massen durchbrechen und so Veränderung erforderlich machen würden. Die Vergangenheit hole uns ebenso ein wie die gegenwärtige Realität von Umweltzerstörung und Klimawandel, Hunger, Krieg, weltweiter Wirtschaftskrise und anderen Katastrophen. Die Illusion vom stets möglichen Neubeginn im Hier und Jetzt ohne Verbindung zum Dort und Damals sei zerstörerisch und dürfe nicht aufrechterhalten werden. Wyschogrod hält es darum für die vordringlichste Aufgabe einer »Therapie der Gesellschaft«, der Väterlichkeit zu neuer Bedeutung zu verhelfen und so den Einzelnen wie die Gesellschaft wieder mit ihrer Vergangenheit in Berührung zu bringen.

Zehn Jahre nach der Jahrtausendwende dürfen wir uns fragen, an welchem Punkt der in den letzten Kapiteln beschriebenen Entwicklung der vaterlosen Gesellschaft wir heute stehen. Gibt es nicht Anlass zur Hoffnung? Sind da nicht die überall zu beobachtenden »neuen Väter«, die eine zärtliche Bindung an ihre Kinder entwickeln und sich liebevoll um den Nachwuchs kümmern? Hat nicht durch die zunehmende Gleichberechtigung der Frauen das Geschlechterverhältnis einen Wandel erfahren, der es zwar einerseits komplexer und störanfälliger macht, andererseits aber zu neuen Formen des Miteinanders führt? Und gibt es nicht allerorten politisch und kulturell engagierte Menschen, die das Schicksal ihrer Lebenswelt nicht »denen da oben« überlassen wollen, sondern es tatkräftig mitbestimmen, in die eigenen Hände nehmen und damit ihrer generativen Verantwortung für die nachkommenden Generationen gerecht werden?

So wie auch das reife Verhältnis zu Vater und Mutter und unser Bild von ihnen positive wie negative Aspekte integrieren muss, bleibt auch eine realistische Einschätzung von Gegenwart und Zukunft unserer »vaterlosen Gesellschaft« ambivalent: Es gibt Anlass zur Hoffnung ebenso wie zu Sorge und Pessimismus. In jedem Fall kommen wir offensichtlich nicht ohne Vorbilder aus. Da, wo individuelles wie gesellschaftliches Leben diesbezüglich eine Leerstelle aufweisen, entstehen Resignation, Chaos und Apathie oder aber jene große, ungestillte und durchaus gefährliche Sehnsucht, die unter Anderem als dauerhafte Sehnsucht nach dem Vater ihren Ausdruck finden und sich sehr destruktiv auswirken kann. Die Krise der Familie dauert an und schreitet fort, ohne dass bisher ernstzunehmende Alternativen an die Stelle dieser Keimzelle der Gesellschaft getreten wären. Einstweilen müssen wir uns damit begnügen, uns als Einzelwesen ebenso wie als Gesellschaftsmitglieder mit unserem Gewordensein auseinanderzusetzen, davor nicht die Augen zu verschließen und das Beste daraus zu machen. Im Hinblick auf das Vaterthema bedeutet dies eine Konfrontation mit den Wünschen, Hoffnungen, Enttäuschungen und Aggressionen, die in der individuellen Geschichte unserer Vaterbeziehung wurzeln und die unsere mehr oder minder »erwachsene« Haltung gegenüber den eigenen Kindern und der Gesellschaft prägen. Wenige von uns können dabei auf das Vorbild eines Vaters zurückgreifen, der uns gezeigt hätte, wie eine solche hilfreiche Auseinandersetzung aussehen kann. Nur die Anerkennung dieses Mangels und zu guter Letzt vielleicht die Versöhnung mit dem »Mängelwesen« Vater können uns weiterbringen. Wir müssen – um ein letztes Mal mit Mitscherlich zu sprechen – die Ambivalenz der Gefühle am Vater austragen und sie zu einer wie weit auch immer glückenden Ordnung bringen.

Literatur

Abelin, E. L. (1971) The Role of the Father in the Separation-Individuation Process. In: MacDevitt, J. & Settlage, C. (Hrsg.) Separation-Individuation. New York: International Universities Press.

Abelin, E. L. (1975) Some Further Observations and Comments on the Earliest Role of the Father. International Journal of Psychoanalysis 56: 293–302.

Abelin, E. L. (1986) Die Theorie der frühkindlichen Triangulation. Von der Psychologie zur Psychoanalyse. In: Stork, J. (Hrsg.) Das Vaterbild in Kontinuität und Wandlung. Stuttgart: Frommann-Holzboog.

Amendt, G. (1993) Wie Mütter ihre Söhne sehen. Bremen: Ikaru.

Atkins, R. N. (1981) Finding One's Father: The Mother's Contribution to Early Father Representations. Journal of the American Academy of Psychoanalysis 9: 539 ff.

Atkins, R. N. (1982) Discovering Daddy: The Mother's Role. In: Cath, S. H., Gurwitt, A. R. & Ross, J. M. (Hrsg.) Father and Child. Boston: Little, Brown and Company.

Baldwin, J. (1979) Just above My Head. London: Penguin Books.

Bacal, H. A. & Newman, K. M. (1994) Objektbeziehungstheorien. Brücken zur Selbstpsychologie. Stuttgart: frommann-holzboog.

Bambey, A. & Gumbinger, H.-W. (2009) Zwischen »traditionellen« und »neuen« Vätern. Zur Vielgestaltigkeit eines Wandlungsprozesses. In: Jurczyk, K./Lange, A. (Hrsg.) Vaterwerden und Vatersein heute. Neue Wege – neue Chancen! Gütersloh: Bertelsmann Stiftung.

Benard, C. & Schlaffer, E. (1996) Das Kind, das seinen Vater mit einem Samstag verwechselte. München: Heyne.

Benjamin, J. (1990) Die Fesseln der Liebe. Frankfurt a. M.: Fischer.

Biller, H. B. (1970) Father Absence and the Personality Development of the Male Child. Developmental Psychology 2: 181–201.

Biller, H. B. (1971) Father, Child and Sex Role. Lexington, Massachusetts: Heath Lexington Books.

Biller, H. B. (1974) Paternal Deprivation. Lexington, Massachusetts: Lexington Books.

Biller, H. B. & Salter, M. (1989) Father Loss, Cognitive and Personality Functioning. In: Dietrich, R. D. & Shabad, P. C. (Hrsg.) The Problem of Loss and Mourning. Madison, CT: International Universities Press.

Bischof-Köhler, D. (2000) Von Natur aus anders – Die Psychologie der Geschlechtsunterschiede. Stuttgart: Kohlhammer.

Bleibtreu-Ehrenberg, G. (1994) Vaterschaft im Kulturvergleich. psychosozial 17: 25–36.

Bly, R. (1991) Eisenhans. Ein Buch über Männer. München: Droemer Knaur.

Blos, P. (1990) Sohn und Vater. Diesseits und jenseits des Ödipuskomplexes. Stuttgart: Klett-Cotta.

Brazelton, T.B. & Cramer, B. (1991) Die frühe Bindung. Stuttgart: Klett-Cotta.

Brenes, M.E., Eisenberg, N. & Helmstadter, G.C. (1985) Sex Role Development of Preschoolers from Two-Parent and One-Parent Families. Merrill-Palmer Quarterly 31: 33–46.

Bourdieu, P. (2000) Das väterliche Erbe. Probleme der Vater-Sohn-Beziehung. In: Bosse, H. & King, V. (Hrsg.) Männlichkeitsentwürfe. Wandlungen und Widerstände im Geschlechterverhältnis. Frankfurt a.M.: Campus.

Britton, R. (2005) Für immer Vaters Tochter. Der Athene-Antigone-Komplex. In: Dammasch, F. & Metzger, H.-G. (Hrsg.) Die Bedeutung des Vaters. Psychoanalytische Perspektiven. Frankfurt a.M.: Brandes & Apsel.

Buchholz, M.B. (1990) Die Rotation der Triade. Forum der Psychoanalyse, 6, 116–134.

Cath, S.H. (1989) Interlude. In: Cath, S.H., Gurwitt, A. & Gunsberg, L. (Hrsg.) Fathers and Their Families. Hillsdale: The Analytic Press.

Cath, S.H. & Herzog, J.M. (1982) The Dying and Death of a Father. In: Cath, S.H., Gurwitt, A.R. & Ross, J.M. (Hrsg.) Father and Child. Boston: Little, Brown and Company.

Chused, J.F. (1991) Review of ›Son and Father: Before and Beyond the Oedipus Complex‹. Journal of the American Psychoanalytic Association 39: 817–822.

Corman, L. (1977) Der Schwarzfuß-Test. 3. Auflage. München: Ernst Reinhardt Verlag 1995.

Covell, K. & Turnbull, W. (1982) The Long-term Effects of Father Absence in Childhood on Male University Students' Sex Role Identity and Personal Adjustment. The Journal of Genetic Psychology 141: 271–276.

Crumley, F.E. & Blumenthal, R.S. (1973) Children's Reactions to Temporary Loss of the Father. American Journal of Psychiatry 130: 778–782.

Dammasch, F. & Metzger, H-G. (Hrsg.) (2005) Die Bedeutung des Vaters. Frankfurt a.M.: Brandes & Apsel.

Diamond, M.J. (1991) Der werdende Vater. Psychoanalytische Ansichten über den vergessenen Elternteil. In: Friedmann, R. M. & Lerner, L. (Hrsg.) Zur Psychoanalyse des Mannes. Berlin: Springer.

Diamond, M.J. (1994) Fathers and Sons: Psychoanalytic Perspectives on »Good Enough« Fathering throughout the Life Cycle. Draft Version, LAISPS Home Page.

Diem-Wille, G. (2007) Die frühen Lebensjahre. Psychoanalytische Entwicklungstheorie nach Freud, Klein und Bion. Stuttgart: Kohlhammer.

Diem-Wille, G. (2009) Das Kleinkind und seine Eltern. Perspektiven psychoanalytischer Babybeobachtung. 2., überarbeitete Auflage. Stuttgart: Kohlhammer.

Ehebald, U. (1991) Die Bedeutung des präödipalen Vaters in der psychoanalytischen Behandlung oder die Verleugnung der »primären Väterlichkeit«. Zeitschrift für psychoanalytische Theorie und Praxis VI: 277–292.

Ermann, M. (1985) Die Fixierung in der frühen Triangulierung. Forum der Psychoanalyse 1: 93–110.

Ermann, M. (1989) Das Dreieck als Beziehungsform. Praxis der Psychotherapie und Psychosomatik 34: 261–269.

Ermann, M. (2009) Das homosexuelle Dilemma. Zur Entwicklungsdynamik der normalen männlichen Homosexualität. Forum der Psychoanalyse 25: 349–361.

Esman, A.H. (1982) Fathers and Adolescent Sons. In: Cath, S.H., Gurwitt, A.R. & Ross, J.M. (Hrsg.) Father and Child. Boston: Little, Brown and Company.

Federn, P. (1919) Zur Psychologie der Revolution: Die vaterlose Gesellschaft. In: Luzifer-Amor 1 (1988): 13–33.

Fivaz-Depeursinge, E. & Corboz-Warnery, A. (2001) Das primäre Dreieck. Vater, Mutter und Kind aus entwicklungstheoretisch-systemischer Sicht. Heidelberg: Carl Auer Verlag.

Freud, S. (1905) Drei Abhandlungen zur Sexualtheorie. GW, Bd. 5. Frankfurt a.M.: Fischer.

Freud, A. & Burlingham, D. (1944) Infants without Families. In: The Writings of Anna Freud, Band 3. New York: International Press 1973.

Frey-Wehrlin, T. (1992) Ödipus in Gethsemane. Archetypische Aspekte der Homosexualität. Analytische Psychologie 3: 193–206.

Frick-Bruder, V. & Schütt, E. (1992) Zur Psychologie des männlichen und weiblichen Kinderwunsches. Entwicklungsbedingungen narzisstischer, depressiver und kreativer Anteile. Psychotherapie, Psychosomatik und medizinische Psychologie 42: 221–227.

Friedman, R.M. (1986) Zur historischen und theoretischen Kritik am psychoanalytischen Modell der Homosexualität. In: Friedman, R.M. & Lerner, L. Zur Psychoanalyse des Mannes. Berlin: Springer.

Friedman, R.M. & Lerner, L. (Hrsg.) (1986) Zur Psychoanalyse des Mannes. Berlin: Springer.

Fthenakis, W. E. (1985) Väter. Band 1: Zur Psychologie der Vater-Kind-Beziehung. München: Urban & Schwarzenberg.

Fthenakis, W.E (1988) Väter. Band II: Zur Vater-Kind-Beziehung in verschiedenen Familienstrukturen. München: Urban & Schwarzenberg.

Fthenakis, W.E. & Griebel, W. (1992) Die Rolle des Vaters im Familienentwicklungsprozeß. In: Publikation des Instituts für Ehe und Familie 11. Wien: Riegelnik.

Furman, E. (1989) Some Effects of the One-Parent Family on Personality Development. In: Dietrich, R.D. & Shabad, P.C. (Hrsg.) The Problem of Loss and Mourning. Madison, CT: International Universities Press.

Green, R. (1979) Atypical Sex-Role Behavior. In: Nohspitz, J. D. (Hrsg.) Handbook of Child Psychiatry. New York: Basic Books.

Green, R. (1980) Patterns of Sexual Identity in Childhood: Relationship to Subsequent Sexual Partner Experience. In: Marmor, J. (Hrsg.) Homosexual Behavior: A Modern Reappraisal. New York: Basic Books.

Grieser, J. (1998) Der phantasierte Vater. Zu Entstehung und Funktion des Vaterbildes beim Sohn. Tübingen: edition diskord.

Gschwind, H. (2007) Zur Psychoanalyse des Mannes. Ankündigung eines Seminars an der Uni Frankfurt: http://www.psychoanalyse.uni-frankfurt.de/pdf/Seminarplaene/seminar-plaene_ss2007/psadesmannes_hg.pdf.

Günzel, S. (1989) Ava und Edam – zur Partnerschaft der Geschlechter. Psyche 43: 219–237.

Happel, F. (2003) Der Einfluss des Vaters auf die Tochter. Zur Psychoanalyse weiblicher Identitätsbildung. Eschborn: Verlag Dietmar Klotz.

Hartmann, H.A. (1999) Bei Durchsicht meiner Texte oder: Memoirs of a Shy Pornographer. Universität Augsburg: Bisher unveröffentlichtes Manuskript.

Haubl, R. (2008) »Diese Firma, dafür ist auch ein Stück Leben eingesetzt worden« – Nachfolge als kritisches Lebensereignis. In: Ahlers-Niemann, A. et al. (Hrsg.) Organisationslandschaften – Sozioanalyische Gedanken und Interventionen zur normalen Verrücktheit in Organisationen. Bergisch Gladbach: EHP-Verlag.

Heberle (2008) Die so genannten neuen Väter. In: Metzger, H.-G. (Hrsg.) Psychoanalyse des Vaters. Klinische Erfahrungen mit realen, symbolischen und phantasierten Vätern. Frankfurt a.M.: Brandes & Apsel.

Herzog, J. (1980) Sleep Disturbance and Father Hunger in 18- to 28-months-old Boys. Psychoanalytic Study of the Child 35: 219–233.

Herzog, J. (1982) On Father Hunger: The Father's Role in the Modulation of Aggressive Drive and Fantasy. In: Cath, S.H., Gurwitt, A.R. & Ross, J. M. (Hrsg.) Father and Child. Boston: Little, Brown and Company.

Herzog, J. (1985) Preoedipal Oedipus: The Father-Child Dialogue. In: Pollock, G.H. und Ross, J.M. (Hrsg.) The Oedipus Papers. Madison, CT: International Universities Press.

Herzog, J.M. (1993) Early Interaction and Representation: The Father's Role in Early and Later Triads. The Father as Expeditor from Dyad to Triad. München: Unveröffentlichter Vortrag an der Akademie für Psychoanalyse und Psychotherapie.

Herzog, J.M (2001) Father Hunger. Explorations with Adults and Children. Hillsdale: The Analytic Press.

Hetherington, E.M. & Deur, J.L. (1971) The Effects of Father Absence on Child Development. In: Young Children 26: 233–248.

Hierdeis, H. (1992) Das Bild des abwesenden Elternteils. In: Publikation des Instituts für Ehe und Familie 11. Wien: Riegelnik.

Hildenbrand, B. (2000) Wandel und Kontinuität in sozialisatorischen Interaktionssystemen: Am Beispiel der Abwesenheit des Vaters. In: Bosse, H. & King, V. (Hrsg.) Männlichkeitsentwürfe. Wandlungen und Widerstände im Geschlechterverhältnis. Frankfurt a. M.: Campus.

Hoffman, M. L. (1971) Father Absence and Conscience Development. Developmental Psychology 4: 400–406.

Huttunen, M. O. & Niskanen, P. (1978) Prenatal Loss of Father and Psychiatric Disorders. Archive of Genetic Psychiatry 35: 429–431.

Isay, R. A. (1987) Fathers and Their Homosexually Inclined Sons in Childhood. Psychoanalytic Study of the Child 42: 275–294.

Julien, P. (1995) Die drei Dimensionen der Vaterschaft in der Psychoanalyse. Arbeitshefte Kinderpsychoanalyse 21: 73–88.

King, V. (2002) Tochterväter. Dynamik und Veränderungen einer Beziehungsfigur. In: Walter, H. (Hrsg.) Männer als Väter. Sozialwissenschaftliche Theorie und Empirie. Gießen: Psychosozial-Verlag.

Kirshner, L. (1992) The Absence of the Father. Journal of the American Psychoanalytic Association 40: 1117–1139.

Klosinski, G. (1985 a) Jugendliche Brandstifter und Sexualdelinquenten: Ein Vergleich der Psychopathologie, Familiensituation und Familiendynamik. Forensia 5: 149–156.

Klosinski, G. (1985 b) Die Telemachie – Die Suche des Sohnes nach dem Vater. Praxis der Psychotherapie und Psychosomatik 30: 169–179.

Kohut, H. (1971) Narzißmus. Frankfurt a. M.: Suhrkamp.

Kohut, H. (1979) Die Heilung des Selbst. Frankfurt a. M.: Suhrkamp.

Krüll, M. (1979) Freud und sein Vater. Die Entstehung der Psychoanalyse und Freuds ungelöste Vaterbindung. Frankfurt a. M.: Fischer 1992.

Kurdek & Siesky (1980) Sex role self-concepts of single divorced parents and their children. In: Journal of Divorce 3: 249–261.

Lamb, M. E. (1978) The Effects of Divorce on Children's Personality Development. Journal of Divorce 12: 163–174.

Lang, H. (1992) Die »strukturale Triade«. Überlegungen zur Neubewertung des Ödipuskomplexes. Praxis der Psychotherapie und Psychosomatik 37: 207–215.

Layland, W. R. (1981) In Search of a Loving Father. International Journal of Psychoanalysis 62: 215–223.

Ledda, G. (1989) Padre Padrone. Reinbek: Rowohlt.

Lewis, O. W. (1992) Paternal Absence: Psychotherapeutic Considerations in Boys. In: O'Brien, J. D., Pilowski, D. J. & Lewis, O. W. (Hrsg.) Psychotherapies with Children and Adolescents. Washington: American Psychiatric Press.

Lindgren, A. (1995) Karlsson vom Dach. Hamburg: Oettinger.

Maccoby (2000) Psychologie der Geschlechter – Sexuelle Identität in verschiedenen Lebensphasen. Stuttgart: Klett-Cotta.

Mahler, M. S., Pine, F. & Bergman, A. (1982) Die psychische Geburt des Menschen. Frankfurt a. M.: Fischer.

Mancia, M. (1993) The Absent Father: His Role in Sexual Deviations and in Transference. International Journal of Psychoanalysis 74: 941–950.

Markert, F. (2008) »Nur wer die Sehnsucht kennt, weiß, was ich leide.« Früher Vaterverlust: Eine Liebesgeschichte mit dem Analytiker-Vater. In: Metzger, H.-G. (Hrsg.) Psychoanalyse des Vaters. Klinische Erfahrungen mit realen, symbolischen und phantasierten Vätern. Frankfurt a. M.: Brandes & Apsel.

Mertens, W. (1992) Entwicklung der Psychosexualität und der Geschlechtsidentität. Band 1: Geburt bis 4. Lebensjahr. Stuttgart: Kohlhammer.

Mertens, W. (1994) Entwicklung der Psychosexualität und der Geschlechtsidentität. Band 2: Kindheit und Adoleszenz. Stuttgart: Kohlhammer.

Metzger, H.-G. (Hrsg.) (2008) Psychoanalyse des Vaters. Klinische Erfahrungen mit realen, symbolischen und phantasierten Vätern. Frankfurt a. M.: Brandes & Apsel.

Michaels, C. S. (1981) Father fantasies of preschool children with non-resident fathers. New York University: Doctoral Dissertation.

Mishne, J. (1979) Parental Abandonment: A Unique Form of Narcissistic Injury. Clinical Social Work Journal 7: 15–33.

Mitscherlich, A. (1963) Auf dem Weg zur vaterlosen Gesellschaft. 10. Auflage. München: Piper 1996.

Mittermüller, U. (1999) Frühe Vaterlosigkeit. Eine qualitative Untersuchung vaterloser Männer. LMU München: Unveröffentlichte Diplomarbeit.

Montare, A. & Boone, S. L. (1980) Aggression and Paternal Absence: Racial-ethnic Differences among Inner-city-boys. The Journal of Genetic Psychology 137: 223–232.

Mulisch, H. (1993) Die Entdeckung des Himmels. München: Hanser.

Olivier, C. (1987). Iokastes Kinder. Düsseldorf: Claassen.

Plänkers, T. (2008) Der ersehnte und der abgelehnte Vater. Zur Psychodynamik einer Vaterlosigkeit. In: Metzger, H.-G. (Hrsg.) Psychoanalyse des Vaters. Klinische Erfahrungen mit realen, symbolischen und phantasierten Vätern. Frankfurt a. M.: Brandes & Apsel.

Papousek, H. & Papousek, M. (1987) Intuitive Parenting: A Dialectic Counterpart to the Infant's Integrative Competence. In: Osofsky, J. D. (Hrsg.) Handbook of Infant Development. 2nd edition. New York: Wie.

Pedersen, F. A. (1976) Does Research on Children Reared in Father-absent Families Yield Information on Father Influences? The Family Coordinator 25: 459–464.

Pederson, F. A., Rubenstein, J. & Yarrow. L. E. (1979) Infant Development in Father-absent Families. The Journal of Genetic Psychology 135: 51–61.

Peisker, I. (1991). Die strukturbildende Funktion des Vaters. Pfaffenweiler: Centaurus.

Pohl, R. (1992) Denk-Anstößiges zum männlichen Kinderwunsch. pro familia magazin 4: 6–9.

Rauchfleisch, U. (1994) Schwule, Lesben, Bisexuelle: Lebensweisen, Vorurteile, Einsichten. Göttingen: Vandenhoeck & Rupprecht.

Reiche, B. (1997) Väter-Dasein. Die Erfahrungen von Vätern als Versorger ihrer Säuglinge und Kleinkinder im Wechselspiel von Rollenzuschreibung und Übertragung. Hamburg: Verlag Dr. Kovac.

Reiche, R. (1997) Gender ohne Sex. Psyche 51: 926–957.

Rerrich, M. S. (1989) Was ist neu an den »Neuen Vätern«? In: Keupp, H. & Bilden, H. (Hrsg.) Das Subjekt im gesellschaftlichen Wandel. Göttingen: Hogrefe.

Rosenfeld, D. (1992) Psychic Changes in the Paternal Image. International Journal of Psychoanalysis 73: 757–771.

Ross, J. M. (1982 a) The Roots of Fatherhood: Excursions into a Lost Literature. In: Cath, S. H., Gurwitt, A. R. & Ross, J. M. (Hrsg.) Father and Child. Boston: Little, Brown and Company.

Ross, J. M. (1982 b) Oedipus Revisited: Laius and the ›Laius Complex‹. Psychoanalytic Study of the Child 37.

Ross, J. M. (1982 c) From Mother to Father: The Boy's Search for a Generative Identity and the Oedipal Era. In: In: Cath, S. H., Gurwitt, A.vR. & Ross, J. M. (Hrsg.) Father and Child. Boston: Little, Brown and Company.

Ross, J. M. (1982 d) Mentorship in Middle Childhood. In: Cath, S. H., Gurwitt, A. R. & Ross, J. M. (Hrsg.) Father and Child. Boston: Little, Brown and Company.

Roth, P. (2009) Empörung. München: Hanser.

Rotmann, M. (1978) Über die Bedeutung des Vaters in der »Wiederannäherungsphase«. Psyche 32: 1105–1147.

Rotmann, M. (1985) Frühe Triangulierung und Vaterbeziehung. Forum der Psychoanalyse 1: 308–317.

Rupprecht-Schampera, U. (1997) Frühe Triangulierung in der Hysterie. Psyche 51: 637–664.

Sack, W. H. (1985) Gender Identity Conflict in Young Boys Following Divorce. Journal of Divorce 9: 47–59.

Santrock, J. W. (1972) Relation of Type and Onset of Father Absence to Cognitive Development. Child Development 43: 455–469.

Santrock, J. W. (1977) Effects of Father Absence on Sex-typed Behaviors in Male Children: Reason for the Absence and Age and Onset of the Absence. The Journal of Genetic Psychology 130: 3–10.

Sarnoff, C.A. (1982) The Father's Role in Latency. In: Cath, S.H., Gurwitt, A.R. & Ross, J.M. (Hrsg.) Father and Child. Boston: Little, Brown and Company.

Schellenbaum, P. (1991) Homosexualität im Mann: eine tiefenpsychologische Studie. München: Kösel.

Schenenga, K. (1983) Father Absence, the Ego Ideal and Moral Development. Smith College Studies in Social Work 53: 103–114.

Schnack, D. & Neutzling, R. (1990) Kleine Helden in Not. Jungen auf der Suche nach Männlichkeit. Reinbek: Rowohlt.

Schon, L. (1992) Der Dritte im Bunde – Triangulierungskonflikte im Übergang zur Elternschaft. Unveröffentlichte Diplomarbeit an der LMU München

Schon, L. (1995) Entwicklung des Beziehungsdreiecks Vater-Mutter-Kind. Stuttgart: Kohlhammer.

Schon, L. (2000) Vater und Sohn – entwicklungspsychologische Betrachtungen einer bedeutsamen Beziehung. In: Walter, H. (Hrsg.) Männer als Väter. Konstanz: Universitätsverlag Konstanz.

Seiffge-Krenke, I. (2001) Väter und Söhne, Väter und Töchter. Forum der Psychoanalyse 17: 51–63.

Stanley, B.K., Weikel, W.J. & Wilson, J. (1986) The Effects of Father Absence on Interpersonal Problem-Solving Skills of Nursery School Children. Journal of Counseling and Development 64: 383–385.

Stoller, R.J. (1975) Perversion. The Erotic Form of Hatred. New York: Pantheon Books.

Teising, M. (2008) Zur Bedeutung des Vaters für Männer im höheren Lebensalter. In: Metzger, H.-G. (Hrsg.) Psychoanalyse des Vaters. Klinische Erfahrungen mit realen, symbolischen und phantasierten Vätern. Frankfurt a.M.: Brandes & Apsel.

Tömmel, S.E. (1988) Ödipus oder Prometheus – soziopsychoanalytische Überlegungen zur »vaterlosen Gesellschaft«. Luzifer-Amor. Zeitschrift zur Geschichte der Psychoanalyse 1: 88–112.

Tooley, K. (1976) Antisocial Behavior and Social Alienation Post Divorce: The »Man of the House« and His Mother. American Journal of Orthopsychiatry 46: 33–42.

Tyson, P. (1982) The Role of the Father in Gender Identity, Urethral Erotism, and Phallic Narcissism. In: Cath, S.H., Gurwitt, A.R. & Ross, J. M. (Hrsg.) Father and Child. Boston: Little, Brown and Company.

von Klitzing, K. (2002) Von der Beziehungswelt der Eltern zur Vorstellungswelt des Kindes. Psyche 56: 863–887.

Walter, H. (Hrsg.) (2008) Vater, wer bist du? Auf der Suche nach dem hinreichend guten Vater. Stuttgart: Klett-Cotta.

Wegeler-Schardt, C. & Köhler-Weisker, A. (2008) Ohne Vater werden Mutter und Kind kein Paar: Triade und Dyade. In: Metzger, H.-G. (Hrsg.) Psychoanalyse des

Vaters. Klinische Erfahrungen mit realen, symbolischen und phantasierten Vätern. Frankfurt a. M.: Brandes & Apsel.

Wengler, B. (1996) Die Bedeutung des Vaters, insbesondere für die Entwicklung des Sohnes. Zeitschrift für Individualpsychologie 21: 204–219.

White, E. (1982) A Boy's Own Story. London: Picador.

Wiley, H. L. & Delgado, R. A. (1959) A Pattern of Mother-Son Relationship Involving the Absence of the Father. American Journal of Orthopsychiatry 29: 644–649.

Winnicott, D. W. (1990) Reifungsprozesse und fördernde Umwelt. Frankfurt a. M.: Fischer.

Wyschogrod, E. (1978) Sons Without Fathers: A Study in Identity and Culture. Journal of the American Academy of Psychoanalysis 6: 249–262.

Yogman, M. W. (1982) Observations on the Father-Infant Relationship. In: Cath, S. H. Gurwitt, A. R. & Ross, J. M. (Hrsg.) Father and Child. Boston: Little, Brown and Company.

Über den Autor

Lothar Schon, Dr. phil., Dipl. Psych., ist Psychoanalytiker in eigener Praxis in München. Er ist Dozent für psychoanalytische Entwicklungspsychologie und Krankheitslehre an verschiedenen psychotherapeutischen und psychoanalytischen Ausbildungsinstituten.